Le cerveau idéologique

Leor Zmigrod

Le cerveau idéologique

Comment décoder les marqueurs de la pensée dogmatique

Traduit de l'anglais (Royaume-Uni)
par Christophe Jaquet

Flammarion

Titre original : *The Ideological Brain*
Éditeur original : Viking, Penguin Random House UK

ISBN : 978-2-0804-4411-0

À ma famille, avec amour…

Toute la journée, et toute la nuit,
toutes les affaires – les vôtres, les nôtres, les leurs –
sont des affaires politiques.

Que cela vous plaise ou non,
vos gènes ont un passé politique,
votre peau a une couleur politique,
vos yeux ont un regard politique.

Tout ce que vous dites se répercute,
Tout ce que vous ne dites pas s'entend de soi-même.
Et quoi qu'il en soit, vous parlez politique.

Wisława Szymborska, « Enfants de notre temps[1] »

Prologue

Le potentiel d'action

All we need is conviction.

Nous n'avons besoin que de conviction.

Les convictions nous donnent une certitude, ou du moins *l'apparence* d'une certitude, quand bien même nous ne sommes en réalité sûrs de rien. Les convictions révèlent nos passions les plus profondes, ou nous donnent de quoi nous prendre de passion. Les convictions nous rassemblent dans la poursuite d'un but commun, faisant de simples inconnus une communauté aimante : ô joie ! Et quand toutes les convictions convergent et s'unissent pour former une vision du monde raisonnablement cohérente, nous pouvons affirmer, non sans triomphe, que nous avons une idéologie, c'est-à-dire un ensemble de vérités et de principes moraux qui règlent notre vie et que nous partageons avec d'autres.

It's easy. C'est simple.

La conviction, tout est là.

*Conviction is all we need**.

---

* On aura reconnu certaines paroles de la chanson de John Lennon et Paul McCartney intitulée « All you need is love » (single

Que notre mission idéologique remonte à des temps reculés ou date de la veille, qu'elle soit religieuse ou laïque, réactionnaire ou conservatrice, qu'elle emprunte des voies de communication charnelles ou numériques, la conviction nous dispose à distinguer le bien du mal, le bon du mauvais, la décision éthique de la décision égoïste ou stupide. Guidés par des autorités avisées, nous imaginons des utopies célestes à construire sur Terre, nous inventons des stratégies pour éviter les catastrophes morales et les désastres matériels. Nous faisons nôtres des symboles nouveaux, nous adoptons une nouvelle mode, nous entrons dans une nouvelle famille, nous prenons part à des rites abscons et fascinants, nous éprouvons en tout notre être l'extase qu'il y a à se dissoudre dans un collectif qui nous accueille avec jubilation. Notre cerveau, un organe qui cherche sans relâche à comprendre le monde qui nous entoure, à éprouver un sentiment d'appartenance aux autres, notre cerveau se délecte de ces nouvelles possessions idéologiques.

Comment cela pourrait-il mal tourner ?

* * *

Je suis assise dans une petite pièce sombre, entre quatre murs noirs : c'est le laboratoire de mon université. Il est d'habitude occupé par des neuroscientifiques du sommeil, qui font s'étendre des participants sur des lits de fortune et mesurent l'activité électrique de leurs cerveaux au repos,

Baby, You're a Rich Man, face B, EMI, 1967), en particulier « All you need is love », « Love is all you need » et « It's easy » (*N.d.T.*).

quand ils se laissent aller à rêver. Ce n'est pourtant pas le sommeil qui m'intéresse : je suis là pour détecter la signature neurale du libre choix et du libre arbitre. Tout un été, j'ai posé des électrodes sur des crânes et observé sur un écran la danse énigmatique des ondes cérébrales : des lignes agitées qui montent et descendent, rendant visibles à l'œil nu des processus invisibles. Grâce à ces expériences, j'ai pu étudier ce qui se passe dans le cerveau non pas au moment où il prend une décision libre et spontanée, mais lorsqu'il obéit à un ordre. Grâce aux techniques de la neuroscience, j'ai découvert que les actes d'obéissance évoquent des patterns d'activité neurale qui sont tout à fait différents de ceux qu'évoquent les choix libres.

À l'époque, j'étudiais la psychologie à Cambridge, et je m'intéressais à la perception sensorielle et à la neuroscience du libre arbitre. J'étais fascinée par la capacité de la neuroscience à répondre à des questions fondamentales concernant notre conscience : que sentons-nous, par exemple, lorsque nous sommes conscients d'une sensation, ou lorsque nous n'en sommes pas conscients ? Comment se forment les impressions inconscientes, etc. ? Et je me suis portée volontaire, les week-ends et les vacances, pour assister mes professeurs dans leurs projets de recherche.

C'est ainsi que j'ai passé mes beaux après-midi d'été dans un petit labo sans fenêtre, fixant des capteurs sur du cuir chevelu avec de la gelée collante, installant et désinstallant un tas de disques et de fils métalliques sur les têtes de nos participants. Le soir, j'analysais les résultats, sondant un des objets les plus ténus de la neuroscience : le potentiel électrique qui précède chacun de nos mouvements, qu'il soit volontaire ou contraint. À la lueur de ces impulsions neurales pixélisées, j'ai cherché les marqueurs inconscients, souterrains, de notre liberté.

Mais nous étions en 2015, et, hors des murs de ce laboratoire obscur, de nouvelles formes de fondamentalisme voyaient le jour et prenaient leur essor. Quand j'ai appris que de jeunes Britanniques étaient parties en Syrie rejoindre l'État islamique, une question m'a taraudée : pourquoi ces femmes étaient-elles attirées par l'extrémisme ? Maints commentateurs l'expliquaient par des facteurs démographiques et les dangers d'Internet : la bêtise de la jeunesse, une éducation illibérale, la précarité économique ou culturelle. Ces explications me paraissaient insuffisantes. Beaucoup de gens ont du mal avec leurs fins de mois et sont accros à la technologie ; et la démographie ne fait pas un destin. Alors, pourquoi ces jeunes femmes allaient-elles mener une guerre idéologique qui conduirait à la négation de leurs libertés et à leur expulsion de leur pays ? *Pourquoi elles et pas les autres ?* La démographie et la psychologie ne pouvaient certainement pas en rendre entièrement compte : peut-être y avait-il dans leur cerveau quelque chose qui rendait ces jeunes femmes vulnérables.

J'étais curieuse de voir s'il était possible d'unir les méthodes cognitives et neuroscientifiques que j'avais appris à aimer et de les appliquer au champ de la politique, et tout particulièrement à l'idéologie. La susceptibilité d'un individu à des visions du monde extrêmes pouvait-elle s'enraciner dans les singularités de leur cognition et de leur biologie ? La conscience pouvait-elle être altérée fondamentalement par l'adhésion à un mode dogmatique de pensée ?

Ayant commencé mes expériences dans les mois orageux qui suivirent le référendum sur la sortie du Royaume-Uni de l'Union européenne et qui précédèrent l'élection présidentielle américaine de 2016, j'ai fait partie de la première cohorte de scientifiques qui utilisèrent des méthodes cognitives et neuroscientifiques pour étudier les origines et les conséquences de la pensée idéologique. J'ai recruté des participants en ligne, qui avaient toutes sortes de profils, et dont les idées allaient du conservatisme le plus traditionnel au progressisme le plus débridé : depuis des activistes radicaux écrivant sur des plateformes de droite jusqu'à des adolescents allemands vivant dans un Berlin réunifié, en passant par des retraités de la campagne profonde anglaise. J'ai utilisé des méthodes qui permettaient à des milliers d'individus de participer aux expériences tranquillement depuis chez eux, et j'ai collaboré avec des collègues du monde entier pour recueillir les échantillons génétiques et les scans cérébraux de participants dûment sélectionnés dans des laboratoires universitaires.

Le choix d'associer l'évaluation cognitive et la technologie du scanner cérébral pour étudier l'idéologie n'était pas vraiment répandu. Seule une poignée d'équipes de recherches dans le monde ambitionnaient de réunir la science biologique et la science politique. C'était une stratégie de recherche à haut risque, mais qui pouvait rapporter gros.

Grâce aux techniques scientifiques modernes, nous sommes désormais en mesure de voir à quelle profondeur les systèmes idéologiques peuvent pénétrer dans l'architecture de notre cerveau – jusqu'où l'endoctrinement de l'esprit et du corps peut s'insinuer. Nous avons découvert que le cerveau instruit par l'idéologie vaut la peine d'être exploré. Une étude minutieuse permet de montrer ce que les idéologies font à nos corps, et comment les morales les plus sévères s'introduisent au plus profond de la conscience humaine. De comprendre pourquoi certains cerveaux sont particulièrement vulnérables, et d'autres plus flexibles et plus résilients. De voir dans quels individus se cachent des extrémistes potentiels.

Les jeunes adolescentes britanniques qui s'étaient radicalisées dans leur chambre, chez leur meilleure amie ou sur leur smartphone exemplifiaient des processus parfaitement ordinaires : des processus dont chaque cerveau est susceptible, mais auxquels certains sont plus réceptifs que d'autres. La clé qui permet de mesurer le degré de risque se trouve dans nos cellules, dans nos corps, dans nos récits personnels.

Si un environnement dogmatique peut produire chez un individu des habitudes et des compulsions qui semblent être le fruit de la passivité et de l'automatisme – comme si cet individu ne pensait pas –, l'étude de son cerveau montre qu'il s'y produit en réalité des processus dynamiques et complexes. Les neurones s'allument, s'activent à l'unisson, déclenchent à chaque étape des potentiels d'action. Nos croyances idéologiques ont leur origine dans notre corps, et c'est dans notre corps aussi que peuvent être observés et éprouvés les effets de nos convictions.

Ce livre réunit la neuroscience, la philosophie et la science politique pour interroger notre compréhension de ce que signifie, tout simplement, vivre une vie d'être humain immergé dans les dogmes et tenter de surnager alors que les orthodoxies font rage tout autour de nous. Il vise toutes les idéologies – systèmes religieux, mouvements nationalistes, groupes conspirationnistes, racismes de toutes sortes – et tous les extrémismes, celui de droite et celui de gauche n'étant souvent pas si éloignés l'un de l'autre.

Mais, si nous allons mobiliser effectivement la science des opinions et les résultats d'expériences en laboratoire, la critique de l'idéologie n'est pas un exercice de raison pure. Elle a des implications pratiques. Elle doit tenir compte de l'investissement émotionnel des êtres humains – de leur amour de la tradition et de l'histoire, des groupes et du collectif, du dévouement et de la foi, et de tous ceux qui se rappellent à notre souvenir lorsque nous entendons le mot « idéologie ». Il y a beaucoup d'amour en jeu ici. Et les enjeux sont immenses.

Ce livre entend proposer une science nouvelle et radicale, qui nous conjure de réimaginer nos idéologies et de reconsidérer les dangers qu'il y a à adopter des modes de pensée rigides. Elle montre que la politique, loin d'être un phénomène superficiel, est tapie jusque dans nos cellules. Nous allons explorer le cerveau idéologique avec le microscope du scientifique, le soin du philosophe, l'espoir de l'humaniste et, *last but not least*, l'empathie et l'imagination du citoyen actif – en espérant que, dans l'opposition entre la haine et l'amour, la tradition et la contestation, le destin contraint et la preuve, nous découvrions à quoi ressemble le cerveau libre, le cerveau tolérant, le cerveau authentique.

I

Icônes

Chapitre premier

La possession idéologique

On dit de certaines personnes qu'elles « ont » une idéologie, comme s'il s'agissait d'un sac ou d'un meuble. Comme un objet que l'on peut tour à tour posséder, chérir ou jeter, on imagine que l'idéologie nous est extérieure. Nous en échangeons quelquefois une vieille pour une plus jeune et plus pimpante. Et d'autres fois, pareils à des pasteurs évangéliques, nous essayons de la faire ingurgiter à des incrédules. *Prenez et mangez ! Ceci est…*

Nous faisons commerce de ces possessions idéologiques en vantant la valeur de nos dernières acquisitions. Or nous avons sans doute tort de croire que les idéologies sont des choses que l'on puisse posséder ou des bagages que l'on puisse transporter, et qu'elles existent en quelque sorte en dehors de nous.

L'empreinte biologique des idéologies

Oui, nous possédons certaines croyances, mais il nous arrive aussi d'en être possédés. Et il est aujourd'hui possible, grâce à de nouveaux instruments de mesure, de comprendre quels sont les effets de la rigidité intellectuelle sur notre perception, notre cognition, notre physiologie et même nos processus neuraux. Nos corps ne sont absolument pas étanches aux idéologies qui nous entourent. Ce en quoi nous croyons se traduit dans notre biologie.

Contrairement à celles que nous laissons dans le sable, l'empreinte de l'idéologie est difficile à effacer. Les découvertes scientifiques les plus récentes montrent que le cerveau humain absorbe les convictions idéologiques avec vigueur et appétit. Il y a d'ailleurs quelque chose de prodigieux dans la facilité avec laquelle cet organe apprend de son environnement. De la facilité, mais aussi une rapidité qui peut s'avérer dangereuse. Car, lorsqu'ils sont immergés dans des systèmes dogmatiques, nos corps absorbent goulûment ces rigidités. La répétition de règles et de rites, *de règles et de rites, de règles et de rites,* exerce sur notre esprit un puissant effet d'engourdissement. Chaque réitération, chaque action mécanique tend à renforcer les chemins neuraux qui sous-tendent nos habitudes, et les autres associations mentales possibles, moins souvent répétées mais combien plus originales, tendent à décliner. Si nous savons souvent intuitivement que les idéologies dictent nos conduites sociales et nos sympathies morales, nous savons moins que la répétition des règles et des rites idéologiques descend en cascade jusqu'à l'intérieur de nos cellules.

Ainsi, l'immersion dans des structures rigides et autoritaires n'est pas seulement un problème politique ou social : c'est un problème profondément personnel pour chacun d'entre nous. Les idéologies peuvent mettre en danger la santé de notre esprit et nos aptitudes à l'authenticité. Notre corps apprend à incorporer les convictions idéologiques avec une puissance inquiétante. Dans les sociétés ouvertes et tolérantes que sont encore les nôtres, tant que nous ne comprenons pas ce que sont les idéologies et comment elles agissent sur nous, les extrémismes continuent de naître, de muter et d'avancer sans se heurter à aucun obstacle. Et tant que nous ne comprenons pas comment le cerveau se métamorphose sous leur emprise doctrinale, la véritable liberté continue de nous échapper.

Les idéologies nous sont présentées comme immuables et intemporelles, alors qu'elles sont, en réalité, extrêmement fluides et mobiles. Ces systèmes d'idées changent en permanence, revêtent de nouveaux habits de génération en génération. Au point que des partis conservateurs peuvent prôner une réforme radicale, et des mouvements progressistes reculer devant l'innovation. On brandit des armes de mort au nom de la vie. Des slogans de paix servent à cacher une violence régressive. Le terrorisme peut prendre en otage le combat pour la liberté, et celui-ci se muer en terreur.

Les batailles idéologiques ressemblent à des jeux de langage. Des mots sont semés à tout-va, des outils rhétoriques lancés au visage des adversaires ou savamment détournés et marginalisés. *Réactionnaire, révolutionnaire, conservateur, progressiste, complotiste, suprémaciste, raciste, radical, chauviniste*. Nous ignorons le plus souvent ce que signifient ces étiquettes et qui elles désignent. George Orwell observait que « le langage politique [...] est conçu pour rendre les mensonges crédibles et le meurtre respectable, et donner une apparence de solidité à du vent[1] ». Dans un souci de clarté et d'identité, nous rangeons les gens et les idées dans des catégories bien circonscrites. *Notre voisin est un facho ! Cet ado est un abruti !* Ces taxinomies nous choquent et nous ravissent. Mais ces compartiments linguistiques masquent surtout la réalité des idéologies telles qu'elles sont concrètement vécues, dans le chaos et l'autodestruction, la fierté et l'hypocrisie, les larmes et les lamentations, avec un sentiment de perte et de joie, d'humour et de peur, de peine et de regret, d'intimité, de rétraction, de rumination, de revirement – et, quelquefois aussi, un sourire éclatant ou un regard perdu.

Malgré les complexités et les contradictions, il y a des points communs dans la manière dont les idéologies, indépendamment de ce qu'elles disent et de ce qu'elles visent, sont prêchées et mises en pratique. Qu'elles soient nationalistes, racistes ou religieuses, il y a des parallèles dans leur façon de pénétrer et d'imprégner l'esprit humain. Ces ressemblances ne sont pas des coïncidences : elles sont inhérentes à la structure de la pensée idéologique. Comme l'écrit le philosophe Eric Hoffer dans *Le Vrai Croyant*, « il y a une certaine uniformité dans tous les types de dévouement, de foi, de recherche du pouvoir, de quête d'unité, de sacrifice de soi[2] ». Même si les idéologies peuvent se revêtir de couleurs, de costumes ou de drapeaux multiples, on peut montrer qu'elles partagent toutes les mêmes mécanismes de coercition idéologique.

L'idéologie au prisme de la psychologie

Pour identifier ces similitudes psychologiques, il faut avoir une idée de ce qu'est et de ce que n'est pas une idéologie. Dans sa définition la plus simple, l'idéologie est une forme d'histoire ou de récit convaincant sur le monde. Cependant, toutes les histoires ne sont pas des idéologies, et toutes les formes de récit collectif ne sont pas rigides et oppressives. Plusieurs choses différencient l'idéologie de la culture. L'idéologie propose une description absolutiste du monde, et des prescriptions pour penser, agir et interagir avec autrui. L'idéologie édicte ce qui est permis et ce qui est interdit. Dans l'idéologie, l'anticonformisme est intolérable, et l'alignement total est essentiel – à la différence de la culture, qui peut célébrer la réinterprétation et l'excentricité. Dès lors qu'une déviation de la ligne conduit à l'ostracisme et à la répression, on n'est plus dans la culture, mais bien dans l'idéologie.

Qu'ils soient fascistes ou communistes, écologiques ou évangéliques, les groupes idéologiques ont des réponses absolues et utopiques aux problèmes sociaux, des règles de comportement strictes et une mentalité d'endogroupe, qui se traduit par certaines pratiques et certains symboles. Ces caractéristiques sont communes à tous les types de conviction idéologique. Elles peuvent être présentes même quand l'idéologie est guidée par les intentions les plus pures ou les idéaux les plus nobles, et prétend défendre le bien-être ou la dignité des êtres humains.

On imagine souvent l'idéologie comme une vision grandiose, poétique et intangible échappant à tout contrôle personnel. Rares sont ceux parmi nous qui sont capables de dire précisément quels sont les principes fondamentaux de tous ces « ismes » pompeux : le conservatisme, le libéralisme, le fascisme, le communisme, le capitalisme, le racisme, le sexisme, le déisme ou le populisme – et leur myriade de nuances et d'interprétations. Comme s'ils tombaient du ciel, ils sont censés décrire les contours de notre vie et prescrire une manière d'agir, nous instruire sur le cosmos et sur nos relations avec les vivants qui l'habitent. Pour le croyant, l'horizon utopique de l'idéologie est gravé dans le marbre impalpable de l'éternité. Comme une force menaçante s'amassant sur nos têtes, qui doit être vénérée et révérée.

L'image statique et céleste des idéologies m'a toujours déconcertée. Les idéologies vivent parmi nous, en nous, sur la terre. Pas dans le ciel de l'histoire ou la tour d'ivoire des élites politiques. Il n'y a pas de plan transcendant, pas d'altitude d'où certaines attitudes descendraient toutes formées et sanctifiées. Les idéologies habitent des individus. Des esprits individuels transforment des doctrines sociales en pensée idéologique – un mode de pensée qui est régi par des règles mentales strictes et des sauts mentaux soigneusement calculés.

Si l'idéologie est généralement définie comme un courant historique ou un mouvement sociologique, je préfère l'étudier ici comme un phénomène relevant de la psychologie. Ce prisme psychologique permet de s'interroger sur l'effet qu'elle peut avoir sur ses fidèles et de se demander quel type d'individu elle séduit le plus aisément. En expliquant les processus qui se produisent dans le cerveau, on peut savoir quand une idéologie contraint la vie mentale de ses adeptes et quand, au contraire, elle pourrait les libérer.

Même quand une idéologie paraît éthique ou vertueuse, urgente, vitale ou tout simplement belle, je crois qu'elle mérite d'être examinée de près. Nous sommes en mesure à présent d'étudier la genèse et la structure de l'idéologie, d'en analyser les effets, d'observer ce qu'elle modifie dans le cerveau de ses adeptes. Nous pouvons examiner. dans un cerveau, ce que l'idéologie détruit ou réduit au silence ; et quels sont les processus biologiques et mentaux qu'elle tend à distordre. L'idéologie exerce-t-elle une forte emprise sur le cerveau de ses disciples ? Ou les laisse-t-elle vaquer et divaguer librement ?

N'importe quelle vision du monde est susceptible de pratiques extrêmes et dogmatiques. Tout type de récit culturel utilisé pour expliquer le monde est susceptible de basculer dans une idéologie totalisante. Aussi ne suffit-il pas de se demander *ce que* l'idéologie nous amène à penser : encore faut-il essayer de comprendre *comment* elle y parvient. Qu'une idéologie ait besoin d'un mode de pensée rigide et ritualisé signifie qu'elle exige que nous faussions notre vision, fassions taire nos doutes, sacrifiions notre subjectivité, renoncions à nos possibilités créatives. Et que nous devenions quelqu'un d'autre. Quelqu'un de moins singulier, de moins unique, de moins curieux et de moins libre.

Un critère clé : la rigidité

Traditionnellement, les idéologies sont jugées à partir de leurs failles, de leurs mérites, de leurs prétentions logiques. Nous parlons à ce sujet de *biais*, de *biais* et de *biais* encore. Démontant les systèmes de pensée de nos adversaires, nous en révélons les contradictions et les hypocrisies ; les différentes strates de naïveté, d'ignorance ou d'insensibilité qui méritent le ridicule ou le mépris.

Nous attaquons leurs points de vue pour leurs présupposés économiques ou juridiques, leurs lacunes sociales, leurs similitudes désuètes avec des visions du monde du passé et dépassées.

J'espère montrer ici que nous pouvons contester une idéologie sur de tout autres bases : celles de l'individu unique et singulier. Je crois que nous pouvons juger une idéologie à partir de ce que la croyance qu'elle inspire fait à notre corps et à notre cerveau ; et montrer qu'être un croyant convaincu restreint nos mouvements, entrave notre plasticité, limite nos réactions ou nous pousse à la violence. S'il y a moins de place en nous pour le changement et la fluidité, et si nous avons un accès plus difficile à nos sensations, nous courons un risque de déshumanisation vis-à-vis de nous-mêmes et des autres, et risquons d'être moins sensibles, moins élastiques, moins authentiques. À voir la réalité par un prisme idéologique, on finit par tourner le dos à l'infinie richesse de l'existence pour une expérience réduite, réductrice, stéréotypée. En étudiant le cerveau idéologique au moyen de l'imagerie cérébrale et de tests cognitifs, il est possible d'éclairer des formes de domination qui étaient hier encore invisibles. Et de forger, grâce aux outils de la science, une nouvelle critique de l'idéologie.

Certaines idéologies passeront peut-être avec succès cet examen. Mais la plupart, non. Nous pourrons, incidemment, regarder avec soupçon nos biens idéologiques les plus chers et les plus précieux. Une science de l'idéologie peut nous amener à mettre en question nos idoles, nos icônes, nos métaphores, nos utopies imaginées. Susciter et stimuler une analyse approfondie, une réflexion sur soi honnête. Et devenir le point de départ d'une action personnelle ou collective. L'étude des origines et des conséquences neurocognitives de nos croyances – comprendre d'où elles viennent et comment elles transforment nos corps – va nous donner des indications sur le type de système de croyance que nous pourrions vouloir conserver et sur ceux que nous pourrions être persuadés d'abandonner.

La croyance passionnée dans une doctrine rigide est un processus qui se diffuse dans nos neurones et qui envahit nos corps. Les idéologies ne sont pas de simples enveloppes pour nos vies : elles pénètrent notre peau, notre crâne, nos cellules nerveuses. Les idéologies totalisantes façonnent le cerveau dans son ensemble, et pas uniquement lorsqu'il est confronté à une proposition ou un débat politique. La science montre déjà que les réverbérations profondes des idéologies peuvent être observées dans notre cerveau en dehors même de tout investissement politique actif de notre part. Comme le cerveau apprend à incorporer l'endoctrinement insidieusement et profondément, les rites sociaux que nous apprenons à accomplir peuvent être appelés à devenir les réalités biologiques de notre esprit et de notre corps. Il est donc dangereux pour un individu de s'immerger dans une idéologie rigide : ce ne sont pas seulement ses opinions politiques et ses appétences morales qui seront en effet façonnées et même sculptées par elle, mais son cerveau – son cerveau tout entier.

Chapitre 2

Une petite expérience

Veuillez, je vous prie, vous asseoir sur cette chaise – la grise, oui, devant ce bureau – et mettez-vous à l'aise. J'attire votre attention sur le moniteur devant vous : c'est là que l'expérience va se dérouler. Je vais bientôt sortir de la pièce. Des instructions apparaîtront alors sur l'écran. Veuillez bien les lire attentivement. Si vous avez la moindre question, n'hésitez pas à sonner ou à lever le bras, j'arriverai aussitôt. L'expérience ne durera que quelques minutes. En vertu des normes et des protocoles éthiques en vigueur, vous avez le droit d'arrêter à tout moment, mais essayez, je vous en prie, d'aller jusqu'au bout.

Cela vous convient-il ?

Vous hochez la tête timidement.

Parfait.

Il ne me reste plus qu'à vous souhaiter bonne chance.

Appuyez sur la touche ENTER quand vous serez prêt.

Vous DÉMARREZ.

Bonjour ! Bienvenue dans l'expérience. Aujourd'hui, vous allez jouer à plusieurs jeux de réflexion et de résolution de problème. Pour le premier, nous allons vous présenter un jeu de cartes. Il y a sur chaque carte un certain nombre d'objets géométriques d'une certaine couleur et d'une certaine forme. Par exemple, une carte avec trois cercles rouges, ou avec un triangle bleu.

Le jeu est un « exercice d'assortiment » de cartes. Il y a quatre cartes en haut de l'écran. Imaginez qu'une cinquième apparaisse en bas, ornée de quatre carrés orange. Vous devrez choisir celle des quatre cartes du haut avec laquelle vous pensez que la carte du bas est le mieux assortie.

✓♪ Vous entendrez un TUT joyeux quand vous aurez choisi la bonne carte.

✗♪ Vous entendrez un BIP désagréable quand vous aurez choisi la mauvaise carte.

Soyez aussi précis et rapide que possible.

Appuyez sur ENTER si vous avez compris les instructions.

Appuyez sur ESCAPE si vous souhaitez relire les instructions.

Vous appuyez sur ENTER.
Votre première carte arbore trois étoiles vertes.
Des quatre cartes en haut de l'écran, vous choisissez de l'assortir avec celle qui arbore deux étoiles bleues. Peut-être les étoiles doivent-elles aller avec les étoiles.

BIP !

Vous soupirez. Et réessayez. Peut-être vaut-il mieux choisir la carte avec quatre cercles verts ? Le vert avec le vert ?

Vous pointez la carte, cliquez, relâchez et... TUT joyeux : vous avez vu juste !

Vous faites un petit signe de contentement.

Vert sur vert. Facile.

La carte suivante en bas de l'écran : un triangle rouge.

Vous suivez la règle : la couleur avec la couleur. Vous placez le rouge sur le rouge et... bingo ! TUT encore.

La règle vous plaît. Vous l'appliquez à la carte suivante, et à la suivante. Vert sur vert, rouge sur rouge, orange sur orange, bleu sur bleu.

L'habitude produit un sentiment de satisfaction étrange. Pour faire glisser la carte sur celle du haut, il n'est presque pas besoin de penser. Cela devient merveilleusement automatique. La couleur. La couleur. La couleur. Il y a un moment encore, ce monde vous était inconnu, et vous en êtes désormais le maître.

Vous ne voyez plus que des couleurs primaires. Vous oubliez les formes dessinées sur les cartes. Rien d'autre ne compte plus.

Vous cliquez, vous matchez, vous entendez le tintement joyeux.

Couleur – TUT ! Couleur – TUT ! Pavlov serait fier de vous.

Vous avez créé un rituel, vous le suivez, vous avez le contrôle : c'est génial !

Au bout de cinq, dix, quinze cartes – la répétition brouille les frontières du temps –, une autre carte apparaît en bas de l'écran, avec deux carrés bleus. Vous savez ce qu'il vous reste à faire. Choisir la carte bleue en haut de l'écran. Effleurant la souris, vous pointez le curseur et appuyez, attendant le son du carillon, anticipant la poussée de dopamine.

BIP !!!

Un bruit désagréable et inattendu jaillit des haut-parleurs.

Un sentiment de trahison vous envahit. Vous aviez oublié que le monde du jeu était capable d'émettre ce genre de bruit. C'est insultant.

Mais peut-être est-ce une erreur.

Vous sélectionnez de nouveau la carte bleue. C'est devenu une seconde nature, le bleu sur le bleu.

BIP !

Comment est-ce possible ? Cette incohérence du monde du jeu vous fait l'effet d'une incroyable trahison. Vous avez envie de vous lever et de sortir de la pièce.

Mais vous êtes devenu addict. Le TUT joyeux vous donnait un sentiment (illusoire ?) de contrôle du monde et de maîtrise de soi. Il témoignait de votre intelligence.

Livré à l'abandon, vous n'avez plus de repère, plus d'habitude, plus de rituel sur lequel vous appuyer. *Dans ce monde virtuel soudainement désolé, qu'allez-vous devenir ?*

Dans un geste d'agacement, vous tirez la carte aux deux carrés bleus vers la carte aux trois cercles orange : rien n'unit ces cartes entre elles, ni le chiffre, ni la forme, ni la couleur, mais vous vous en moquez, vous en avez assez. BIP ! Le bruit s'est à peine dissipé que vous prenez à nouveau votre carte, cette fois pour la tirer vers celle aux quatre étoiles vertes. BIP ! Exaspéré par cette rébellion, vous bougez la souris dans tous les sens. Vous pensiez avoir passé un accord avec le monde du jeu. Conclu un arrangement. Trouvé un terrain commun sur lequel jouer. Les règles ne sont pas censées changer en cours de partie. Vous tirez la carte vers la dernière option possible, jurant, si le BIP retentit encore, que vous sortirez de la pièce pour manifester votre protestation. Vous lèverez la main, vous l'agiterez pour appeler l'expérimentateur, vous lui demanderez des réponses, vous… le TUT joyeux retentit de nouveau à vos oreilles ! Ça marche ! Vous ouvrez grand les yeux pour comprendre pourquoi. Quelle est la carte gagnante ? Les deux triangles rouges. Deux. Ah ! *Deux* ! Le même chiffre que sur la carte du bas. Alléluia ! L'ordre est restauré. À moins que cette itération de l'exercice ne soit qu'un bug. Qu'un simple accident.

La prochaine fois qu'une carte apparaîtra en bas de l'écran, que faudra-t-il faire ? Obéir à la tradition, suivre la loi de la couleur, ou choisir la nouveauté et obéir à la loi du nombre ? Faudra-t-il rester fidèle à la convention, ignorer l'anomalie, ou changer, explorer, s'adapter, réviser et réaliser que…

Un révélateur de flexibilité

C'est ici que j'arrête l'expérience pour dire que votre réaction naturelle au changement me dit presque tout de vous. Votre réaction spontanée au fait que la règle ancienne a cessé de fonctionner et qu'il vous a fallu en trouver une nouvelle pour survivre est une sorte d'aveu, de confession à votre insu. Dans ce simple jeu d'étoiles, de cercles, de triangles et de carrés, vous avez révélé, accidentellement et fatidiquement, vos croyances les plus profondes.

Pourquoi ? Parce qu'il y a deux personnes en vous. Il y a le participant, qui remarque l'évolution de la règle du jeu et qui y répond en changeant lui-même pour satisfaire aux nouvelles nécessités de l'exercice. Cette version de vous-même est l'individu adaptable, cognitivement flexible. Quand le monde change, vous éprouvez un sentiment de surprise, mais vous n'avez pas peur. Vous changez avec votre temps et avec les exigences de votre environnement. Vous n'êtes pas particulièrement accro à la règle. Vous êtes ravi de changer d'habitude. Cela vous est même complètement égal de ne pas avoir d'habitude du tout. Vous passez facilement d'un mode de pensée à un autre ; vous êtes fluide, élastique ; en un mot, vous vous adaptez.

Mais il y a aussi en vous quelqu'un d'autre. Quelqu'un qui déteste le changement. Vous constatez que la vieille règle ne marche plus et refusez de le croire. Vous essayez encore et encore en suivant cette première règle, mais en vain. Vous êtes même puni à chaque fois que vous répétez votre première habitude. L'insupportable BIP vous fait l'effet d'une gifle. Mais vous ne bronchez pas, vous n'évitez même pas le coup. Vous restez immobile, accroché à l'idée, fausse, que l'horrible BIP finira par cesser et cédera la place à une jolie mélodie. Vous êtes habité par la croyance fausse et nostalgique que l'environnement autour de vous redeviendra ce qu'il était, et que vous n'avez donc aucunement besoin de changer. Vous persévérez, même s'il irait plus vite de couper les liens avec le passé et de passer à autre chose. C'est la version cognitivement rigide de vous-même.

Lequel des deux êtes-vous ? L'être souple ou l'être rigide ? L'être adaptable ou l'être obstinément immuable ?

Peut-être ni l'un ni l'autre. Ou un peu des deux : tantôt souple et tantôt rigide. Peut-être votre plasticité dépend-elle des circonstances. Lorsque vous vous sentez bien, vous vous adaptez facilement et tranquillement à la surprise ou à la nouveauté. Dans les moments de stress, en revanche, vos mouvements s'atrophient, vos pensées se durcissent. L'inquiétude vous pétrifie.

La rigidité cognitive est politique

Ce que cette expérience m'a permis d'apprendre, en tant que scientifique, c'est que la manière dont nous jouons à ce jeu peut être révélatrice de notre approche de la vie. Notre niveau de rigidité dans ce test neuropsychologique indique la rigidité avec laquelle nous adhérons aux idéologies du monde social et politique. Nos réflexes perceptuels sont liés à nos réflexes idéologiques.

Notre cerveau se fait étrangement, profondément et étonnamment le miroir de nos idées politiques et de nos préjugés, et ce seul constat suffit à remettre en question la façon dont nous comprenons les tensions qui existent entre l'inné et l'acquis, la nature et la culture, le risque et la résilience, le destin et la liberté. Si nos croyances idéologiques sont liées à des patterns de réaction cognitive et cérébrale, alors il va nous falloir répondre à de nouvelles questions sur la manière dont nos corps se politisent, et sur notre aptitude à résister, à changer, à exercer notre capacité d'agir (*agency*) personnelle.

Lorsque mes collègues et moi avons invité des milliers de personnes[1] à passer des tests de flexibilité mentale pareils à celui-ci, appelé le *Wisconsin Card Sorting Test* (« test d'assortiment de cartes du Wisconsin »), nous avons observé que les personnes qui montraient la plus grande capacité d'adaptation à cet exercice neuropsychologique étaient aussi celles qui, dans le domaine idéologique, étaient les plus ouvertes à la différence et à la diversité[2]. Les individus qui ont l'esprit le plus souple sont aussi ceux qui reconnaissent que la sphère intellectuelle peut être séparée de la sphère personnelle. Ils ne détestent pas viscéralement leurs interlocuteurs ; ils peuvent détester leurs opinions sans projeter cette détestation sur les individus qui les expriment. À l'inverse, les personnes cognitivement les plus rigides, celles qui ont du mal à changer lorsque les règles changent, sont aussi celles qui tendent à avoir les attitudes les plus dogmatiques. Elles abhorrent le désaccord et ne sont pas prêtes à changer d'idée ou d'opinion, même quand des preuves crédibles du contraire leur sont présentées.

La rigidité cognitive se traduit donc par une rigidité idéologique.

Cela peut sembler aller de soi pour certains : qui dit rigide dit rigide. Mais ces patterns, en réalité, n'ont rien d'évident. Quand les neuroscientifiques parlent de cognition et de perception, ils parlent de processus de traitement de l'information qui traitent de stimuli simples, d'informations sensorielles élémentaires, dans un contexte cérébral. Les exercices cognitifs se composent d'éléments peu compliqués – des formes colorées, des points noirs mobiles – qui apparaissent sur des écrans nus et sans ornement. Il ne s'agit pas d'évaluer ici la façon dont nous traitons des informations émotionnellement évocatrices ou susceptibles de déclencher de fortes réactions – des informations qui font peur, par exemple, ou qui font éprouver un dégoût profond. Ni d'étudier des tâches cognitivement trop complexes ou trop exigeantes, susceptibles de provoquer une exaspération inutile. Lorsque nous mesurons la cognition et la perception, nous rapportons des différences individuelles sur la manière dont un cerveau forme des décisions, apprend de l'environnement et répond à des problèmes ou à des contradictions au niveau le plus élémentaire.

Ces différences individuelles sont implicites ; il est rare que nous y ayons consciemment accès, et nous contrôlons peu leur expression. Une personne cognitivement rigide peut se croire remarquablement souple, et une personne très adaptable peut être persuadée de manquer de malléabilité mentale. Il est souvent stupéfiant de voir à quel point nous nous connaissons mal.

Ainsi, le lien entre rigidité mentale et rigidité idéologique révèle un fait fondamental sur la manière dont le cerveau humain fonctionne et dont il est pénétré par l'idéologie. Cela suggère que notre rigidité caractéristique, rigidité qui est évidente quand nous devons traiter une information (même des étoiles rouges et des cercles bleus), peut se diffuser jusqu'aux niveaux supérieurs de rigidité qui enveloppent nos choix et nos actions idéologiques.

Même quand nous ne pensons pas expressément à la politique, il est possible de sentir et de mesurer les réverbérations cérébrales de nos convictions idéologiques. On peut observer les empreintes idéologiques sur notre cerveau même quand notre esprit s'abandonne à ses divagations, qu'il imagine et qu'il invente, qu'il observe et qu'il interprète les situations les plus neutres. Les rigidités et les idiosyncrasies du cerveau idéologique se manifestent là où nous les attendons le moins, dans nos sensations et réactions physiologiques les plus privées, sous la surface de nos convictions publiques et de nos sentiments conscients. Le danger du dogmatisme idéologique n'est donc pas seulement politique : il est aussi cérébral, individuel et existentiel.

Chapitre 3

Les métaphores de la croyance

Quand nous imaginons un corps ensorcelé par une idéologie, un esprit transi d'amour pour un rite immuable, le visage de l'individu qui se présente à nous n'a pas de contours ni de traits bien précis. Les métaphores dont nous nous servons pour décrire un cerveau envahi par une idéologie entretiennent ce mystère, cette absence confuse. Elles évoquent un esprit qui se vide. Un esprit hypnotisé. Un esprit sombrant dans l'illusion ou sous sédation. Un esprit infantilisé, revenu à l'enfance. Un esprit stupéfié, ivre de mensonges.

Certaines de ces images reposent sur un imaginaire de la plénitude ou du trop-plein : l'esprit de l'idéologue y apparaît comme une boîte remplie d'idées fausses et tourbillonnantes. Il déborde d'illusions et de sentiments négatifs : il est rempli de peur, de haine, de dégoût ; il est hanté par un amour insatisfait, rongé par une soif de pouvoir inassouvie. Derrière ses yeux ne défilent que *mensonges, mensonges* et *mensonges* encore. Des slogans simplistes défilent dans son crâne en une ronde effrénée. *Retourne dans le passé ! Marche vers le futur ! Partout rôdent des citoyens de nulle part...*

Dans ces métaphores, l'adepte est saturé de visions et de passions tristes dont l'excès n'a jamais rien de bon. Gorgé d'illusions, l'idéologue a perdu son flegme et sa maîtrise de soi ; il n'est plus qu'un possédé.

Dans d'autres, l'esprit du converti est, au contraire, totalement creux et vide. *Toc, toc.* Il n'y a rien là-dedans. Pas de pensée. Pas d'esprit. Un contenant sans contenu. Une conscience factice. L'idéologie en a englouti la substance pour lui substituer une béance sans fond. Le zélote est un zombie qui obéit mécaniquement à des ordres, absent, presque inconscient.

Ce sentiment d'effacement est déjà présent dans notre langue : subir un lavage de cerveau, c'est être nettoyé, purgé de son esprit. La capacité de penser de manière indépendante est lessivée et comme exfoliée.

Si ces métaphores peuvent être commodes, et parfois réconfortantes – mon cerveau, lui, n'est pas rempli de mensonges, le néant ne l'a pas envahi –, elles peuvent aussi être trompeuses. La réflexion idéologique ne se définit pas seulement par l'excès de fable ou la rareté de la pensée. Notre esprit n'est pas un récipient passif fait pour être rempli, drainé et rerempli. L'idéologie ne fait pas que vider l'esprit humain pour le gaver d'erreurs.

Les métaphores dont nous faisons usage pour expliquer ce processus ne sont cependant pas sans importance, car elles montrent à qui nous imputons la faute. Si l'esprit est conçu comme un contenant à remplir et vider, alors cela signifie qu'il existe quelque part un tiers qui se charge de le faire. Le cerveau de l'idéologue ne serait ainsi ni complice ni responsable. Ses idées nocives y ont été introduites par un *deus ex machina. Internet ! Des amis marginaux ! Un prêcheur charismatique !* Ce n'est pas la faute de la victime. Elle est sous occupation.

Ces images permettent de négliger le racisme d'un proche, le sexisme d'un fils, les opinions erronées d'une amie. Les gens qui nous sont chers sont des idiots malgré eux, des vecteurs ignorants d'idées « mauvaises ». « Nous avons tous des proches qui ont une tache aveugle, écrit le poète Terrance Hayes, mais nous ne pouvons effacer nos proches[1]. » Dans les moments d'exaspération ou de paranoïa, nous pouvons avoir envie de secouer nos amis fanatiques, de leur remettre la tête à l'endroit ou de leur faire subir une intervention, de leur donner de « bonnes » informations, de leur offrir des cadeaux, de leur faire habilement recracher le poison et boire de notre bel et bon élixir.

Dans ces métaphores, les idéologies néfastes ne ruissellent pas d'elles-mêmes jusqu'aux tréfonds du corps et de l'esprit humain. L'innocence et la rédemption demeurent possibles. Quelque chose d'amer et de désagréable a peut-être élu domicile dans l'être aimé, mais quant au reste, nous le jurons, il est intact et sans reproche.

La puissance de la métaphore tient à son apparente force d'explication. Prise trop au sérieux, cependant, elle peut être source d'erreur et de confusion. Or une métaphore que l'on prend à tort pour une vérité est encore pire qu'une erreur : elle a pour effet de valider des superstitions et des excuses fallacieuses, d'exonérer un comportement qui mériterait d'être examiné scrupuleusement et peut-être amendé et corrigé. Comme l'écrivent les linguistes

George Lakoff et Mark Johnson dans un livre important, *Les Métaphores dans la vie quotidienne*, « les métaphores peuvent créer des réalités, en particulier des réalités sociales. Une métaphore peut alors être un guide pour l'action future. Cette action devra, bien sûr, s'ajuster à la métaphore. Cela renforcera le pouvoir de la métaphore de donner cohérence à l'expérience. En ce sens, les métaphores peuvent être des prophéties autoréalisatrices[2] ».

Hannah Arendt et l'esprit sans esprit

Une des images les plus connues peint l'idéologue en esprit sans esprit. Cette métaphore a été mise en évidence par la philosophe Hannah Arendt, qui a suivi et analysé le procès de l'ancien officier SS Adolf Eichmann, jugé pour son rôle dans la préparation et la mise en œuvre de l'Holocauste. Arendt écrit qu'il y avait en lui une « pure absence de pensée » : « *simplement, il ne s'est jamais rendu compte de ce qu'il faisait*[3] ». Eichmann « se distinguait peut-être uniquement par une extraordinaire superficialité », par une « totale absence de pensée », écrirait-elle plus tard. Pour elle, le propre des individus capables d'obéir à une idéologie monstrueuse, ou de la diriger et de l'exploiter, était l'« inaptitude à *penser* ».

Ainsi, du fait de cette absence de pensée, un chef désireux d'instiller une doctrine nouvelle n'aurait aucun « besoin de force ni de persuasion, d'aucune preuve montrant que les nouvelles valeurs sont meilleures que les vieilles pour les imposer[4] », écrit-elle encore. Quand, après la Seconde Guerre mondiale, en République démocratique allemande (RDA), le totalitarisme du communisme soviétique prit la place du totalitarisme nazi, ce changement subit se fit, selon elle, sans difficulté. Le passage de la violence des hiérarchies raciales de Hitler à l'universalisme répressif de Staline fut à peine remarqué. Il est facile de conquérir les esprits comateux, à peine conscients. Sous le nouveau régime, les citoyens ne sont plus capables de voir la différence, le brutal renversement des valeurs, la perte de leurs libertés.

Pour Arendt, la métaphore de l'« esprit vide » de l'individu mauvais et malfaisant était littéralement vraie. Elle permettait d'expliquer le phénomène complexe de la conversion et du revirement idéologiques. Si la pensée est absente, alors on peut excuser des épisodes historiques douteux ou la trahison idéologique d'un être cher. Il est plus facile de s'accommoder d'un esprit distrait que d'un esprit attentif, conscient de ses actes, fier même de ses crimes, et qui aurait eu la capacité de se conduire autrement.

L'interprétation d'Arendt fascina certains lecteurs – les actions des nazis pouvaient être expliquées par une sorte de somnambulisme – et en dérouta d'autres. Pour beaucoup de survivants de l'Holocauste, elle semblait minimiser la cruauté méthodique du régime nazi : la brutalité violente, la persécution systématique, la planification minutieuse du génocide. La métaphore de l'esprit dénué de pensée avait en outre une autre implication fascinante : elle faisait du lavage de cerveau un simple processus. Une situation.

L'explication situationnelle présuppose que, dans certaines conditions – bonnes ou mauvaises –, nous sommes tous des tyrans en puissance. Et si nous sommes tous pareils, tous fautifs en vertu d'une perversion propre au cœur humain, alors personne n'est responsable. Il devient impossible de résister à la conformité et à l'obéissance. La faillite morale repose sur des situations fortes, des situations folles, des situations graves, dans lesquelles nous divorçons tous de nous-mêmes et sommes tous capables de commettre des actes barbares.

L'expérience de Milgram et la folie situationnelle

Dans les années 1950 et 1960, les psychologues sociaux se sont passionnés pour ces explications situationnelles. C'est ainsi que de candides étudiants ont été placés par quelques sommités de la discipline dans des situations de torture ou d'emprisonnement, dans le cadre d'expériences ridicules (et qui violaient tous les principes éthiques) où ils étaient incités à obéir, à se conformer, à faire du mal à des inconnus. À Yale, Stanley Milgram encourageait ses sujets à administrer des chocs électriques à des pairs innocents ; une majorité d'entre eux obéit[5]. À Swarthmore, Solomon Asch mesurait la propension des siens à se plier à l'opinion de la foule quand elle contredisait leur propre expérience : après de multiples tests, une majorité d'entre eux s'y conformait au moins une fois[6]. À Stanford, Philip Zimbardo divisait un groupe d'étudiants en deux sous-groupes, les prisonniers et les gardiens de prison, les seconds ayant reçu pour instruction de dominer et de contrôler les premiers ; beaucoup versèrent dans le sadisme, beaucoup subirent des souffrances[7].

Ces expériences folles cherchaient à prouver que ce n'était pas l'individu qui comptait, mais la situation. Des millions de manuels de psychologie ont diffusé ces résultats et couronné ces conclusions comme autant de preuves que nous sommes tous enclins au conformisme et à la soumission. Sous la pression, nous obéirions tous. Si c'est la situation qui nous détermine, il n'est pas besoin de regarder dans la boîte noire, cette machine irréfléchie que l'on appelle l'être humain. Il est impossible à quiconque de résister à la situation.

Les métaphores façonnent les expériences que nous menons, les théories que nous concevons, et même les critères moraux à partir desquels nous portons des jugements, sur nous et sur les autres. Faire de la situation la force première de l'action idéologique, c'est négliger le rôle des différences individuelles et des variations comportementales. D'ailleurs, de grandes différences individuelles ont été passées sous silence dans ces expériences censées établir l'obéissance universelle. Dans les expériences d'électrocution de Milgram, deux tiers des participants infligeaient le niveau maximal de douleur à leurs souffre-douleur inconnus quand on le leur demandait, mais un tiers ne le faisait pas. Dans les tests de conformité d'Asch, trois quarts des participants se conformaient à un moment ou à un autre à l'opinion de la majorité, même quand ils la jugeaient erronée, mais un quart s'y refusait absolument. Dans l'expérience de la prison de Zimbardo, certains participants montrèrent des signes de rébellion, et d'autres étaient si stressés par la situation qu'ils feignirent la démence pour pouvoir quitter l'étude.

Qu'est-ce qui caractérise la consistante minorité de ceux qui résistent ? Que se passe-t-il dans le cerveau et le corps des individus qui obéissent à contrecœur ? Si l'on se borne à pointer du doigt la situation pour expliquer le comportement idéologique ou la mauvaise conduite, on passe à côté de ces questions. En parlant d'« obéissance aveugle », de « conformité non critique », de « passivité irréfléchie », on occulte les éléments qui permettent de montrer que des processus beaucoup plus profonds et plus nuancés sont ici à l'œuvre.

Les limites du dualisme

Un esprit qui ne pense pas ne peut être tenu responsable de rien. Il n'est pas comptable de ses mensonges et de ses inventions, de sa mauvaise conduite ou de ses affabulations, de ses violences ou de ses crimes. L'absence de pensée n'est pas un mécanisme qui se peut mesurer et évaluer : elle suppose qu'aucun mécanisme ne soit plus même en jeu. Voir dans l'absence de pensée la racine du mal nous détourne de la recherche d'une explication scientifique qui permette de savoir comment l'esprit peut être affecté par son immersion dans une idéologie totalisante.

Définir l'esprit idéologique comme un esprit passif et complaisant, à la merci de forces incontrôlables ou de normes évolutionnaires, est tout à la fois une assertion erronée et une marque de pessimisme. En réalité, l'« esprit sans pensée » est un oxymore : quel esprit en effet pourrait ne pas penser, c'est-à-dire être vide de lui-même ? Le cerveau n'est pas un organe apathique, inerte ou amnésique.

Il n'est pas une absence ou un manque. Même le cerveau qui dort est au travail et imagine des réalités alternatives. Comparer la pensée idéologique à l'absence de pensée ne fait pas qu'exonérer l'individu de toute responsabilité : cela donne une représentation fausse et grossière des rouages internes de l'esprit humain.

Ces métaphores de l'esprit qui en font un simple récipient – tantôt saturé de fausses informations, tantôt vidé de toute substance – témoignent de l'idée obsolète selon laquelle la pensée ne serait pas physique, mais immatérielle. Cette supposition, appelée dualisme, veut que le corps et l'esprit soient faits de substances distinctes et séparables. Le corps, physique et tangible ; l'esprit, non physique et spirituel. Ceux qui souscrivent au dualisme pensent que la substance que nous avons dans la tête – nos pensées, notre esprit, notre personnalité – est fondamentalement différente de celle qui constitue notre corps, matière organique gouvernée par la physique et la chimie.

La division du sujet en deux parties – le corps et l'esprit – a trouvé une de ses expressions les plus célèbres chez le philosophe du XVIIe siècle René Descartes. Il espérait concilier la conception médicale du corps humain – une machine obéissant à des lois – et la doctrine catholique de l'âme incorporelle et immortelle. Loin de se poser, comme les modernes, « le problème du corps et de l'esprit », Descartes niait d'abord qu'il existât : « Toute la difficulté [...] ne procède que d'une supposition qui est fausse, à savoir que si l'âme et le corps sont deux substances de diverse nature, cela les empêche de pouvoir agir l'une contre l'autre[8] », écrivait-il en 1646 en réponse aux instances faites par un autre philosophe et savant français de son temps, Pierre

Gassendi. Descartes s'efforça toutefois de répondre à la question de savoir comment une âme qui n'existe nulle part dans l'espace peut pourtant agir sur un corps, c'est-à-dire sur une chose qui est définie par le fait même d'occuper l'espace. Dans sa correspondance avec la princesse philosophe Élisabeth de Bohême, celle-ci le contredisait en disant que, si l'âme était « immatérielle », elle ne pouvait, par définition, avoir aucun contact avec aucun corps physique[9].

Descartes était dans une impasse. Il lui fallait ou bien faire de l'âme une substance physique et laisser la psychologie découler de la physiologie (et donc renoncer à la singularité de l'âme chrétienne), ou bien retenir la distinction de la matière et de l'esprit, et sauver le christianisme de sa contradiction avec la raison.

Descartes chercha dans le cerveau l'endroit où la matière et l'esprit, par une sorte d'alchimie, pourraient interagir de telle sorte que la volonté de l'âme pût pénétrer le corps. Un lieu unique, une seule porte céleste devait suffire à l'union du corps corporel et de la conscience incorporelle. Or Descartes savait que la plupart des structures cérébrales existent en double : une dans l'hémisphère gauche, une autre dans l'hémisphère droit. À une exception près, un petit organe appelé la glande pinéale : c'était la seule structure du cerveau qui fût sans jumelle[10]. Là se trouvait assurément le siège de l'âme. En dépit de son dualisme, Descartes était paradoxalement las des doubles insaisissables.

Le dualisme est le seul moyen de croire au surnaturel et à l'immatérialité de l'âme. Car il ne saurait être possible de communiquer avec des entités invisibles ou d'accéder à un au-delà qu'à condition que notre vie mentale ne fût pas de nature physique. Croire à l'immortalité de l'esprit, c'est croire que nous ne sommes pas des êtres entièrement physiques ou biologiques. Cette manière de voir n'est pas seulement abstraite ou métaphorique : elle a des implications politiques. Une idéologie qui exige le sacrifice total de soi promet une utopie qu'une part de nous-mêmes pourra atteindre – notre âme, nos enfants –, mais qui restera inaccessible à notre corps charnel. Les orthodoxies religieuses et les régimes totalitaires ne cessent de répéter que nous sommes à chaque instant sous le regard de forces qui voient tout. Cette surveillance omnisciente et permanente est impliquée aussi dans de nombreuses formes de morale laïque, qui prescrivent des règles d'existence dans le monde. Être une « bonne » personne, c'est suivre les maximes de l'altruisme, sans faille et sans réserve. Quand bien même, au moment de risquer un préjudice personnel au nom de l'intérêt public ou d'un mythe collectif, personne ne nous regarde, nous sentons la présence imperceptible d'un juge, toujours présent quelque part, qui, par-dessus notre épaule, prononce des sentences sur notre valeur morale – version sécularisée de l'âme métaphysique.

Il y a ici entre le corps et l'esprit une désunion que les idéologies utilisent pour tenir leurs fidèles dans la servilité, et qui encourage ceux-ci à commettre des violences contre eux-mêmes au nom d'un idéal transcendant.

Nos pensées sont biologiques

Pour comprendre le cerveau idéologique, nous devons nous défaire de ces présupposés dualistes. Le cerveau est composé de la même matière que le reste du corps : de l'eau, des protéines, de la graisse, du sel, des vaisseaux sanguins, des fibres, des tuyaux. Le cerveau, comme le reste de nous, est un organe dont l'organisation cellulaire se fait par strates ascendantes, en lien avec le cœur, l'intestin et même nos orteils.

Chacune de nos pensées est physique, chacune de nos émotions est physiologique ; chacun de nos rêves, chacune de nos convictions est une signature biologique produite par le corps et par le cerveau.

Et pourtant, même les penseurs et les scientifiques qui nient le dualisme du corps et de l'esprit, et qui reconnaissent que le mental est le produit d'une biologie complexe, font montre d'un dualisme résiduel, et continuent de faire une différence entre l'esprit et le cerveau. Dans cette dualité cerveau-esprit, l'esprit est au-dessus de la biologie : le cerveau est l'organe physique, et l'esprit l'expérience psychologique. Cette séparation peut être utile. Mais la distinction peut aussi entretenir l'illusion que notre psychologie serait empreinte d'une spiritualité non physique, de quelque chose d'éternel qui appartiendrait à un autre monde. D'une substance indépendante du corps.

Ici, la frontière entre l'esprit et le cerveau est à dessein dissoute. J'utilise les deux mots de manière interchangeable, parce que les éléments scientifiques permettant de dire que l'esprit existe en dehors du cerveau sont rares. Il n'est que de changer le cerveau – de le blesser, de le nourrir, de le déranger – pour que toute la vie psychique soit altérée.

Au-delà de ces questions de définition (et d'imagerie), je parle de *cerveau* idéologique parce que je veux affirmer clairement que le mental est biologique et que le biologique est façonné par le politique. Je n'appelle pas à l'abolition de la terminologie de l'esprit, du corps et du cerveau, mais je souhaite y semer quelque trouble. Que se passerait-il si nous prenions conscience – dans notre langue, nos concepts, nos métaphores – que les idéologies ne sont pas seulement abstraites et collectives, mais aussi somatiques et individuelles ? Si nous visualisions les idéologies comme *issues du* corps et *présentes dans* le corps ?

Cette science nouvelle de l'idéologie cherche à comprendre comment les convictions idéologiques naissent de la biologie. D'ailleurs, l'objet du mot idéologie, quand il fut inventé, était d'être une science. Cette histoire hante encore son nom : l'idéologie comme science, ou *logos*, des idées.

À une époque où l'idéologie est considérée comme contraire à la science, cela semble aujourd'hui improbable et lointain. Comment l'idéologie pourrait-elle relever de la science plutôt que de la politique ? On peut pourtant trouver dans la « biographie » de l'idéologie des traces de la manière inattendue dont le langage, l'histoire et la science se rencontrent et s'entrecroisent ; de sorte que ce qui est né comme une science a plus tard été rangé parmi les reliques de l'histoire politique, avant de ressusciter, plusieurs siècles après, sous la forme d'un travail scientifique entièrement nouveau.

Quand le mot « idéologie » a été prononcé pour la première fois sur cette terre, il était destiné à fonder une science naturelle, comme la biologie ou la chimie, qui allait étudier la nature des idées, leur origine et leur finalité.

Comment ce sens scientifique premier de l'idéologie a-t-il pu changer aussi radicalement et grossièrement, se voir aussi horriblement défiguré ? Telle est la question.

II

Du mythe et de l'esprit

Chapitre 4

Naissance de l'idéologie

Nous sommes en juillet 1794. Assis dans une sombre prison parisienne, un homme, dont les cheveux bouclés naguère bien peignés étaient abandonnés à un désordre complet, faisait frénétiquement courir la plume sur le papier. Ses jours étaient comptés, il le savait. « Madame Guillotine » attendait. Il pouvait presque entendre les grognements menaçants du bourreau qui le pousserait bientôt vers le couperet moqueur. Or, loin d'être transi de peur ou paralysé par la mélancolie, il était rempli d'un sentiment électrique et vibrionnant d'anticipation. *Pourquoi un condamné à mort était-il animé de tant d'énergie ?* Cette excitation était due aux idées inédites qui lui étaient venues, et dont il lui fallait à tout prix accoucher s'il voulait qu'elles pussent passer de son imagination visionnaire à l'encre sur la page, et parvenir au terme de leur voyage avant sa fin imminente.

Et c'est ainsi que naquit l'idéologie, dans l'ombre d'une mort pressante et d'un désir profond de liberté.

Destutt de Tracy et l'invention de l'idéologie

L'homme qui lui donna naissance n'était pas accoutumé à la brutalité de la vie en prison. Avant son incarcération, Antoine-Louis-Claude Destutt de Tracy était un membre à part entière de l'aristocratie française. Libre de s'adonner à ses caprices et à ses passions, il avait été un philosophe des Lumières tout à fait ordinaire : un penseur public, qui croyait au progrès philosophique et politique au moyen de la raison, de la science, de l'éducation[1]. Il fréquentait les luxueux salons où savants et lettrés débattaient du démantèlement du système féodal du royaume de France en sirotant du champagne et picorant des fraises. Il était de bon ton chez les philosophes français de ce temps-là de dénoncer les inégalités assis confortablement sous les riches lambris de châteaux hérités. *En vain se voilaient-ils l'hypocrisie qu'ils ne voulaient pas voir.* Ces compagnies d'intellectuels obéissaient assidûment à la maxime selon laquelle il est nécessaire, pour penser, d'avoir des ressources et de l'argent, et même d'en être gâté.

Pour un noble comme Destutt de Tracy, la prison était une déchéance. Sous la Terreur, le 2 novembre 1793, ce fils de marquis fut arrêté pour crime d'« aristocratie » et d'« incivisme ». Son châtiment fut d'être incarcéré dans une des prisons les plus insalubres et sanglantes de Paris*, et de devoir souffrir la cruelle attente d'un procès factice

* Destutt de Tracy fut d'abord incarcéré à la prison de l'Abbaye, puis transféré à celle des Carmes ; les massacres de septembre 1792 avaient fait dans l'une et l'autre des centaines de victimes (*N.d.T.*).

dont l'issue était connue d'avance : une mort brutale et sanglante.

C'est pourtant là, dans le couloir de la mort, qu'au lieu de pleurer sur son sort ou de sombrer dans le désespoir, l'esprit de Destutt de Tracy trouva sa véritable originalité. Enfermé, il était coupé des conventions des institutions académiques et de leurs débilitants effets d'imitation. Peut-être l'opulence avait-elle entravé sa créativité : l'image de l'artiste inspiré crevant de faim dans son galetas ne fut jamais la sienne. Peut-être les visions cauchemardesques de sa tête roulant dans le panier le forcèrent-elles à trouver une distraction. Quoi qu'il en soit, Destutt chercha un réconfort dans la philosophie. Il dévora des auteurs entiers, lisant tout ce qu'ils avaient publié. Consciemment ou non, il refaisait ce que des générations de poètes et de penseurs emprisonnés avaient fait avant lui, et découvrait à son tour qu'il était possible de se plonger dans la philosophie pour dépasser la souffrance physique. Le premier avait sans doute été le philosophe et homme d'État romain Boèce, qui, vers l'an 523, avait lui-même composé sa *Consolation de la Philosophie* en prison. Boèce y imaginait que Dame Philosophie – incarnation féminine de l'amour de la sagesse – venait le visiter dans sa cellule. Tout en rappelant au malheureux que la liberté de la pensée était éternelle, elle avait séché « ses yeux inondés de larmes ». Pour Boèce enfin réconforté, la nuit s'était dissipée, les ténèbres l'avaient quitté, son regard avait recouvré son acuité première[2]. Dame Philosophie l'avait consolé comme l'aurait fait une mère, et, après son départ, il était devenu un homme éclairé, prêt à faire face à son sort avec bravoure et sérénité, grâce à la force de la méditation philosophique.

Mille ans après l'épiphanie de Boèce, en 1642, le poète anglais Richard Lovelace écrivait en détention que « des murs de pierre ne font pas une prison, ni des barreaux de fer une cage[3] ». Ils ne le furent pas non plus pour Destutt de Tracy. Au contraire, la privation de liberté lui fit soudain prendre conscience de ce qui était désormais pour lui le plus pressant et le plus important. La menace de la mort fut le catalyseur qui lui permit de réinventer la puissance de la pensée intime pour tenir tête à la superstition et à l'arbitraire du pouvoir. Il en va ainsi de toute littérature carcérale : la séparation tranchée entre l'intérieur et l'extérieur ouvre une faille où peuvent s'engouffrer l'art et la résistance. Cette fissure fut une opportunité. Ce n'est donc pas un hasard si l'embryon de l'idéologie fut enfanté par la pensée de Destutt dans la réclusion d'une prison.

Au moment de son invention, l'idéologie ne ressemblait cependant pas à ce qu'elle est devenue aujourd'hui. Elle ne constituait ni un bloc d'opinions politiques ni une doctrine récompensant les croyants et châtiant les infidèles. Elle n'était pas synonyme de croyance ou d'opinion politique.

En inventant le mot « idéologie », Destutt de Tracy voulait avant tout comprendre comment les idées se formaient dans l'être humain. Son but était d'introduire une nouvelle discipline, une nouvelle science digne de rivaliser avec la chimie, la physique et la botanique. Qui deviendrait une branche de la zoologie, l'étude de la faune et de la flore, et emprunterait ses méthodes à la physiologie.

Usant de toute la formalité du savoir grec antique, Destutt forma le mot en unissant *logos* – étude, logique, raison – et *idea*.

Ainsi baptisée, l'idéologie s'entoura aussitôt d'une aura révolutionnaire.

La science nouvelle de l'idéologie

Destutt de Tracy la concevait comme une science légitime, dont les méthodes parfaitement objectives permettraient de montrer comment l'être humain produisait des croyances. Ces méthodes étaient au nombre de deux : la sensation et la déduction. Pour déterminer la provenance des idées, Destutt pensait que leur science devait s'intéresser à la façon dont l'esprit observe et absorbe son environnement – la sensation – et dont il forme rationnellement des pensées et en déduit des vérités – la déduction. « L'observation et l'expérience pour amasser des matériaux, la déduction pour les élaborer : voilà les seules bonnes machines intellectuelles », professait-il. « Laissez toutes les autres aux pédants et aux charlatans, qu'elles ne conduiront jamais à aucun vrai savoir[4]. »

On peut trouver aujourd'hui des parallèles entre la réflexion de Destutt de Tracy et la psychologie expérimentale moderne, l'étude de la cognition, c'est-à-dire de la façon dont nous percevons, jugeons et agissons. À son époque, toutefois, le mot « psychologie » et la « psyché » – l'« âme » méprisable – avaient quelque chose de trop spirituel pour le penseur profane. L'aversion pour la religion faisait que toute discussion portant sur l'âme était hors de question. L'esprit évoquait irrésistiblement le divin, et il n'y avait rien de mystique et de surnaturel dans la vérité. Destutt était certain que sa science des idées serait une science solide, et non pas une abstraction philosophique. Les mots « psychologie » ou « métaphysique » étaient des termes impropres et erronés. La théologie n'avait pas sa place en science. L'intellect humain avait une base biologique.

En choisissant cette voie, l'inspiré Destutt de Tracy rejetait de Descartes à la fois le dualisme du corps et de l'esprit et les inclinations religieuses. Il préférait se mettre dans les pas du philosophe empiriste anglais Francis Bacon (1561-1626). Or celui-ci était convaincu qu'il était nécessaire de « refaire entier l'esprit humain, [...] recommencer toutes les sciences, et [...] soumettre à un nouvel examen toutes les connaissances que nous avons acquises[5]... » *Jetons tout ce qui est erroné, fautif, injustifié, considéré comme allant de soi, non plausible ! Passé à ce tamis, il ne restera plus que la vérité.* Conformément aux idéaux des Lumières, Destutt soutenait que le savoir existant devait être entièrement réévalué, et que ce qui ne pouvait être justifié par l'expérience ou par la raison devait être mis au rebut.

Tant et si bien que, lorsque l'idéologie fut conçue, dans l'air étouffant d'une prison, elle était destinée à former un projet scientifique tourné vers la vérité et contre la superstition. Comme un parent regardant avec amour son enfant, Destutt de Tracy était sûr que son *idéologie* serait belle et « sublime ». Elle éluciderait la faculté d'intellection et d'observation, révélerait les éléments de la sensation, éclairerait l'aptitude du genre humain à la vérité.

Elle ferait le tri entre les idées fondées sur l'expérience ou la raison et celles qui n'étaient que l'héritage fragile et douteux de l'orthodoxie religieuse. Par la science des idées, Destutt pensait que nous pourrions élaborer des méthodes permettant de distinguer clairement la vérité de l'erreur. Et surtout, l'idéologie serait *utile* : elle montrerait « à l'intelligence humaine la marche à tenir pour accroître ses connaissances, et [...] lui enseigner une manière sûre d'arriver à la vérité[6] ».

Le 4 thermidor an II, soit le 22 juillet 1794, le moment vint pour Destutt de Tracy de condenser ses idées dans un manifeste final qui lui survivrait. Le jour avait été un des plus chauds de l'été, la température n'avait cessé de s'élever, remplissant l'air ambiant d'une tension latente. Peut-être la chaleur accumulée dans sa cellule miteuse fit-elle fondre dans le cœur de Destutt ce qu'il y restait de réserve ou de timidité. Il était prêt, enfin, à délivrer ses vérités. Le lendemain, alors qu'il était toujours reclus dans sa prison des Carmes, le sentiment d'urgence qui le taraudait depuis son incarcération se fit plus vif. Il était temps. Tôt ce matin, près de cinquante détenus, dont certains étaient accusés du même « crime » que Destutt, avaient été emmenés pour être exécutés. Et le sifflement lointain du couperet impitoyable qui arrivait jusqu'à ses oreilles lui rappelait que le Tribunal révolutionnaire prononcerait sa sentence d'ici une semaine.

Le lendemain, 5 thermidor, il écrivait dans son journal : « Résumé des vérités. » La vérité, pour Destutt de Tracy, exigeait le respect le plus grand, la plus haute objectivité. Ses conclusions devaient donc être transcrites dans le langage des mathématiques. Et comme il n'était pas mathématicien de métier, de pseudo-équations algébriques suffiraient[7]. En voici la première :

« Le produit de la faculté de penser ou percevoir = connaissance = vérité. »

Ce premier axiome supposait que la perception et la raison fussent les voies du savoir, et donc de la vérité qui résidait derrière la réalité. Si l'on raisonnait avec clarté et percevait le monde avec sensibilité, le vernis de l'erreur finirait par se craqueler. Avec les Lumières, *so far, so good.*

« Dans un deuxième ouvrage auquel je travaille, écrit-il ensuite avec avidité, une ligne en dessous, je fais voir qu'on doit ajouter à cette équation trois autres membres : = vertu = bonheur = sentiment d'aimer. »

Par ce deuxième axiome, qui faisait suite au premier, Destutt de Tracy disait que la vérité conduit à la vertu et au bonheur ; et même à l'insaisissable émotion de l'amour. Il y avait là quelque chose d'un peu ironique pour un philosophe dépérissant en plein été au fond d'une prison de la Terreur. Mais même dans cette situation difficile, enfermé dans une cellule sombre, Destutt défendait la vertu de l'étude des sens. Dans ses notes, il ambitionnait même de remplacer la célèbre formule de Descartes, « Je pense, donc je suis », par la sienne : « Je sens, donc j'existe. » Selon lui, l'existence ne se définissait pas seulement par la présence de pensées intérieures, mais par nos expériences sensorielles. Il croyait que la perception sensible conduisait au bonheur : c'était la pleine conscience à la mode des Lumières. La matière et l'esprit n'étaient pas séparables à ses yeux, et le dualisme cartésien du corps et de l'esprit, de la biologie et de la pensée, créait des catégories erronées. Il y avait une continuité entre notre esprit et le monde dans lequel nous vivions. Et quand nous avions des impressions sensorielles – la chaleur du soleil sur la joue, la texture d'un papier granuleux sous les doigts –, nous prouvions notre existence par l'acte de la sensation.

(Malheureusement, cette reformulation de l'ode cartésienne à l'intériorité pure ne prit pas ; elle n'avait pas la même force mélodique que l'original.)

À mesure que les inspirations de Destutt de Tracy venaient se fondre à la chaleur brûlante de ce jour de juillet et nourrir son « Résumé des vérités », la mathématique de la réalité semblait presque palpable et luminescente. Comme Boèce, dont le visage avait été caressé par l'aura de Dame Philosophie venue le voir en prison, Destutt parlait d'un « trait de lumière » éclatant de vérité.

Aussi n'en resta-t-il pas là : « Et dans un deuxième [ouvrage] je prouverai qu'on doit ajouter [...] : = liberté = égalité = philanthropie. »

De ces trois équations qui n'en formaient qu'une seule, Destutt de Tracy déduisait que la vérité était enracinée dans notre observation directe et dans notre faculté de raisonner. Quand l'une et l'autre étaient mises en œuvre, le chemin qui partait de la capacité de penser ou de percevoir conduisait à la vertu et au bonheur, puis à la liberté, à l'égalité et à la fraternité, en passant par la connaissance et par la vérité.

C'était une longue route et une longue équation.

Une équation qui reposait avec un peu trop d'enthousiasme peut-être sur le signe égal pour passer d'une grande énonciation à une autre, et de la faculté de perception à l'amour magnanime pour l'humanité.

Quelle était la signification cachée de ce soliloque algébrique ? Celui-ci était-il le fruit d'un individu frappé de démence ? De l'hallucination grandiose et mégalomaniaque d'un condamné ? D'un prisonnier qui espérait, en plus de trouver un sens et un salut, que ses pensées solitaires soient liées à des idéaux existentiels et politiques supérieurs ? Peut-être.

Mais Destutt de Tracy était loin d'être dérangé. Son calcul philosophique suggérait qu'en exhumant les *origines* des idées, on pourrait aussi en éclairer les *conséquences*. Il sentait que nos perceptions sensorielles pouvaient être liées à nos conceptions de l'égalité et de l'émancipation.

Quand la Révolution française avait versé dans la Terreur, à compter de 1793, la période historique des Lumières était sur le déclin. Destutt de Tracy voulut leur faire franchir les portes du XIXe siècle, porter leur esprit de contestation et de protestation sur son dos douloureux, faire campagne pour la raison et l'autonomie de l'individu, lutter contre la monarchie, l'esclavage, la censure et la servitude féodale. Les philosophes européens des Lumières qui l'avaient précédé lui avaient enseigné que le progrès nécessitait l'abandon des superstitions et croyances de l'enfance, la fin de l'immaturité dans laquelle on s'était si longtemps complu, *dixit* Emmanuel Kant. La liberté intellectuelle et politique supposait de penser par soi-même et de chercher la vérité en toute indépendance.

Mais la vérité, ou tout au moins sa poursuite acharnée, ouvrirait-elle les portes de la prison de Destutt de Tracy ?

Les heures le séparant de son procès inique passaient impatiemment. Au vu du peu de temps qu'il lui restait avant l'étreinte fatale du bourreau, Destutt pouvait raisonnablement penser que l'*idéologie* mourrait prématurément, tuée dans son berceau, avant même d'avoir été caressée par la lumière de Paris.

Destutt de Tracy ne croyait pas à l'intervention divine, mais sans doute lut-il et relut-il son « Résumé des vérités » comme on fait d'une prière. Le fameux pari de Pascal lui traversa-t-il l'esprit ? Commencer à croire en Dieu, au surnaturel, était peut-être un pari raisonnable[8]. Soit il n'en resterait rien à sa mort si Dieu n'existait pas, soit il lui garantirait la vie éternelle au Ciel si Dieu était bien réel. Voltaire, l'idole de son enfance, sur les genoux duquel il avait un jour été assis, transi d'admiration, avait dit que le raisonnement de Pascal à ce propos était « indécent et puéril[9] ». Mais toutes les idoles n'ont pas l'heur d'être adultes et décentes. Certaines sont vouées à une mort prématurée sur un échafaud.

« L'idéologie doit changer la face du monde »

Or une coïncidence historique renversante accorda à Destutt de Tracy un rendez-vous de dernière minute avec la chance. Cette même semaine, un coup du sort bouleversa l'Europe et sauva l'*idéologie* de l'échafaud. Le 9 thermidor, soit le 27 juillet, quatre jours seulement après qu'il eut confié ses conclusions à son journal, et dûment résumé et daté ses vérités, la Convention nationale arrêtait Maximilien Robespierre avant de l'expédier le lendemain à la guillotine. Le règne de la Terreur prenait fin. Destutt était sauvé. Le procès qui devait avoir lieu devant le Tribunal révolutionnaire pour prononcer son innocence ou sa culpabilité n'aurait jamais lieu. En octobre, il retrouvait sa famille et ses amis, et quelques années plus tard, ayant repris sa place dans les salons luxueux au côté d'autres philosophes survivants, il publiait son grand-œuvre, les *Éléments d'idéologie*, et présentait au monde sa science nouvelle. Un de ses lecteurs les plus fervents, un Américain du nom de Thomas Jefferson, se proposa aussitôt de traduire l'ouvrage en anglais et de le diffuser largement.

Peut-être, après tout, la vérité était-elle libératrice.

En portant l'*idéologie* à la connaissance du public, les bras pleins comme un parent fier de son enfant et enclin à faire le paon, Destutt de Tracy s'attira vite autant d'alliés que d'ennemis. Dans sa position d'homme et de politique ayant un goût certain pour l'instruction laïque, il voulut faire entrer sa vision dans toutes les demeures du savoir. Si l'*idéologie* était enseignée dans chaque école et dans chaque université, avec les méthodes de la perception et de la déduction analytique, la prochaine génération serait véritablement éclairée. Au lieu de se reposer sur les conventions ou sur leur héritage, élèves et étudiants placeraient leur foi dans la raison, dans l'observation et dans une connaissance solide de l'épistémologie. Les futurs citoyens se libéreraient des us et mœurs traditionnels et des doctrines paralysantes. L'éducation serait un instrument d'émancipation politique.

Et c'est ainsi que l'*idéologie*, qui avait d'abord été un projet de nouvelle science empirique, dès qu'elle fut exposée au grand air, s'oxyda et changea de nature pour devenir une mission politique. Beaucoup de contemporains de Destutt de Tracy nourrissaient le rêve utopique d'une société où l'éducation des facultés mentales et des aptitudes à la pensée lucide et critique serait mise en avant et même privilégiée. Ces décideurs politiques et ces intellectuels se réunirent et se donnèrent le nom d'*idéologistes*.

« L'idéologie doit changer la face du monde », déclarait un des adeptes de Destutt de Tracy après une conversation avec des *idéologistes* enthousiastes. « Et voilà justement pourquoi ceux qui voudraient que le monde demeurât toujours bête (et pour cause) détestent l'idéologie et les idéologues[10]. »

Mais qui voudrait laisser les gens patauger dans la bêtise ? Qui pourrait bien rêver à l'avènement d'une société d'ignorants ?

Chapitre 5

L'âge des illusions

Alors que la brume se levait peu à peu sur la France de Thermidor, une étoile bottée et néanmoins montante du grand théâtre de l'histoire, du nom de Napoléon Bonaparte, entendit parler du nouveau mouvement des idéologistes et le jugea intéressant. Ou tout au moins utile pour accéder au pouvoir : leur influence et leurs relations dans la société pouvaient s'avérer essentielles pour naviguer dans le nouveau paysage politique. Bonaparte se mit à les fréquenter, à participer à leurs événements, à venir à leurs fêtes, à rejoindre leur cénacle. Levant son verre avec Destutt de Tracy et ses amis, il usa de l'amitié et de la flatterie, et devint bientôt membre honoraire de l'Institut des idéologues.

L'Empereur et les dangereux rêveurs

Mais ce béguin prit bientôt fin, comme il arrive souvent des béguins. Des différences de valeurs ne tardèrent pas à surgir. Les idéologistes avaient des principes démocratiques, laïques et libéraux, et célébraient la puissance de l'esprit individuel. Ils caressaient l'idée que la nation française devait représenter la voix du peuple, et non celle des autorités religieuses ou des élites royales.

Enfin leurs buts étaient incompatibles avec la vision de Bonaparte. Le manipulateur manichéen avait des ambitions impériales, entendait rétablir les institutions cléricales et se voulait l'ordonnateur d'une dictature implacable. Les esprits ne devraient pas douter, mais obéir. Il ne s'agirait plus de folâtrer ici et là librement, mais de se contenir dans des bornes étroites.

Pour Bonaparte, la stratégie la plus commode vis-à-vis de Destutt et de son club aurait été de les écarter ou de les ignorer. De les traiter avec dédain tandis qu'il affermissait son pouvoir personnel. Mais Destutt et ses disciples n'étaient pas des métaphysiciens en fauteuil, des rats de bibliothèque confinés dans leurs petits cercles philosophiques. Et au grand dam de Bonaparte, non seulement ils n'étaient plus en prison, mais ils comptaient parmi les législateurs actifs, puissants et influents. Il invita Destutt à prendre part à une expédition d'Égypte, mais Destutt déclina intelligemment l'invitation. Si tu ne peux pas les vaincre, se dit Bonaparte, il faut les calomnier et les ridiculiser.

« Ils ont la rage de se mêler de mon gouvernement, les bavards ! aboyait-il en 1802, en enfant courroucé. Mon aversion va jusqu'à l'horreur pour cette race d'idéologues[1]. »

Par mépris moqueur, Napoléon changeait les *idéologistes* en *idéologues*, et le mot « idéologie » devint derechef une insulte que l'on jetait avec dédain à ses adversaires[2].

Napoléon traitait Destutt et ses acolytes d'idéalistes entichés d'abstraction, n'ayant aucun sens ni talent pratique. « Ce sont des rêveurs et des rêveurs dangereux », assénait-il à quiconque daignait l'écouter, essayant de réduire les idéologistes à une clique de métaphysiciens prétentieux, arrogants et coupés de la réalité[3].

En 1804, dix ans après la libération de Destutt de Tracy de la prison des Carmes, Napoléon Ier n'était plus le jeune général ambitieux des campagnes d'Italie, mais l'empereur autoritaire, militariste et dynastique des Français. « C'est à l'idéologie, trompetait-il, qu'il faut attribuer tous les malheurs qu'a éprouvés notre belle France[4]. » Le conflit reçut tant de publicité que Madame de Staël, spirituelle femme de lettres exilée par deux fois pour avoir critiqué d'abord le régime de la Terreur, puis l'humeur tyrannique de Bonaparte, l'aurait traité d'idéophobe[5]. Quelqu'un qui avait *peur de l'idéologie, des idées, de la logique.*

Écumant, Napoléon rétorqua : « Messieurs, les philosophes se tourmentent à créer des systèmes ; ils en chercheront en vain un meilleur que le christianisme qui, en réconciliant l'homme avec lui-même, assure en même temps l'ordre public et le repos des États. Vos idéologues détruisent toutes les illusions ; et l'âge des illusions est pour les peuples comme pour les individus l'âge du bonheur[6]. »

L'âge des illusions est l'âge du bonheur. Les illusions sont vertueuses. Les illusions sont nécessaires. Qui veut briser les illusions est l'ennemi du genre humain. Celui-ci doit être hypnotisé pour son propre bien, car le monde réel est trop dur et cruel. Sans les charmes de l'illusion, jamais il ne pourra former une communauté unie, une majorité compacte et bien ordonnée.

L'âpre lutte entre Destutt de Tracy et Napoléon eut raison de l'idéologie et la marginalisa. Rejetée, élue bouc émissaire de tous les maux de la société française, elle s'exila à l'étranger. Fuyant la disgrâce et la persécution, elle partit chercher refuge aux États-Unis. Mais le renom terni de l'idéologie avait déjà franchi l'océan. Même son ami et traducteur, Thomas Jefferson, troisième président de la jeune République américaine, ne put réparer les dégâts. Dans des lettres et des conférences, certains Pères fondateurs allaient même jusqu'à dénoncer cette « science de la folie », cette « théorie du délire »[7].

L'idéologie avait commis le crime de préférer la raison et l'observation à la pensée magique et à la mythologie collective. Les Américains pensaient qu'elle portait l'éloge de l'individu – la possibilité d'un citoyen rationnel, indépendant et éclairé – aux limites de la psychose. Les États-Unis reposaient trop alors sur une aspiration à une identité commune pour accueillir le concept d'idéologie dans leurs territoires fraîchement déclarés indépendants.

Désappointée, l'idéologie regagna le continent européen. Elle débarqua en Allemagne, chez deux jeunes penseurs qui réfléchissaient sérieusement à la nature des illusions, sans, contrairement à Napoléon, s'en *émerveiller*. Ils allaient même leur porter un coup fatal.

La critique de l'idéologie chez Marx et Engels

Et c'est ainsi qu'en 1845, tandis que Karl Marx et Friedrich Engels s'attelaient à *L'Idéologie allemande*, l'idéologie subit une nouvelle métamorphose. Elle n'était plus seulement une accusation péjorative dirigée contre des rivaux politiques, mais formait désormais un ensemble de croyances intériorisées par l'esprit humain à force de contrainte, de violence et d'exploitation. L'idéologie n'avait plus de rapport avec la science et constituait même un fatras d'illusions.

Déjà, en 1843, réduisant la religion à une idéologie, on pouvait lire sous la plume de Marx : « L'abolition de la religion en tant que bonheur illusoire du peuple est l'exigence que formule son bonheur réel. » L'illusion idéologique était une fausse solution à la misère et à l'inégalité des conditions de vie. « La religion est le soupir de la créature opprimée, l'âme d'un monde sans cœur, comme elle est l'esprit de conditions sociales d'où l'esprit est exclu. Elle est l'opium du peuple[8]. »

Marx méprisait Destutt de Tracy, qu'il traite dans *Le Capital* de « lâche doctrinaire de la bourgeoisie[9] » : peut-être avait-il inventé le mot « idéologie », mais il n'y avait rien compris. Et c'est chez un contemporain de Destutt, le philosophe Claude Adrien Helvétius, qu'Engels et Marx allaient chercher leur inspiration. « Nos idées sont les conséquences nécessaires des sociétés où l'on vit[10] », écrivait Helvétius en 1758. Cette réflexion avait rempli Marx et Engels d'une ivresse et d'une frénésie de subversion. Les idées dans nos têtes sont *impures*. Aux oubliettes l'optimisme de Destutt sur la capacité de la raison et de l'observation de produire des vérités dignes de foi ! La conscience de l'individu est faible et faillible : elle se soumet aux structures et aux ruses de la société. Les idées sont héritées, les idées sont malléables, les idées sont faciles à corrompre et à manœuvrer. Il n'est pas de logique ou de perception humaine innée qui puisse être dissociée de la culture, du capital ou du pouvoir.

Helvétius dénonçait la façon dont les couches dirigeantes de la société – l'aristocratie royale, les militaires et le haut clergé – maintenaient les groupes dominés dans les ténèbres, c'est-à-dire dans l'ignorance de leur condition. Au moyen de la propagande, de la désinformation et de la manipulation, les puissants dictaient aux masses leurs croyances. Cette théorie plut beaucoup aux jeunes Marx et Engels. Répétant voire plagiant Helvétius, ils écrivaient en 1845 : « Les idées de la classe dominante sont, de tout temps, les idées dominantes[11]. »

Le duo suggérait que les mythes idéologiques ne servent pas les intérêts du plus grand nombre, mais seulement de quelques-uns. Les gens ignorent largement la nature des relations économiques et sociales qui façonnent leurs désirs et leurs pensées, disaient Marx et Engels. Et « dans toute idéologie, les hommes et leurs rapports nous apparaissent placés la tête en bas, comme dans une *camera obscura*[12] », ajoutaient-ils. L'idéologie met la conscience « à l'envers ». Le haut passe en bas et le bas en haut. Les êtres humains tolèrent et même défendent des systèmes qui les condamnent en réalité à la pauvreté. Non seulement la conscience est sociale, mais elle est aussi intimement liée à la classe et au capitalisme : aussi doit-elle être corrigée et contrôlée. Dans des conditions d'inégalité, les ressources mentales des groupes subordonnés leur sont dérobées pour être remplacées par des illusions.

Engels pensait que l'idéologie relevait de la *fausse conscience*[13]. Avec Marx, il écrivait qu'elle était le produit de « fantasmagories dans le cerveau humain[14] ».

Pour eux, l'idéologie nous situe dans un monde analogue à celui d'*Alice au pays des merveilles*, où tout est distordu et déformé. Les apparences et la réalité se mêlent et se confondent. Les constructions sociales sont prises pour des structures permanentes de la réalité. Et surtout, nous oublions l'existence de ces déformations. Nous voyons des forteresses impénétrables là où ne se dressent que des châteaux de sable. La fragilité de nos dogmes est dissimulée par une impression de force et de longévité qui nous fait oublier qu'ils peuvent être brisés.

Marx et Engels entendaient montrer que l'idéologie est faite pour donner aux inégalités l'apparence de la naturalité, de l'inéluctabilité, de l'immuabilité et de la vertu ; que les rapports de force sont naturalisés, comme si la vie sociale avait toujours été ainsi et le serait toujours. Les scénarios que nous suivons nous semblent immunisés contre tout changement, impossibles à remettre en cause. Autant jouer le jeu. *Qui sommes-nous pour contrarier et défier la nature ?*

Aveuglés par la fausse conscience, les gens se soumettent aux obligations et acceptent les définitions d'eux-mêmes qui leur sont données et imposées de l'extérieur, et n'ont pas le pouvoir de les façonner ni même d'y consentir. Les citoyens deviennent des instruments de l'autorité et de l'histoire, aliénés à eux-mêmes.

Seul un changement radical de la structure de la société permettra aux individus de déterminer leurs conditions de vie, et de se libérer véritablement des illusions qui les aveuglent et les enchaînent. La traversée des apparences est l'unique moyen de prendre possession de notre conscience. Nous ne pourrons nous réveiller qu'en décapant le vernis de l'idéologie.

Que l'on comprenne ou non la vision de Marx, que l'on soit ou non en accord avec lui, que l'on se sente armé par ses idées et prêt pour la lutte révolutionnaire, ou dépité par les connotations complotistes et populistes de sa philosophie, il y a quelque chose d'enivrant dans le désir de couper les fils qui meuvent la marionnette de l'inégalité moderne. Laissons-la tomber, et une ère nouvelle – l'âge de l'*anti-illusion* – se lèvera.

Sont-ce des applaudissements que j'entends ? Un rire diabolique au fond de la salle ? Un feu d'artifice célébrant la destruction nécessaire au renouveau ? Ou un silence mutique ? *Quelle est votre réponse ?*

L'ironie désastreuse que recèle la haine de l'idéologie de Marx est que ses propres idées ont elles-mêmes fini par dégénérer en idéologie. Le marxisme est devenu un narratif à la logique prétendument incontestable, avec de claires prescriptions, un ennemi à haïr (la « classe dominante ») et un groupe à louer et porter aux nues (les « dominés »). Ou bien l'on adhérait à cette logique, ou bien l'on était un traître, qui ne valait pas mieux que l'oppresseur.

L'idéologie est l'air que nous respirons

En réaction à Marx, une lutte acharnée a commencé autour du concept d'idéologie. Elle dure depuis deux cents ans et n'est pas terminée. Des mètres cubes d'encre ont été versés pour tenter de savoir si l'idéologie était utile ou nuisible. Certains disent que les idéologies sont utiles parce qu'elles apportent un cadre structurant qui rend la vie intelligible et permet les échanges sociaux ; d'autres qu'elles favorisent au contraire l'aveuglement et figent les inégalités entre les groupes. Les idéologies patriarcales ont produit des mythes genrés sur le moi – sur nos désirs, nos capacités, nos besoins – que les gens acceptent et en fonction desquels ils vivent, ce qui permet à l'injustice de persister au vu de tous. Les idéologies monarchistes encouragent des sentiments de proximité vis-à-vis d'aristocrates symboliques qui dissimulent l'exploitation flagrante à laquelle les monarchies doivent de survivre. D'un point de vue critique, croire que ces inégalités sont bonnes et justifiables est un symptôme du caractère illusoire de l'idéologie.

Savoir si les idéologies favorisent ou entravent l'existence humaine est un débat qui continue de faire rage. Demandez à vos voisins : certains en feront l'éloge et diront qu'elles sont constituées de principes nobles et nécessaires qui distinguent l'homme moral de l'homme immoral. D'autres les dénigreront avec dégoût, voyant en elles une barrière qui coupe les gens de leurs véritables possibilités.

Historiquement, définir l'idéologie est un projet tout à la fois descriptif, politique et normatif. Voir l'idéologie comme une force bonne ou mauvaise (ou les deux, ou ni l'une ni l'autre) dépendra de la définition de l'idéologie que l'on privilégie. Et croire qu'elle agit au niveau individuel ou social (ou les deux, ou ni l'un ni l'autre) dépendra de ce que nous pensons ou non qu'elle existe et qu'il est possible ou non – ou souhaitable – de se détacher des cadres idéologiques.

Destutt de Tracy glorifiait le savoir individuel, Napoléon s'en amusait. Marx et Engels pensaient que la conscience individuelle n'existait pas en soi : toujours collective, elle était le produit de conditions matérielles extérieures. « Ce n'est pas la conscience qui détermine la vie, mais la vie qui détermine la conscience[15] », peut-on lire dans *L'Idéologie allemande.*

L'idéologie, pensaient Marx et Engels, est l'air que nous respirons. Nous ne pouvons pas vivre sans. Nous naissons dans l'atmosphère d'une structure idéologique, et ensuite nous pensons et nous existons. L'idéologie pénètre et conditionne notre vie mentale. Elle précède notre conscience. Les scénarios sociaux, et la morale et la religion dont nous héritons, sont premiers. Les vies que nous choisissons sont secondes. L'idéologie nous définit avant même que nous n'ayons la possibilité de nous définir nous-mêmes.

Mais les formules de Marx laissent plus de questions qu'elles n'apportent de réponses. Si l'idéologie est si envahissante, comment échapper jamais à son emprise ? Est-il possible de dissiper ses vapeurs toxiques tout en préservant l'oxygène qui nous fait vivre et nous enracine dans nos sociétés ? Et si jamais il est possible, d'une façon ou d'une autre, d'échapper à ces systèmes pernicieux, à quoi peut bien ressembler cette issue ?

Parmi toutes ces questions compliquées et dérangeantes rôde le soupçon que, même si nous réussissions à voir les choses comme elles « sont vraiment », nous pourrions ne pas supporter le monde que nous découvririons. Une fois que nous aurons détaché l'idéologie de la surface des choses, y aura-t-il même encore une réalité objective et solide ? Saurons-nous comment vivre et à qui faire confiance ? Sera-t-il possible de divorcer de nos idéologies sans retomber, sans le savoir, dans une autre ?

En interrogeant la nature de l'idéologie, il est facile de perdre sa route – d'être envahi par un scepticisme récursif qui laisse dans un état de vertige, une inquiétude lasse, un désir de laisser toutes ces questions sans réponse et de crier : « Assez ! »

De toutes les questions qui ont été sollicitées par l'idéologie au XIXe et au XXe siècle sont nées un grand nombre de théories et de définitions. L'étude de l'idéologie est passée de l'examen empirique au domaine des humanités, où le phénomène idéologique s'est étendu à tout ce que peut signifier le fait d'être humain. Quantité de penseurs ont consacré leur vie à démêler ces entrelacs. L'idéologie a obsédé les titans du XIXe siècle que furent Georg Wilhelm Friedrich Hegel, Friedrich Nietzsche et Sigmund Freud, et les icônes du XXe siècle que furent Jean-Paul Sartre, Albert Camus, W.E.B. Du Bois et Michel Foucault. La question de l'idéologie a galvanisé également les penseurs des droits civiques et du féminisme, parmi lesquels Simone de Beauvoir, Frantz Fanon, Martin Luther King et Audre Lorde, dont le travail inspire lui-même le « réveil des consciences » du XXIe siècle. Les plus grands noms de la philosophie se sont confrontés à la question de l'idéologie et ont essayé, la prenant par la peau du cou, de lui arracher des aveux. *Qui es-tu ?*

Or la définition de l'idéologie n'a cessé de s'élargir au-delà de toute mesure, au point de la rendre méconnaissable. Tout est devenu idéologie, et l'idéologie a contaminé les concepts de domination, de pouvoir et de culture. On pourrait pointer du doigt n'importe quelle action, n'importe quelle pensée, n'importe quel rapport social et découvrir, non sans irritation, que l'on pointe aussi du doigt une idéologie. Même l'archer le plus maladroit mettrait dans le mille avec une cible aussi gigantesque.

Idéologie et conscience

La définition de la notion de conscience a connu une expansion similaire à celle de l'idéologie. Elle a été malaxée, étirée, étalée comme de la pâte jusqu'à ne plus ressembler beaucoup au phénomène original. Certaines définitions de la conscience regardaient du côté des sensations et des impressions reçues de l'extérieur de moment en moment, et d'autres, tournées vers l'intérieur, y voyaient la conscience d'un sujet qui pense et qui existe avec consistance dans le temps et l'espace. Dans cette formulation réflexive et presque récursive, être conscient, ce n'est pas seulement sentir ou penser, mais être conscient que l'on sent des choses ou que l'on pense des pensées. La conscience suppose d'être, en quelque sorte, un témoin de soi-même.

Dans presque toutes les langues, le mot « conscience » a fini par avoir de multiples sens : la conscience au sens de for intérieur, l'éveil, la sentience, la réflexion et même la conviction politique. Linguistiquement, cette pluralité n'est pas un accident. Les premiers penseurs à voir dans la conscience un phénomène digne d'intérêt furent des philosophes français du XVIIe siècle comme René Descartes et ses disciples : ils empruntèrent au latin le mot *conscientia*, qui signifiait à l'origine « conscience » dans un sens moral, et fut plus tard entendu aussi dans un sens psychologique.

Mais même quand la conscience morale et la conscience psychologique sont devenues des concepts séparables et différenciés, la seconde a continué d'être un sujet de discorde. La conscience a été divisée en sous-catégories et a donné lieu à des définitions contradictoires. Beaucoup de penseurs doutèrent même tout d'abord de son existence. À la fin du XIXe siècle, le psychologue d'avant-garde William James voyait dans notre vie subjective un « flux » ou « courant de pensée » (*stream of thought*) – une riche succession de sentiments et de sensations – qui est resté célèbre sous le nom (incorrect) de flux ou courant « de conscience » (*stream of consciousness*)[16]. James ne croyait pas que l'on pût trouver une conscience unifiée, ni même qu'elle pût être un concept utile : « Je crois que la "conscience" [...] est sur le point de disparaître entièrement », écrivait-il. Ceux qui s'y accrochent encore ne s'accrochent qu'à un écho, à la faible rumeur laissée derrière elle par l'"âme" bientôt disparue du ciel de la philosophie [...] Il me semble que l'heure est venue pour elle d'un abandon universel[17]. » Pour James, la « conscience » était teintée de spiritualité latente, de quelque chose dont nous disons qu'il existe en vertu de nos sentiments introspectifs, mais dont il n'y a pas ou peu de preuves concrètes. Ces débats philosophiques sur la nature de la conscience philosophique ont été concomitants de débats politiques sur la question de savoir à quel point la conscience sociale était déformée par les mythes religieux et capitalistes.

Il n'y eut bientôt plus rien qui ne fût présent soit dans notre conscience, soit dans notre *in*conscient, soit dans notre *sub*conscient. La conscience pouvait être divisée. La conscience pouvait bifurquer. Dès 1897, l'intellectuel et militant des droits civiques W.E.B. Du Bois – qui avait par ailleurs été l'élève de William James en philosophie à Harvard – disait de l'expérience des Afro-Américains aux États-Unis qu'elle se caractérisait par une « double conscience » : « C'est une sensation singulière, cette double conscience, ce sentiment de toujours se voir à travers le regard des autres, de mesurer son âme à l'aune d'un monde qui nous regarde avec un mélange de pitié et de mépris amusés. On ressent cette dualité[18]. »

Être conscient ou éveillé (*awake*) devint une question de rang et de statut. C'est là l'origine d'un mot qui fait florès au XXIe siècle : *woke*. La psychanalyse et le militantisme politique ont commencé à se demander comment on pouvait éduquer, élever ou même armer la conscience afin d'aider les gens à ne plus nier ce qu'ils sont, à voir clair sur eux-mêmes et à comprendre leur environnement. La conscience sortit de ses bornes, quitta le corps humain, envahit les rues. Elle était partout, tout le temps. Et quand une chose est partout, peut-être n'est-elle en réalité nulle part.

Avec cette multitude de définitions, de nuances, de limites plus ou moins nébuleuses, il se pourrait bien que le moyen le plus sûr d'étudier les liens entre l'idéologie et la conscience soit de les penser comme des constructions qu'il faudrait mesurer. Une définition qui repose sur une mesure est un point de départ plus prometteur pour la conversation qu'une définition reposant sur des théories abstraites, qui peuvent souvent s'avérer incommensurables et intraduisibles, et donner l'occasion aux gens intelligents de parler sans s'écouter.

C'est là que la science expérimentale du cerveau conscient pourrait être, si peu probable que cela fût, la nouvelle héroïne de l'histoire. Deux cents ans après les réflexions pleines d'espoir de Destutt de Tracy, la science moderne pourrait sauver l'idéologie et la conscience de leur expansion illimitée dans le tout et le rien. Si l'on choisit de définir et de tester l'idéologie et la conscience comme des phénomènes cognitifs, il devient possible d'examiner les parallèles entre la conscience sensorielle des individus et leur conscience politique, de voir de quelle façon leur expérience phénoménologique du monde est colorée par leurs convictions idéologiques sur le monde.

Destutt voyait dans l'idéologie une science : une méthode rigoureuse permettant de dire d'une idée qu'elle est vraie ou qu'elle est fausse. Mais cette vision fut abandonnée, et le projet psychologique fut mis au rebut.

Le cordon ombilical reliant Destutt et l'idéologie se rompit. Le travail et l'amour investis les premières années dans sa conception furent perdus et détournés de leur fin. Le comte Antoine Destutt de Tracy devint une mère oubliée. Cela n'a rien d'étonnant : nous ne remercions jamais assez nos mères.

Méconnaissable comme un prisonnier libéré traumatisé par la guerre, la définition de l'idéologie commença à dériver, poussée ici et là au hasard des cahots de l'histoire. Percluse et contusionnée, elle changea dans son essence même. Il est impossible pour nous de savoir où l'idéologie commence et où prend fin la critique ou la politique.

Je crois cependant que, pour vaincre l'aura du mythe, le meilleur moyen est de revenir à la science empirique. Peut-être qu'un nouveau regard sur le cerveau humain – sur la manière dont il pense, dont il perçoit, dont il agit – pourra nous révéler ce que fait, en réalité, un esprit idéologique. Ce qu'il désire et ce qu'il abhorre. Ce qu'il détruit. Et comment il peut être à son tour détruit de l'intérieur.

Pour comprendre les dangereuses liaisons entre l'esprit et le mythe, nous devons d'abord comprendre ce qui les meut l'un et l'autre. Quelles sont leurs personnalités et leurs préoccupations ? Pourquoi sont-ils si fortement attirés l'un par l'autre ? Faudrait-il mettre fin à cette relation toxique ? Comment les idéologies font-elles pour s'introduire dans nos cerveaux épris de dogmes et avides d'apprendre, et quelles en sont les conséquences ? Enfin, est-il vraiment possible d'effacer ou d'inverser un endoctrinement idéologique ?

Pour répondre à ces questions, nous allons commencer par nous pencher sur le cerveau, le cerveau magnifique et faillible, le cerveau fermé, le cerveau niché, le cerveau lové.

Chapitre 6

Être un cerveau

Tout récit ou propos qui divise schématiquement une idée en deux – le noir et le blanc, le ciel et l'enfer, le bien et le mal, l'amour et la haine – devrait nous inviter au scepticisme. Or nous observons, non sans quelque embarras, que notre cerveau se caractérise largement par *deux* principes fondamentaux. Il possède bien sûr de multiples fonctions et propriétés. Certainement plus de deux. Sans quoi nous serions une espèce à périr d'ennui. Cependant, une grande part de notre comportement peut s'expliquer par ces deux principes, qui sont donc utiles et éclairants pour comprendre ce que fait le cerveau et pourquoi il peut faire fausse route.

Un organe prédictif

Le premier principe du cerveau humain est d'être un organe prédictif. Il apprend de son environnement et essaie de deviner ce qui va arriver. À l'instar du météorologue ambitieux, le cerveau sélectionne des patterns dans son passé et espère prévoir l'avenir. Il essaie constamment de comprendre le monde, de se faire une représentation correcte de ce qu'il y a autour de lui et de ce qui va arriver. Grâce à la perception de milliards de connexions et de coïncidences subtiles – ce qui se produit par exemple quand nous lâchons une valise ou marchons sur une banane –, le cerveau se bâtit un modèle intérieur du monde. Ce modèle est régi par notre compréhension intuitive de la physique. Du fait de la gravité, la valise va tomber par terre ; quant à la banane, sa flaccidité aura deux effets : elle sera écrasée, et il faudra nettoyer le sol. Des chaînes de causes et d'effets s'agrègent pour former une représentation intérieure du monde environnant et nous donner une orientation quant à ce que (ou qui) il convient de désirer et ce que (ou qui) il convient d'éviter.

Il y a près de trois cents ans, le philosophe écossais des Lumières David Hume observait que le comportement humain était guidé par des associations perçues de causes et d'effets. « Assurément, écrivait-il en 1748, les paysans les plus stupides et les plus ignorants – voire les jeunes enfants, voire les bêtes brutes – se perfectionnent par expérience, et apprennent à connaître les qualités des objets naturels par l'observation des effets qui en résultent. Quand un enfant a ressenti la sensation de douleur parce qu'il a touché la flamme d'une chandelle, il aura soin de ne pas placer sa main près d'aucune chandelle, mais il attendra un effet semblable d'une cause qui est semblable dans ses qualités et apparences sensibles [1]. »

Seul un imbécile, un étourdi ou un effronté retouchera la flamme d'une bougie après s'être brûlé.

Les bébés se forment un sens du monde au gré de millions d'expériences et se forgent des *attentes* implicites, des prédictions sur les effets induits par tel événement ou par telle action. Les psychologues du développement testent l'évolution des capacités des bébés au moyen d'expériences qui contrarient les attentes d'enfants en bas âge : au lieu de tomber, un objet s'élèvera dans les airs comme par magie après que quelqu'un l'aura lâché, par exemple. Le bébé qui a appris que les objets ont tendance à tomber par terre sera surpris d'en voir s'envoler. Ses prédictions intuitives seront contrariées. Il aura tendance à observer l'événement inhabituel ou qui défie la physique plus longuement que les événements ordinaires ; son cerveau œuvrera à réconcilier ses attentes avec ces observations inédites. C'est peut-être en partie la raison pour laquelle les petits enfants sont fascinés par les tours de magie. Ces scientifiques en herbe forment naturellement des hypothèses, et sont rassurés quand des données nouvelles viennent les confirmer, et intrigués ou alarmés quand leurs attentes et prophéties sont démenties.

Pas la simple force de l'expérience et de l'exposition répétée, le cerveau apprend ce qui est physiquement possible et impossible. Témoin du monde, il agit sur celui-ci et bâtit des théories sur ses machinations et ses relations cachées. De façon similaire, le cerveau traite un nombre énorme de patterns concernant les interactions sociales et apprend les règles de la communication. Cela lui permet de prédire ce qui est socialement possible et impossible. Le cerveau anticipe et prévoit ce qui pourrait se passer dans un scénario donné. Physiquement, nous pouvons prédire que marcher sur une banane va produire un désagréable bruit de ventouse. Socialement, nous anticipons que, si nous quittons les lieux sans nettoyer, nous risquons d'essuyer un reproche et même une réprimande. Nous pouvons nous tromper dans nos prédictions – *peut-être qu'au lieu de nous gronder, quelqu'un comprendra que nous sommes bien embêtés* –, mais le cerveau n'en cesse pas moins de théoriser et de prophétiser en permanence.

En plus d'apprendre la physique et les relations sociales, nous apprenons aussi les rapports de force et les limites de notre capacité d'action. Quand un bébé laisse tomber un objet par terre, il se trouve généralement quelqu'un pour le ramasser et pour le lui rendre. Comme si la gravité se pliait à ses désirs. C'est pourquoi l'enfant peut développer des attentes trompeuses et qu'il lui faudra des années ou des dizaines d'années pour désapprendre que quelqu'un réparera ses erreurs ou ramassera sur demande son jouet préféré. Beaucoup vont continuer de s'amuser à ces jeux de pouvoir et croire qu'ils y ont droit, jusque dans l'âge adulte. Les gens qui l'entourent auront tendance à souffrir, et pas seulement du dos. Les attentes que nous produisons – sur les autres ou sur nous-mêmes – n'arrivent pas dans un vacuum : nos prédictions dépendent des réactions que nos actions suscitent dans le monde.

Un des grands principes directeurs du cerveau humain est donc d'être un prédicteur génératif et créatif. Il assimile des patterns avec facilité et rapidité, et extrapole intuitivement ces impressions pour les appliquer à l'événement suivant. L'esprit humain voit partout des récits, quelquefois même là où il n'y en a pas, et remplit les trous pour leur donner un sens et une cohérence.

Car le cerveau, il est important de le noter, ne se satisfait pas d'un modèle inventé du monde, qui reposerait sur des fictions ou des calculs approximatifs. Dans sa construction d'une représentation mentale, il s'efforce de maximiser l'exactitude et de minimiser l'erreur.

Le cerveau a soif de vérité et (généralement) de toute la vérité.

Pourquoi cette insistance têtue sur l'exactitude ? Qu'y a-t-il de si mauvais dans les prédictions erronées ?

Tel Indiana Jones, l'esprit est à la fois un professeur et un explorateur. Il est théorique et pratique. Le cerveau n'est pas qu'un savant produisant des hypothèses, assis dans un fauteuil ou perché dans une tour d'ivoire. Il est sans cesse prêt pour l'action. Le cerveau a évolué pour s'émouvoir et réagir à son environnement, être éveillé aux risques et aux obstacles. Toute observation est une source d'opportunités et de potentialités.

Le cerveau étant fondamentalement conçu pour l'action, il est tourné vers la vitesse et vers l'exactitude. Pour réagir rapidement et efficacement, il apprend de ses expériences passées pour en extraire des règles de conduite. Il cherche des instructions claires, des formules simples, une heuristique facile à suivre, pas des corrélations complexes et des connexions cachées qu'il faut laborieusement exhumer et computer. Adhérer à une règle de parcimonie qui assimile les régularités connues – des nuages noirs annoncent la pluie, une réconciliation amène une poignée de main – est plus efficace que chercher des contingences au cas par cas à partir de rien. Il est fatigant de devoir discerner les nuances et les possibilités sans fin à chaque carrefour.

Comprendre les règles qui sous-tendent notre existence physique et notre vie sociale aide le cerveau à régler avec minutie le comportement et à contrôler l'environnement. Après tout, qui dit savoir dit maîtrise, et qui dit maîtrise dit pouvoir. Dans un environnement multidimensionnel, modéliser précisément le monde et ses particularités est une très bonne stratégie pour réussir dans le monde et nous aider à faire les tâches qui sont essentielles à notre survie et notre autorégulation.

Pour exprimer l'automaticité, la précision, l'intensité impressionnantes de ses compétences en matière de prévision, d'aucuns appellent affectueusement le cerveau une *machine* prédictive. Fort heureusement, il y a bien des différences entre une machine et un cerveau. La machine est un instrument inanimé, un assemblage de roues et de poulies, de 0 et de 1 ; le cerveau, lui, est un organe vivant. Il contient des milliards de cellules, dont les agencements hiérarchisés et complexes résident dans le tissu spongieux qui emplit notre tête, et qui sont élégamment et diversement liés au reste de notre corps. En tant que « machine biologique » composée de matière cellulaire, le cerveau est soumis à plus d'aléas, de bruit et d'imprévisibilité qu'une machine électrique ou analogique. Les interactions entre les cellules sont plus incertaines, plus indéterminées que les computations mathématiques, qui produisent toujours la même réponse. Un calculateur ne déviera jamais de l'équation 5 + 4 = 9. Mais un humain qui compte sur ses doigts dira quelquefois, accidentellement, 8 ou 11. La biologie est plus faillible que les mathématiques pures. Le cerveau est plein de travers et sujet à des caprices.

Malgré toutes ses idiosyncrasies – peut-être même *à cause* des bizarreries humaines, trop humaines, engendrées par ces erreurs –, notre cerveau a aussi une puissance incroyable. Quand des chercheurs en informatique exercent des machines modernes à rivaliser avec des humains dans des tâches ou des jeux apparemment simples, la puissance nécessaire pour produire de tels calculs est si astronomique que le fonctionnement de ces modèles coûte extrêmement cher et nuit gravement à l'environnement. Des quantités énormes d'électricité sont nécessaires, ce qui montre que ce qu'un seul cerveau sait faire sans effort est très difficile à reproduire et à imiter. Simuler les capacités prédictives et interprétatives du cerveau – comment il peut fabriquer de la cohérence à partir du chaos et unir des événements dans un récit structuré – est aujourd'hui un secteur d'activité qui compte en milliards de dollars. La course à la conception d'algorithmes complexes ayant l'aptitude du cerveau à apprendre, à généraliser et à créer fidèlement des récits causaux bat son plein. Pour le moment, le fossé entre l'intelligence humaine et l'intelligence artificielle est suffisamment large pour que nous puissions encore nous fier à de grossières images de dos d'âne et de feux tricolores pour signaler que, oui, nous sommes des humains.

Le cerveau ne cesse de prédire le monde et ses habitants, y compris lui-même, de manière active et dynamique. En évaluant la probabilité que se produise tel ou tel événement dans le monde, et en révisant nos attentes après chaque confirmation et chaque réfutation, nous construisons une réplique de la réalité à l'intérieur de notre tête. Cette représentation de ce qu'est le monde et de la manière dont nous l'imaginons dans le futur nous permet de naviguer dans notre vie tranquillement et, espérons-le, bénéfiquement.

Mais l'histoire ne s'arrête pas là. Le cerveau a une autre propriété qui, ajoutée à ses capacités prédictives, exprime ce qu'il y a de pire et de meilleur en nous. C'est l'arme à double tranchant qui est à la racine du baiser le plus tendre et du meurtre le plus sanglant.

Un organe communicatif

Ce second grand principe, c'est que le cerveau est fondamentalement communicatif. Participer à la vie sociale est essentiel à la reproduction et à la survie, et le cerveau veut donc de l'attention. Il cherche et chérit la réciprocité, le va-et-vient ondulatoire de la reconnaissance et de la connexion.

Comme chez beaucoup d'animaux, le cerveau humain est orienté vers les relations avec autrui. Les chiens se reniflent d'abord par suspicion avant de le faire par jeu, et les humains rassemblent des premières impressions pour s'en amuser ensuite. De même que les baleines chantent les unes pour les autres au fond d'océans secoués par les tempêtes, nous nous apaisons par des berceuses et sifflons pour attirer de loin l'attention. Deux grenouilles luisantes jouissant oisivement de leur compagnie sur une feuille de nénuphar rappellent deux personnes âgées assises côte à côte sur un banc dans un parc. Nombreux sont les animaux qui se servent de moyens visuels et acoustiques pour attirer des partenaires et manifester leur disponibilité sexuelle ou leurs liens de parenté. Ils s'apprêtent et s'apprivoisent, tombent, jouent, courent en cercle. Certains même dansent et se pavanent dans des postures de matadors ou de machos de bowling. Comme nous, les animaux ne cessent de communiquer, de signaler leur présence, leur disponibilité, leurs besoins.

En situation de détresse, les animaux et les humains essaient de se réconforter en se touchant et s'étreignant. Nous nous attendrissons devant des images ou des vidéos de bébés consolant un parent en pleurs, ou de chevaux baissant la tête pour caresser des naseaux le cavalier qui vient de chuter. Les capacités de consolation dignes d'adultes des petits enfants ou les tendances anthropomorphes des animaux nous impressionnent et nous enchantent.

Certains de ces parallèles sont superficiels et accidentels : on ne sait pas avec certitude si la grenouille se plaît à partager une feuille de nénuphar ou si elle se soucie ou non d'avoir une compagnie. (Plusieurs études montrent toutefois que les vocalisations du mâle pour attirer la femelle dépendent de la présence de rivaux, alors peut-être la grenouille n'est-elle pas indifférente à la nature de son voisinage[2].) D'autres parallèles entre les modes de communication des animaux humains et des animaux non humains reposent sur des similarités structurelles plus fondamentales. Ces similarités superficielles ou profondes témoignent d'une aspiration à entrer en communion avec d'autres, à s'ouvrir et à discourir, à être en relation. « Toute vie réelle est rencontre », écrivait le philosophe Martin Buber en 1923 dans *Je et Tu*. « Où il n'y a pas de partage il n'est pas de réalité[3]. »

Le mot « communiquer » vient du verbe latin *communicare*, « partager ». Et quand nous parlons, quand nous écoutons, quand nous gesticulons, nous nous engageons dans un acte important qui consiste à partager l'attention. On se salue en se serrant la main, en se tapotant le poing ou le coude, en inclinant la tête de façon synchronisée, en rapprochant son visage d'un autre, nez contre nez, joue contre joue. Avec de vrais amis, nous nous ouvrons, et quand nous entamons avec eux un échange, nous nous rendons vulnérables physiquement et émotionnellement.

Pour montrer comment et avec qui il convient d'entrer en conversation, les humains élaborent des rituels. Les rites sociaux établissent la confiance en exigeant que nous entrions en communion : salut scout, serment d'allégeance, hymnes et chants, exposition quotidienne de symboles sacrés, de tatouages, de totems et autres piercings. Pour construire des signaux effectifs de confiance communicative, les rites doivent être à la fois transmissibles et exclusifs. Nous inventons des signatures visuelles, musicales, tactiles et linguistiques pour dire *C'est moi, c'est nous, et personne d'autre !* Tel un langage codé, le rite exprime une identité unique et partagée. *Si je bouge comme toi, c'est que je dois être comme toi, alors peut-être ferais-je bien d'avoir de la sympathie pour toi et de t'inviter.* Le rite facilite la synchronie : il oblige à se mouvoir à l'unisson, à coordonner nos sentiments et nos pensées, à répéter les mantras idiomatiques qui formeront le socle de notre réalité partagée. Lorsque nous chantons en chœur, que nous marchons, dansons, bougeons au même rythme, que nous prions ou respirons ensemble, les lignes entre nous se brouillent. Après avoir pris part à un mouvement social ou un rassemblement collectif, beaucoup de gens disent s'être sentis « grandis ». Le souvenir de cœurs en fusion, de corps devenus poreux fait encore briller leurs yeux. Ensemble avec d'autres, l'individu se sent plus grand, plus fort, meilleur.

Pour rendre compte de l'aura qui entourait le fait de communiquer en groupe, le sociologue Émile Durkheim donnait à cette énergie émotionnelle le nom d'« effervescence collective[4] ». Personne n'est insensible à l'effet exaltant et euphorisant produit par des applaudissements à l'adresse d'un acteur ou d'un musicien : *Encore, encore !* Nous sommes unis dans une même mission, un propos commun. Nos mouvements nous sont renvoyés par les autres comme par un miroir, mais démultipliés, et ils nous engloutissent. Gagnant de la confiance, nous marchons plus fièrement, chantons plus fort, dansons avec plus d'enthousiasme, comme contaminés par une joie, une paix, une passion nouvelle. Nos désirs fusionnent et multiplient, la vague qu'ils font naître et qui nous emporte est plus forte que la somme de ses parties.

La solidarité est contagieuse. Notre cerveau social a un profond désir de faire partie d'une histoire et d'un groupe. Quand des cerveaux communiquent, ils transcendent les confins du crâne et de la peau. Personne n'est seul. Tout le monde peut être compris. Tout est partagé.

Les facultés communicatives du cerveau humain culminent dans le désir de sentir qu'on s'occupe de lui. D'être chez soi. De prendre part. D'avoir une vie qui a un sens. De compter.

Pour le cerveau, *il faut absolument* que nous comptions, notre subjectivité *doit* compter ; autrement, le modèle du monde que nous avons créé – dans lequel nous agissons, nous prévoyons, nous expliquons et nous anticipons, dans lequel nous corrigeons nos attentes et communiquons nos frustrations, où nous racontons des histoires, construisons des identités et tolérons une vie sociale complexe et parfois bizarre –, tout ce travail prédictif et communicatif aura été inutile et vain. Il faut que nous comptions pour que notre charge mentale et psychologique ait une valeur et un sens. La vie d'un cerveau doit mériter d'être vécue.

Le cerveau cherche la compréhension et la reconnaissance : ainsi est-il récompensé de l'énergie qu'il dépense à décoder et participer à la vie sociale. Il examine et veut être examiné (avec bienveillance) en retour. Socrate ne disait-il pas qu'une vie sans examen n'est pas une vie[5] ? Et Albert Camus, qu'il n'y a « qu'un problème philosophique vraiment sérieux : le suicide[6] » ?

Alors, pour ne pas mourir, pour ne pas tuer, être tués ou nous tuer nous-mêmes, l'attention que notre cerveau porte au monde doit s'accompagner du sentiment que le monde fait attention à lui. Nous devons sentir que nous comprenons les rouages du monde – nous avons besoin d'une représentation fiable de notre réalité –, et nous devons nous sentir compris par les autres : en un mot, nous avons besoin de communication.

L'existence nous enseigne que nos actions sont suivies d'une cascade de réactions. Nous apprenons à nous attendre à être écoutés quand nous parlons, à devoir donner quand nous recevons, à ce qu'on nous réponde quand nous demandons.

Le remède de la pensée idéologique

L'idéologie est l'exquise réponse du cerveau au problème de la prédiction et de la communication. Elle apporte des solutions simples à nos questions, des scénarios faciles à suivre, des groupes auxquels appartenir. Guidant nos pensées et nos actions, l'idéologie est le raccourci qui conduit à notre désir de comprendre le monde et d'en être compris en retour.

Mais beaucoup de raccourcis perçus peuvent mener accidentellement sur un chemin encore plus long – ou un mauvais chemin. La plupart des solutions soulèvent de nouveaux problèmes. Rares sont les solutions simples. Les Grecs de l'Antiquité, qui l'avaient bien compris, avaient inventé le mot *pharmakon* – l'ancêtre du mot pharmacie – pour désigner quelque chose qui peut être à la fois remède et poison. N'est-il pas vrai que la médecine soigne et fait mal ? Un médicament peut être tantôt topique et tantôt toxine. Il est souvent les deux à la fois, et peut produire des réactions désagréables et des effets secondaires douloureux.

Peut-être l'idéologie est-elle un genre de *pharmakon* sophistiqué : tout en réglant les problèmes de prédiction et de communication du cerveau, elle crée d'autres complications, potentiellement plus graves que les premières.

Imitant la rigueur du médecin, mais pénétrés aussi du mélange d'espoir et d'inquiétude du patient prospectif, nous allons nous demander si les idéologies sont différentes des autres histoires que nous nous racontons sur nous-mêmes et sur le monde autour de nous. Et pour diagnostiquer leurs effets, nous allons nous confronter à la pensée idéologique dans toute sa glorieuse amertume et observer comment l'antidote qu'apporte le cerveau aux dilemmes qu'il se pose peut aussi, tragiquement, le conduire à sa perte.

Chapitre 7

Penser, idéologiquement

Nulle part la vie ne paraît mieux réglée et ordonnée qu'à l'intérieur d'une doctrine idéologique. S'il se peut que la présence de la « logique » dans le mot « idéologique » ne soit qu'un accident historique, la coïncidence n'en est pas moins parlante. La pensée idéologique est fidèle à son nom : elle est *super-* et même *hyper-*logique, et c'est pourquoi elle est si tentante et si dangereuse. Ce n'est pas l'irrationalité qui pousse une personne vers la pensée idéologique, mais la soif de logique, d'une logique parfaite, d'une logique infaillible. « La pensée idéologique ordonne les faits en une procédure absolument logique qui part d'une prémisse acceptée pour axiome et en déduit tout le reste », écrit fort à propos Hannah Arendt. « Autrement dit, elle procède avec une cohérence qui n'existe nulle part dans le domaine de la réalité[1]. »

Une logique implacable

Une prémisse toute-puissante prétend tout expliquer. C'est une théorie totale et totalisante. Tout peut être prédit et expliqué. Hier, aujourd'hui et demain. Notre condition présente et les perspectives futures. Les origines de nos inquiétudes et de nos frustrations. Comment il nous faudrait agir et qui nous devrions fréquenter. Ce pour quoi l'espèce humaine a lutté et comment la lutte peut prendre fin. Qui mérite des louanges et qui des reproches. Tous les « qui », les « comment », les « pourquoi » trouvent en elle leur réponse définitive.

Dans une idéologie, la vie est déterminée dans les deux acceptions du mot. Déterminée au sens de *découverte* : les vérités d'hier et de demain, la voie du bien moral, sont logiquement déduits ou mystiquement établis ; et au sens de *décidée* : la vie ne peut suivre aucun autre cours, elle est destinée à être ainsi et pas autrement. Chacun occupe dans le cosmos une place particulière, et ce destin ne peut être nié ni évité. Du moins pas sans châtiment.

Les idéologies régressives qui regardent avec nostalgie en arrière – et veulent conserver ou restaurer les anciennes hiérarchies de pouvoir, enracinées dans certaines caractéristiques de lieu, de race, de genre, de classe ou de caste – contrôlent leurs adeptes par la menace de la violence ou de la privation matérielle (qui n'est d'ailleurs qu'une autre forme de violence). Les idéologies progressistes attaquent souvent leurs détracteurs, mais de façon plus indirecte et plus oblique que les doctrines réactionnaires. Leurs fidèles peuvent estimer cependant que celui qui conteste l'inéluctabilité de l'utopie progressiste et ne corrige pas en permanence sa vie morale mérite la disgrâce et même une forte réprobation. Mal agir – fréquenter de mauvaises gens, consommer de mauvais produits – fait tache indélébile. Régressif ou progressiste, l'idéologue trouve toujours le moyen de ramener l'individu à la binarité du bien et du mal, sans rien entre les deux, et rien au-delà.

Penser idéologiquement, c'est juger la morale immuable et le changement suspect. C'est partir du principe que les gens ne changent jamais vraiment, et que seuls les imbéciles refusent ou dénient ce qui est prédéterminé.

Toutes les idéologies sont des histoires d'inévitabilité, mais l'inverse est-il vrai ? Tous les récits d'inévitabilité sont-ils des idéologies ? Peut-être toute inévitabilité causale ou morale – même si elle n'a pas de nom ou d'appellation officielle – est-elle un déterminisme ? En science, quand un expert fait une prévision sans marge d'incertitude, on dira qu'il est plus dans la prophétie que dans l'estimation d'une probabilité. Dans l'entité sacrée de la famille, quand un couple *doit* rester ensemble malgré tous les obstacles et tous les désaccords, ou qu'un enfant *doit* respecter un parent malgré les violences répétées de celui-ci, c'est de nouveau l'inévitabilité qui est invoquée. Dans la vie sociale, quand un individu a le sentiment d'être prisonnier d'une obligation ou d'une attente, et de *devoir* agir de telle ou telle façon, malgré les désagréments que cela risque de provoquer, c'est encore une rigidité qui est à l'œuvre. Il y a contraction du futur, abolition des possibles. Et refus obstiné que les choses puissent changer ou être différentes.

Il est difficile de trouver un déterminisme qui ne soit pas aussi un dogme latent et en attente.

Dans *Les Origines du totalitarisme*, Arendt explore la pensée des régimes totalitaires, pensée où la cohérence et la compétition sont poussées jusqu'à leurs extrémités. Le totalitarisme nazi est né d'une fixation sur une conception de la vie comme guerre des races ; le totalitarisme stalinien, d'une conception de la vie comme lutte des classes. La prémisse explicative de la plupart des idéologies dit que la vie est régie par un combat entre des groupes – sexes, classes, races ou nations –, entre la nature et l'humanité, ou entre des dieux et des apostats. En suivant la prémisse idéologique jusqu'à sa conclusion logique, des systèmes entiers de croyance et de morale peuvent ainsi être établis.

Sans doute et sans hésitation, ces prémisses idéologiques décrivent l'état du monde et prescrivent des actions qui doivent produire un monde meilleur. Un monde idéal. Une utopie remédiant à la condition présente, car le présent – dans une idéologie – est dépeint soit comme une odieuse dystopie, soit comme un état optimal qu'il faut impérativement conserver et protéger de menaces imminentes. Le raisonnement idéologique oscille entre rhétorique triomphale et rhétorique victimaire, selon que l'une ou l'autre est plus à même de stimuler l'action et de fortifier le dévouement.

Si la prémisse idéologique veut que la vie soit un combat entre groupes, alors tout sera perçu comme une lutte existentielle pour des ressources rares, une bataille pour la domination et l'autodétermination. C'est un jeu à somme nulle. Toutes les actions conduisant à la victoire sont légitimes. C'est un des traits les plus fascinants d'une idéologie prônée avec ferveur : tout est permis pour atteindre l'idéal. Si quelqu'un a intériorisé une doctrine nationaliste qui fait des différences essentielles entre des populations vivant de part et d'autre d'une frontière, alors une menace nationale potentielle apparaîtra pour justifier le massacre de civils innocents. Si éviter un effondrement écologique devient la seule préoccupation existentielle, alors rien n'est trop dur, aucun sacrifice n'est trop exorbitant pour se battre au nom de l'environnement : on pourra mettre des innocents en danger si cela permet de diriger l'attention publique sur le chaos de la catastrophe climatique. La prémisse idéologique expliquera pourquoi une action est nécessaire et justifiera ses dimensions indésirables. Si l'on suit l'urgence de la logique, toute action menant à la victoire est valable. Une idéologie se fait extrême dès lors que ses prémisses justifient les moyens les plus radicaux.

Cela ne signifie pas pour autant que les penseurs idéologiques ne soient pas embarrassés par les contradictions, au contraire. Tout récit simplifiant la réalité est tissé d'incohérences. Le penseur idéologique minimise l'importance des preuves contraires, essaie de les neutraliser en les compartimentant. Mais ces preuves et ces éléments contraires ne sortent pas de notre crâne sans être entrés dans notre cerveau. Devant eux, il est rare que l'idéologue reste froid ou indifférent : il est généralement ennuyé et fâché. Ce qui l'exaspère, c'est de devoir régler une dissonance irritante, car un effort cognitif est nécessaire pour supprimer les tendances du cerveau prédictif à rechercher la vérité. Bien que la perception et l'interprétation soient structurées par des attentes, le cerveau a toujours la capacité d'enregistrer et de mémoriser des contre-preuves. Des incohérences implicitement enregistrées peuvent attendre silencieusement et patiemment leur heure. C'est souvent dans un moment de crise – existentielle, politique, familiale, financière – que les contradictions pourront remonter à la surface et qu'une modification ou une modération des croyances de l'individu pourront se produire. Jusque-là, pour l'idéologue engagé, tout baignait dans une merveilleuse logique.

Les dirigeants des régimes totalitaires étaient pleinement au fait de « la puissance irrésistible de la logique » – ce sont les mots de Staline – qui régit la rhétorique idéologique et qui, « tel un tentacule puissant vous serre de toutes parts comme dans un étau et à l'étreinte de laquelle vous êtes incapable de vous arracher[2] ». Souple et visqueux, le tentacule nous agrippe et étreint avec force. Nous l'étreignons à notre tour, puis nous nous y accrochons et nous y nichons. L'étreinte réconforte. *Nous ne voulons pas résister.* Nous nous pressons contre lui, nous nous y sentons comme au berceau, enveloppés par la force de la raison. Nous nous y enfonçons. *Nous y sombrons.*

En un sens, les narratifs idéologiques font les deux choses que le cerveau cherche lui aussi à faire : prédire et communiquer. Pour nos cerveaux en quête de certitude, une théorie systématique de tout a quelque chose de merveilleux. Pour nos cerveaux épris de communication, une théorie partagée du monde paraît fantastique. Quand on analyse la structure interne des idéologies, on y trouve des affinités entre leurs propriétés et celles de la cognition. L'idéologie semble posséder deux qualités fondamentales : une *doctrine rigide* et une *identité rigide*.

Une doctrine rigide

Premièrement, toutes les idéologies épousent quelque forme de doctrine rigide qui suppose une explication unique, et une solution correspondante, aux conditions sociales et existentielles présentes. Elles proposent des descriptions absolutistes du monde et des prescriptions sur la manière dont nous devrions penser, agir, interagir avec autrui. Toute doctrine organise la vie en catégories morales binaires et opposées : le bien et le mal, le vrai et le faux, la vérité et le mensonge. Elle rationalise ses prescriptions et ses interdits, ses récompenses et ses châtiments. Grâce à sa logique parfaitement symétrique, elle est réputée immunisée contre le doute. « Les idéologies sont des univers clos qui se lovent sur eux-mêmes comme le cosmos, n'admettant ni dehors ni alternative[3] », écrit le théoricien britannique de la culture Terry Eagleton. Les principes et les politiques idéologiques refusent les preuves et fuient les questionnements. La crédibilité des contre-preuves est contestée, leurs conclusions sont réputées si absurdes et offensantes qu'elles ne peuvent être qu'impossibles. J'appelle cela la dimension *doctrinale* de l'idéologie : les récits et les prescriptions qui guident les actes, les pensées, les espoirs utopiques et les catastrophes imaginées du croyant sont absolutistes et résistent à toutes les preuves.

Le niveau de dogmatisme d'un individu reflète la rigidité de son adhésion à certaines croyances et son hostilité à toutes les autres. L'individu dogmatique est punitif vis-à-vis de la contestation ou de la contradiction, et il est peu probable qu'il changera d'opinion, même si des preuves l'exigent.

Mais le dogmatisme a un *Doppelgänger*, un jumeau angélique qui est tout le contraire de l'étroitesse d'esprit : l'humilité intellectuelle. Quand un individu est humble intellectuellement, il est capable de réviser ses croyances à la lumière d'une preuve crédible ou de contre-arguments solides. Il est ouvert au pluralisme des débats. Il accepte l'existence de différents points de vue et de différentes perspectives. Il ne se sent pas personnellement attaqué si l'on est en désaccord avec lui. Son ego intellectuel n'est pas fragile et sans cesse en alerte, à l'affût de contre-récits menaçants.

À l'inverse, l'individu enclin au dogmatisme et sans humilité intellectuelle est hostile à la nuance. Il préfère les solutions simples et absolues. Il croit aux généralisations sur le monde tel qu'il est et tel qu'il devrait être. Il évite de s'aventurer dans les labyrinthes des preuves obscures.

Le dogmatisme peut naître d'une sorte de *servitude* intellectuelle. D'une tendance à se soumettre à l'opinion de la majorité, à se fier à l'autorité d'autrui plutôt qu'à une réflexion personnelle indépendante. D'une sorte de méfiance et de timidité intellectuelles, d'inclination à être persuadé, de manque de sens critique. Laissons les autres décider et montrer le chemin.

Mais le dogmatisme d'un individu peut également être issu d'une *assurance* intellectuelle *excessive*, d'une conviction arrogante que sa manière de penser est supérieure aux autres. Ce genre d'individu croit avoir un accès privilégié à la vérité. Peut-être en vertu d'une intelligence rare et prophétique, d'un travail scientifique ou d'une réflexion philosophique, ou parce qu'il a la chance d'être de bonne famille, de bonne religion ou de bon parti (politique), lui seul est en position de reconnaître la vérité et de la transmettre aux autres. Il se voit « généalogiquement chanceux[4] », pour reprendre le mot du philosophe Amia Srinivasan. Les étoiles ont été si bien alignées à sa naissance qu'il a été doté de l'unique conception du monde qui soit vraie, juste et bonne. Contrairement aux autres, à la majorité malchanceuse née dans la mauvaise famille ou la tribu adverse, c'est un individu béni – du hasard ou des dieux.

Une identité rigide

Les idéologies font une distinction nette entre les individus qui sont en possession de la vérité qu'elles recèlent – et tous les autres. C'est la différence entre les croyants et les incroyants, les fidèles et les infidèles, l'endogroupe et l'exogroupe. Ainsi, en plus d'un dogme attaché à des règles, il y a toujours dans l'idéologie un élément social : une séparation entre ceux qui font partie du cercle idéologique – « nous » – et ceux qui n'en font pas partie – « eux ».

L'adoption d'une doctrine rigide va donc souvent de pair avec celle d'une identité rigide.

Cela passe généralement par l'invention de marqueurs identitaires – hymnes, drapeaux, costumes, chants, rites et symboles – qui signalent l'appartenance et la dévotion. Leur caractère visible et partagé alimente de fervents sentiments d'immersion et de connexion dans le groupe idéologique. D'aucuns iront même jusqu'à tuer et à mourir pour un drapeau déchiré ou une figure caricaturée.

Les mouvements idéologiques emploient souvent le langage de la parenté et de la proximité familiale. Dans leurs métaphores, les camarades deviennent des « frères et sœurs d'armes », les chefs religieux, des « pères » et des

« mères », la nation, la « patrie » ou la « matrie », les révolutionnaires, les « fils et filles » de la Juste Cause. Émotionnellement, les idéologies cherchent à reproduire le sentiment d'appartenance, la familiarité et l'intimité du foyer, pour fabriquer les mêmes liens de fidélité que ceux qui nous attachent à notre famille et à nos proches, et le sacrifice de soi dont nous sommes capables pour eux.

Par le filtre de ces catégories identitaires exclusives, les non-adhérents sont rejetés ou évités, et deviennent des objets d'hostilité et de préjugé. Pour assurer l'obéissance au groupe et l'engagement dans le groupe, les idéologies exigent la participation à des rites. Uniques ou répétés, ces rites peuvent être coûteux, humiliants, physiquement douloureux. Pour encourager et prouver l'appartenance, les groupes idéologiques, petits et grands, ont toujours recouru à des rituels traumatisants qui marquent le corps de façon permanente. Cela est manifeste dans les rites d'initiation et de bizutage, les tatouages et piercings spirituels, les circoncisions et mutilations religieuses, les pèlerinages périlleux, le service militaire, l'incarcération et la négation de soi volontaires sous la forme du jeûne ou du vœu de silence. Presque tous les groupes idéologiques établissent et testent l'identité de leurs membres par des rites qui impliquent que du sang soit versé ou que l'adepte s'inflige à lui-même des souffrances.

Les conduites ritualistes sont difficiles à simuler ou à faire à contrecœur : la souffrance est trop dure à supporter si aucune conviction ne l'inspire. Cela en fait un marqueur identitaire optimal pour désigner qui doit être considéré comme un frère ou comme un étranger. J'y vois la dimension *relationnelle* de l'idéologie – le favoritisme pour les adeptes, tous camarades, l'hostilité pour les autres, tous ennemis –, qui peut conduire à la défiance, au préjugé, à la discrimination, à la violence.

Les idéologues modérés

Il ne suffit cependant pas, pour être un individu idéologique, de chanter les louanges de quelque dogme finissant par *isme* ou de s'identifier à un groupe quelconque. Encore faut-il adopter une doctrine et une identité rigides. *Penser idéologiquement*, c'est donc penser en adhérant de façon rigide à une doctrine et en refusant de confronter ses croyances à des preuves contraires ; c'est aussi penser d'une manière qui se conforme rigidement à l'identité des membres de l'endogroupe et s'oppose tout aussi rigidement à celle de l'exogroupe. Les deux dimensions, doctrinale et relationnelle, sont nécessaires pour qu'il y ait pensée idéologique, mais aucune des deux n'est à elle seule suffisante[5].

Un individu peut-il épouser une doctrine rigide sans que son identité le soit aussi ? Ou adopter une identité rigide sans adhérer à une doctrine rigide ?

En principe, oui. Il est possible d'adopter une identité rigide sans adhérer à une croyance rigide. Les supporters de sport ou les fans de musique sont les premiers exemples qui viennent à l'esprit. Il est courant d'éprouver un fort sentiment d'affiliation avec d'autres fans d'un groupe ou d'un artiste que l'on aime, et de mépriser et diaboliser ceux qui ne l'apprécient pas. Beaucoup d'identités sociales exclusives sont bâties sur ce genre de passions et d'intérêts mutuels, en sport, en musique, en littérature, dans la mode et à l'université. Les gens sont ici catégorisés et divisés socialement ; ils peuvent certes faire l'objet de préjugés et d'ostracisme, mais il n'y a généralement pas, derrière cette forme rigide d'identité, de doctrine sous-jacente ou de système complet de croyance.

L'inverse existe aussi, des doctrines rigides qui ne s'accompagnent pas d'identités rigides. Il est possible de croire obstinément à des idées sans que celles-ci s'ancrent dans une identité sociale. Ces dogmes-là sont systématiques et résistent aux preuves, mais ils ne produisent pas de jugements sociaux explicites sur les vertus des fidèles et des infidèles. Les doctrines économiques et technologiques peuvent prendre cette forme, par exemple quand elles se prononcent de manière définitive sur la prospérité de l'humanité. Ainsi le néolibéralisme peut-il se pratiquer comme un dogme explicite ou implicite, qui défend certains présupposés touchant les liens de causalité entre l'intervention de l'État et certaines performances économiques, ou concernant la valeur morale des individus et de l'argent. Il peut dispenser des prescriptions sur le fonctionnement du capitalisme de marché et la réglementation publique, sans chercher pour autant à bâtir des relations de type familial entre adeptes. Un partisan du néolibéralisme économique s'identifiera rarement en tant que tel, à moins qu'il ne cherche à se faire élire à une fonction politique. Les doctrines économiques ne traitent pas toujours directement d'identité personnelle et ne se réclament pas nécessairement d'une identité sociale explicite.

On peut trouver beaucoup d'exemples qui se situent entre ces pôles, comme les comportements rigides pratiqués en privé. Les régimes alimentaires radicaux ou les routines sportives qui comportent une diminution ou une augmentation de l'apport alimentaire peuvent devenir – sur une longue période – des compulsions difficiles à stopper. Ils peuvent déboucher sur des dogmes privés, non politiques, avec des règles personnelles qui doivent être suivies, et des sentiments de culpabilité en cas de rechute ou d'échec perçus. L'individu devient alors son propre régulateur et censeur.

Tous ces exemples de doctrine sans identité ou d'identité sans doctrine ne rendent pas totalement compte du phénomène psychologique de la pensée idéologique. Pour qu'un individu fasse montre d'une manière de penser idéologique au sens entier du mot, je crois qu'il faut qu'il intériorise à la fois une doctrine absolutiste et une identité sociale inflexible.

Et si la rigidité de la doctrine ne signifie pas toujours celle de l'identité, il y a beaucoup de cas où la rigidité de l'une conduit à la rigidité de l'autre. Un néolibéral qui menace les opposants, qui se montre hostile aux détracteurs et qui les discrimine *est* un idéologue au sens psychologique du mot. Un individu qui devient obsédé par un régime alimentaire et qui essaie d'y convertir les autres, qui juge et rejette ceux qui le critiquent, qui s'inflige du mal et en fait à autrui dans la poursuite de ses objectifs *développe* effectivement une identité rigide qui est liée à la rigidité des dogmes de ce régime. Un fan de sport qui porte haut et fort les couleurs de son équipe, qui agit de manière agressive vis-à-vis des fans des autres équipes, et qui résiste aux preuves remettant en cause la suprématie technique de son équipe, même quand celle-ci enchaîne défaite sur défaite, peut développer une sorte de doctrine résistante aux preuves qui finit par structurer ses décisions et fausser ses observations. Bien des rigidités sont toutes prêtes à se muer en idéologies.

Il y a des gradients à la pensée idéologique. Est extrêmement idéologique l'individu qui adopte une doctrine rigide avec passion, qui est conduit à se faire une description absolutiste du monde et adhère fortement à des prescriptions inflexibles sur la manière dont lui et les autres doivent agir et vivre. L'individu idéologiquement extrême adoptera tout aussi ardemment une identité rigide, ce qui l'amènera à s'identifier fortement à ses condisciples et à faire montre d'une malveillance active vis-à-vis des non-adhérents.

Définir l'individu modérément idéologique – le partisan mou, le croyant occasionnel – est plus délicat. La modération idéologique peut présenter des configurations extrêmement diverses et différents degrés de dogmatisme ou de ferveur identitaire. Le portrait du modéré idéologique ne sera pas le même selon que l'on croit qu'il constitue l'autre pôle de l'extrémisme idéologique ou que la modération est le ressort d'un antidogmatisme qui s'oppose à toute pensée idéologique. Voir dans l'individu non idéologique quelqu'un qui résiste aux doctrines et aux identités rigides permet de comprendre l'autre extrémité du spectre. Doctrinalement, l'individu non idéologique a tendance à adopter une description du monde flexible et sensible aux preuves ; il ne se repose pas pour vivre sur des règles prescriptives rigides et ne cherche pas à les imposer à autrui. Relationnellement, il s'identifie peu à ceux qui croient à une vision du monde similaire à la sienne, et n'exprime ni haine ni préjugé à l'égard de ceux qui pensent différemment. L'individu non idéologique s'efforce à l'humilité intellectuelle : il est toujours prêt à actualiser ses convictions à la lumière de preuves crédibles et à opposer une bonne dose de scepticisme aux pratiques qui fabriquent des mythes, tout en ayant une sympathie toute humaniste pour ceux qui se sentent tenus d'adhérer à une idéologie collective.

Nous vivons avec un grand nombre d'idéologies, en nous et autour de nous. Certaines sont visibles, chéries, intenses. D'autres attendent en coulisse le bon moment pour s'exprimer : événements sportifs, référendums nationaux, rencontres avec des personnes ou des idées considérées comme étrangères. Quand un individu affiche des schémas de pensée intolérants et dogmatiques, il faut faire attention non pas seulement à *ce pour quoi* il dit se battre, mais aussi à sa *manière* de penser.

Le fait que l'idéologie d'un individu concerne la race, le genre, la classe, le changement climatique, la religion, la nationalité ou la politique ne permet pas de savoir s'il peut être qualifié d'individu idéologiquement extrême ou modéré. Il faut pour cela s'intéresser moins à la substance qu'à la structure de la pensée idéologique : cette approche permet d'identifier les individus idéologiquement extrêmes et les individus les moins idéologiques.

Elle permet aussi de résister aux glissements du relativisme. Les positions relativistes impliquent qu'on ne puisse ni juger ni comparer des pratiques culturelles ou idéologiques différentes, au prétexte que toutes sont singulières. Mais s'il n'est pas possible de décrire le phénomène de la pensée idéologique en portant un regard agnostique sur le contenu de ses croyances, alors il sera difficile d'identifier et de critiquer l'oppression ou de dénoncer l'extrémisme dans la vie publique. Si nous n'avons pas une idée de ce à quoi ressemble l'extrémisme idéologique indépendamment de la mission qu'il se donne, nous aurons du mal à réfuter les démagogues qui qualifient de tyranniques les droits humains fondamentaux ou qui utilisent la « culture » pour défendre l'injustice. *Après tout*, disent-ils, *tout n'est-il pas relatif ?*

Sans définitions claires, la tolérance tend à se replier sur elle-même et à tolérer l'intolérance jusqu'à ce que celle-ci la réduise à néant. Diagnostiquer l'extrémisme avec objectivité est essentiel si l'on veut comprendre le passé et gagner les guerres idéologiques du futur. Pour trouver le meilleur moyen de s'opposer à l'idéologie dans une perspective humaniste, il convient donc de distinguer la pensée idéologique de la pensée non idéologique, et d'identifier les degrés et les nuances intermédiaires. Comme le suggère Steven Pinker dans *Le Triomphe des Lumières*, il ne faut surtout pas céder à la tentation de croire que « nous pourrions aussi bien renoncer à la persuasion argumentée et combattre la démagogie par la démagogie[6] ».

En nous concentrant moins sur la question de savoir si une idéologie est vraie ou fausse, éclairante ou illusoire, nous pourrons nous faire une idée plus concrète de la texture psychologique de la pensée idéologique, et de ce que signifie l'immersion dans une idéologie, indépendamment de son histoire sociologique ou de son penchant à droite ou à gauche. Cette compréhension de l'extrémisme idéologique nous permettra aussi de discerner son apparition et son développement chez un individu, de comprendre comment et pourquoi l'endoctrinement peut commencer très tôt et gagner, au-delà des convictions politiques et des impératifs moraux, la vie *non* politique du cerveau.

Dans un livre paru en 1954, *The Nature of Prejudice* (« La Nature du préjugé »), le psychologue social américain Gordon Allport écrit qu'il « est peu probable que le préjugé chez un individu ne soit qu'une attitude particulière vis-à-vis d'un groupe particulier ; il s'agit plus probablement du reflet de toute une habitude de penser le monde[7] ». Il se peut que nos préjugés politiques et nos convictions idéologiques soient des instances particulières d'habitudes de penser plus générales.

L'idéologie magnétise entièrement notre cerveau en exploitant la passion humaine pour la clarté et la connexion. Les dogmes sont d'habiles don Juans qui nous murmurent à l'oreille : *Voudrais-tu savoir quoi penser ?* Et dans l'autre : *Voudrais-tu savoir qui aimer ? Qui haïr ? Et que faire demain ?*

Voyons qui va les suivre. Tout le monde ne cède pas à don Juan.

III

Les origines

Chapitre 8

L'œuf et la poule

L'enfant de onze ans réfléchit à la question posée par le professeur.

« Quel est le problème le plus grave de ton pays aujourd'hui ? »

L'enfant remue sur sa chaise. Ses yeux se posent sur le magnétophone, au centre de la table.

« Les impôts sur tout et le coût de la vie. »

Les impôts, grommelle la professeure, griffonnant rapidement la réponse avec son stylo.

« Bien, merci. Question suivante : que faudrait-il faire pour améliorer les choses ? »

Observant la rotation des bobines du magnétophone, le regard absent de l'enfant ne trahit rien. Puis ses pupilles commencent à se dilater et à s'éclairer, comme s'il était touché subitement par une révélation ou que la mémoire lui revenait, et son regard croise celui de la professeure.

Sûr de lui, l'enfant s'exclame : « Nettoyer les rues ! Toutes les ordures partout... » Son visage se tord de dégoût. « Et mettre tout en ordre ! »

Les mots de l'enfant de onze ans produisent un léger écho dans la salle vide. La professeure essaie de garder le contact avec le regard de l'enfant, qui paraît plus menaçant que jamais. Le pouvoir semble avoir changé de camp.

Sans détourner les yeux, l'enfant replace de la main une mèche échappée de ses cheveux lissés, comme on ramène la brebis rebelle dans le troupeau.

La professeure revient à son cahier de notes. *Pureté et discipline*, écrit-elle, *peur du chaos*. Puis, après un temps de réflexion : *fasciste potentiel ?*

* * *

Dans une salle attenante, un enfant de treize ans considère longuement les mêmes questions.

« Le problème le plus grave, ce sont les gens qui ont faim en Europe, explique-t-il doucement, parce que les gens dans notre pays ne pensent pas à eux alors qu'ils devraient. »

Orientation altruiste, écrit la professeure, *compassion*.

« Comment changerais-tu les choses ? »

« Il faudrait une police mondiale, répond l'enfant, pour qu'il n'y ait plus de guerre. »

Surprise par la réponse, par le lien de causalité fait dans l'esprit de l'enfant entre la police et la fin de la violence, la professeure ajoute : « Pourquoi ? »

L'enfant de treize ans marque un temps pour réfléchir. « Nous devrions aimer la paix, pas le pouvoir. »

Volonté versus pouvoir, écrit la professeure, l'air satisfait. *La coopération plutôt que la domination*.

Elle regarde l'enfant assis devant elle avant de noter à nouveau, cette fois dans la marge : *Enfant libéral typique ? … Ou qui imite des parents libéraux ?*

Dans les syllabes liquides du libéralisme, est-il possible de distinguer le penseur indépendant du conformiste reproducteur ?

Assez de questions, se dit la professeure. Creusons plus loin. Passons à l'étape suivante : *administrer des tests cognitifs pour évaluer les croyances inconscientes.*

Des idéologues en herbe ?

Expérience de pensée ou parodie ? De pareils échanges semblent peu plausibles. Les enfants n'ont certainement pas d'opinions politiques, et moins encore de postures idéologiques cohérentes. Or ce sont là des condensés scénarisés d'entretiens bien réels, qui eurent lieu en 1944 entre une scientifique particulièrement curieuse et des enfants étonnamment éveillés[1]. Devenus aujourd'hui des fragments oubliés de l'histoire scientifique, ces entretiens font entendre les mots et les opinions documentées d'enfants qui participèrent à une étude pionnière sur les signaux élémentaires des préjugés. Une étude qui s'intéressait à la forme sous laquelle le préjugé peut apparaître, et à quel âge.

Conduite par Else Frenkel-Brunswik, une Autrichienne qui avait fui le nazisme et trouvé refuge aux États-Unis, c'était une des plus grandes enquêtes jamais réalisées sur le préjugé chez les enfants. Il s'agissait de savoir quand et comment, écrit-elle, « l'enfant ethnocentrique devient un fasciste potentiel[2] ». Quels étaient les enfants les plus enclins à la xénophobie et à l'autoritarisme ? Pour cela, Frenkel-Brunswik fit de centaines d'enfants californiens ordinaires des sujets expérimentaux et les étudia avec attention. Son hypothèse de départ était assez dérangeante : elle pensait que les réponses de ces enfants à l'orée de l'adolescence pouvaient annoncer des tendances futures à se méfier de tout ce qui est étranger et à croire en la supériorité absolue de leur identité raciale et culturelle.

Plus de mille cinq cents enfants californiens âgés de dix à quinze ans furent ainsi soumis à un questionnaire portant sur leurs attitudes à l'égard de groupes minoritaires qui occupaient une place particulière dans une Californie elle-même en voie, juste après la Seconde Guerre mondiale, de transformation rapide : furent ainsi évaluées leurs opinions sur la ségrégation et l'immigration, sur leurs voisins chinois et japonais, sur les Juifs, sur leurs connaissances afro-américaines et sur les étrangers en général[3]. Certains enfants firent montre dans leurs réponses d'une xénophobie non dissimulée, et d'autres d'une forte résistance aux stéréotypes et aux clichés. Des centaines d'entre eux furent ensuite sélectionnés pour passer un entretien plus approfondi. Tous étaient issus de deux groupes : ceux qui avaient *le plus* de préjugés et qui exprimaient le plus d'hostilité contre des groupes minoritaires, et ceux qui en avaient *le moins*, les plus libéraux et les plus tolérants vis-à-vis d'autrui.

En invitant les enfants à la table où se faisait l'entretien – une métaphore du divan du psychanalyste –, Frenkel-Brunswik espérait faire la lumière sur le développement du fasciste potentiel. Elle pensait que les récits et les propos des enfants recelaient des indices de leur sensibilité politique ; qu'en cernant la manière dont ils surmontaient leurs contradictions et leur confusion, et dont ils s'adaptaient ou au contraire se raidissaient, on pourrait voir lesquels d'entre eux étaient susceptibles d'être le plus tentés par les narratifs et les leaders idéologiques. Étaient sondées dans ces entretiens non seulement les opinions idéologiques des enfants, mais aussi leur personnalité, leur vie familiale, et l'image qu'ils avaient d'eux-mêmes et des autres. Chaque enfant était interrogé par quelqu'un qui ignorait tout des précédentes évaluations. Frenkel-Brunswik croisa ensuite les résultats du questionnaire avec les récits de vie des enfants et ce qu'ils racontaient quand ils étaient lancés sur des sujets politiques.

Qu'est-ce qui distinguait les enfants les plus xénophobes de ceux qui l'étaient le moins ? Les différences qu'il y avait entre eux n'existaient-elles que dans leurs opinions ou se trouvaient-elles également dans leur esprit, c'est-à-dire dans la manière dont leur cerveau traitait les informations et en tirait des conclusions ?

« Si l'individu potentiellement fasciste existe, à quoi précisément ressemble-t-il ? » se demandaient Frenkel-Brunswik et ses collègues de Berkeley. « Quelles sont les forces organisatrices à l'intérieur de sa personne ? Dans quelles proportions est-il présent dans notre société, quels en ont été les facteurs déterminants et quelle trajectoire a suivi son développement[4] ? »

Si ce type d'individu existe – un fasciste potentiel, un esprit enclin à se dévouer à une idéologie totalitaire –, quelles sont ses dispositions ? Les germes du potentiel idéologique d'un individu sont-ils déjà visibles dans son enfance ?

Au fur et à mesure que les données des entretiens s'accumulaient, une chose apparut clairement aux scientifiques : il n'était pas difficile de distinguer l'enfant sans préjugé de l'enfant qui en était pétri, l'enfant libéral de l'enfant xénophobe. C'était même étonnamment simple.

Qu'est-ce qui permit à Frenkel-Brunswik de repérer les différences ? Les réflexions des enfants ou leurs expressions ? Leur appétence pour des clichés verbaux ? Ou des marqueurs échappant au langage – propos sortant du champ de la conscience, réactions, *body language* –, qui trahissaient l'inclination au préjugé de l'enfant avant même qu'il eût prononcé un mot ? Quels en étaient les signes révélateurs ?

Une école primaire catholique pour filles, en Angleterre, a récemment déclaré qu'il fallait considérer « le cerveau non pas comme une éponge mais comme un muscle[5] ». Le rapport était accompagné d'un dessin montrant un cerveau soulevant des haltères. Avec la discipline adéquate, était-il suggéré, tout était possible à tous. Inutile de se soucier des différences, dispositions et autres préférences naturelles : cultivez un enfant avec assez de vigueur, et sa nature s'épanouira pleinement.

Les idéologies hiérarchiques, qui professent le respect absolu d'un dieu, d'un gourou, d'un prophète, et qui exigent des adeptes, métaphoriquement ou littéralement, de se mettre à genoux, prônent souvent une égalité paradoxale. *Aucun enfant ne sera laissé en arrière*. Ces pseudo-proclamations de similarité ne sont pas accidentelles. Mettre en avant l'indistingabilité des êtres peut être un redoutable instrument de domination. Si nous sommes tous identiques, alors nous pouvons tous être convertis, corrigés, contrôlés. Prêcher est plus difficile s'il faut admettre les nuances ou les limites de son pouvoir.

Des cerveaux différents

En réalité, tous les cerveaux humains ne se plient pas à l'autorité avec un égal enthousiasme. Certains s'empressent d'acquiescer, s'inclinant jusqu'à toucher le sol du front. D'autres cèdent plus lentement, la cage thoracique résistant au mouvement concave de l'obéissance. D'autres encore, mais peu nombreux, refusent totalement de se soumettre aux dogmes idéologiques : il faut les pousser ou les mettre par terre. Il faudra leur empoigner fermement le cou et leur plaquer la tête au sol. Et même alors, leurs yeux resteront ouverts et regarderont droit devant eux, par défi.

Toute la question est de savoir quels cerveaux vont se soumettre, et quels cerveaux vont résister.

S'il existe un attrait magnétique général de l'esprit pour le mythe, des tendances prédictives du cerveau pour les structures prédictives des idéologies, il est plus fort chez certains que chez d'autres. Ces différences de vulnérabilité se retrouvent dans les idiosyncrasies personnelles de nos cerveaux.

Les cerveaux, en effet, ne naissent pas identiques. Il y a entre eux des différences innombrables, qui créent l'incroyable diversité que nous observons entre les individus, jusqu'au sein d'une même famille. Certains cerveaux sont impulsifs, et d'autres sont patients ; certains adorent les règles, et d'autres sont fondamentalement rebelles ; certains sont loyaux et tournés vers le groupe, et d'autres épris d'une indépendance obstinée. Il y a des cerveaux qui résolvent des énigmes très rapidement, et d'autres, plus précautionneux, qui procèdent pas à pas. Certains réagissent avec colère à la moindre injustice, tandis que d'autres y sont plus indifférents. Certains adorent décider très vite, quitte à se tromper. Quelques-uns, plus sensibles, tendent vers le monde une oreille attentive ou des papilles délicates pour en détecter la plus petite variation.

Comme nos corps, car le cerveau *est* notre corps, les cerveaux sont de forme, de taille et de proportions diverses. Ils ont chacun leurs appétits, leurs allergies, leurs affections. Chaque cerveau est idiosyncratique. Chacun possède une structure unique. Chacun perçoit, réagit et apprend du monde de façon subtilement singulière.

Ces différences individuelles sont d'une grande importance, car elles nous donnent des indications sur la force plus ou moins grande avec laquelle un individu peut être sensible à l'attrait des doctrines idéologiques. Nous ne sommes pas tous également contrôlables.

Se pose alors la question du *pourquoi*. Pourquoi certains cerveaux sont-ils vulnérables à la pensée idéologique et d'autres résilients ? Quelles sont les caractéristiques et les expériences qui permettent de prédire le contenu de nos opinions et la radicalité de nos convictions ? Nos prédispositions ou notre situation ? Nos réflexes innés ou nos habitudes apprises ?

Pour démêler les causes des effets, il faut savoir ce qui vient en premier et ce qui vient en second. Notre cerveau ou nos opinions politiques ? Notre personnalité ou notre idéologie ? S'agit-il d'une question de tempérament – certains types de cerveaux gravitant autour de certaines doctrines – ou l'idéologie, épousée avec ferveur, finit-elle par façonner notre cerveau et notre personnalité ?

C'est l'énigme de la poule et de l'œuf. C'est-à-dire de la causalité, des origines et des conséquences. C'est aussi, implicitement, la question de savoir ce qui est inévitable et immuable, par opposition à ce qui est flexible et réversible.

Le problème de l'œuf et de la poule de la neuroscience politique vient du fait que, chaque fois que nous évaluons la mentalité politique d'un individu, nous n'obtenons jamais qu'un instantané[6]. Nous le mesurons, lui, son cerveau et ses opinions, à un instant *t*. Mais ce type de photographie psychopolitique ne permet pas de savoir comment il est arrivé là et pourquoi. L'instantané ne donne aucune information sur ce qui se passait quelques minutes ou quelques jours avant, ou dans les années ou les générations qui ont précédé. Est-elle le fruit de la socialisation ou d'une vulnérabilité biologique préexistante ?

La difficulté est de savoir si les caractéristiques psychologiques d'un individu déterminent ses opinions politiques, religieuses et nationalistes, *ou bien* si son endoctrinement idéologique a transformé son corps et son cerveau.

Dans quel sens la flèche est-elle orientée ?

Peut-être dans les deux sens : notre cerveau sculpte nos opinions privées, lesquelles façonnent en même temps le fonctionnement de notre cerveau.

Si notre vulnérabilité est innée, alors il nous faut comprendre ce qui rend un individu vulnérable. Il nous faut comprendre comment notre singularité cognitive et notre réactivité biologique peuvent aboutir à ces *ismes* puissants pour lesquels nous sommes prêts à commettre des violences et à nous faire violence, à ces causes pour lesquelles nous pourrions mourir et tuer.

Si cette vulnérabilité n'est que partiellement acquise, et que la signature neurobiologique de l'idéologie s'écrit dans le temps, alors les conséquences de l'immersion dans une idéologie seront plus fortes et plus profondes que nous n'en avons généralement conscience, au point même de pouvoir changer notre vie. Dans une de ses intuitions les plus remarquables, Hannah Arendt écrit que « le but des idéologies n'est pas la transformation du monde extérieur ou la transmutation révolutionnaire de la société, mais la transformation de la nature humaine elle-même[7] ». Elle montre que l'idéologie totalitaire cherche à détruire la barrière entre le privé et le public, entre le personnel et le politique. Je pense quant à moi que les systèmes idéologiques les plus extrêmes peuvent accomplir une transformation encore plus profonde. Les idéologies ne font pas que nous laver le cerveau et nous débarrasser de vieilles idées pour les remplacer par de nouvelles : elles transforment notre cognition, nos réflexes, notre nature biologique. Démêler les causes et les effets qui aboutissent à cela est l'énigme que nous allons tenter ici de déchiffrer, pour comprendre d'où viennent nos convictions idéologiques et combien ces inventions sociales nous changent et même nous possèdent de l'intérieur.

Chapitre 9

Des gamins autoritaires

Interroger des enfants sur leurs opinions politiques peut paraître de prime abord un peu ridicule. Que peuvent bien savoir les enfants des affaires du monde ? Que peuvent-ils comprendre de la guerre et de la domination, du gouvernement et des inégalités, des injustices et des atrocités commises loin de chez eux ?

Les croyances politiques des enfants

Demandons-leur, s'est dit la psychologue Else Frenkel-Brunswik. Née de parents juifs dans la Vienne des années 1920, elle avait grandi dans un monde de plus en plus raciste, de plus en plus hostile aux personnes comme elle, un monde qui passa très vite, mais non sans heurt, d'un âge d'or intellectuel à un âge barbare et violent[1]. La petite Else Frenkel fut bien obligée d'apprendre ce qu'étaient la guerre et la domination, le gouvernement et les inégalités, les injustices et les atrocités qui frappaient impatiemment à sa porte. Si elle n'avait pas su déchiffrer les mensonges et les intentions des adultes, leurs murmures et leurs affaires secrètes, elle aurait été en danger.

Étudiante précoce, Frenkel obtint à l'âge de vingt-deux ans son doctorat de psychologie à l'université de Vienne, où elle commença à enseigner la psychologie biographique. Comme si elle pressentait ce qui allait venir, elle se demandait quels traits psychologiques se pouvaient déduire de la biographie des individus.

Avant même l'annexion de l'Autriche par l'Allemagne de Hitler, elle fut la cible d'étudiants racistes qui dénonçaient sa judaïté. Après un interrogatoire à la Gestapo, en 1938, elle vit la politique se mêler implacablement à sa vie personnelle, et décida de quitter l'Europe et de gagner les États-Unis avec son collègue Egon Brunswik, qu'elle épousa avant de débarquer. Ils s'installèrent en Californie, à Berkeley. Dans cette terre promise de liberté et d'opportunité, elle décida d'étudier les répercussions de la *non-liberté* (*unfreedom*).

Nommée à un poste de chercheur à l'université de Californie, Frenkel-Brunswik dirigea sa réflexion sur un groupe qui pouvait, croyait-elle, être une source d'information intéressante sur ce que ne pas être libre voulait dire : les enfants.

Que savent les enfants des chaînes qui nous entravent ? Rien, diraient la plupart des parents modernes : les enfants sont les maîtres, les despotes de l'unité familiale, et ils exigent tyranniquement toujours plus de leur entourage. Des jouets, des gadgets, des bonbons, de l'intimité. Ils ont besoin sur besoin. Au point que le besoin devient chez eux un synonyme de volonté. *Achète-moi ça ! Conduis-moi là ! Laisse-moi tranquille ! Ferme la porte !*

Enfance et non-liberté

Et pourtant, fondamentalement peut-être, l'enfant est le sujet permanent d'une structure que l'on peut qualifier de totalitaire. La condition existentielle de l'enfant ressemble à celle de l'individu qui vit dans un système idéologique hiérarchique, sous une surveillance constante, et doit sans cesse amadouer des chefs omnipotents. Toutes les ressources sont concentrées dans les mains de quelques figures d'autorité toutes-puissantes. Pour un enfant, la vie est régie par des règles et des rites opaques dont le sens et l'objet sont souvent obscurs et inexplicables. La famille est le lieu d'une inégalité fondamentale, définie par une dépendance inévitablement asymétrique. Le pouvoir y est très inégalement réparti. Toute décision, toute demande, est dictée par le fait que l'enfant ne peut pas survivre seul. Les personnes qui en prennent soin donnent de leur temps et de leur personne ; or le don de soi et de soin n'est jamais gratuit : dette et paiement sont sa contrepartie. Les enfants sont parmi « les créatures les plus impuissantes et les plus communément violentées au monde[2] », écrit l'auteure et professeure de littérature Merve Emre. Et s'il y a dans l'enfance des moments d'harmonie et de collaboration, les exigences de dévouement et les exemples d'oppression sont légion. La liberté, pour un enfant, est par essence limitée.

Il y avait dans la réflexion de Frenkel-Brunswik, implicitement, l'idée que les schémas d'autorité et de non-liberté appris dans la famille – la primauté de l'obéissance et de la conformité sur le soin et la créativité – pouvaient rendre des enfants susceptibles d'autoritarisme politique et religieux ; que les enfants ayant chez eux l'habitude des hiérarchies de pouvoir et de la violence arbitraire avaient plus de probabilité de participer à des systèmes autoritaires plus tard dans leur vie. Qu'ils risquaient d'être plus réceptifs aux clichés ; et, à l'inverse, que les enfants élevés dans des familles prônant l'imagination, l'empathie et la pluralité seraient plus résistants aux idéologies totalitaires et auraient tendance à rejeter d'instinct la soumission. Parce qu'ils avaient baigné dans la liberté. Et qu'ils pouvaient imaginer autre chose.

Bien entendu, il y a des enfants timides et des enfants loquaces, mais Frenkel-Brunswik pensait qu'il était possible, avec de la patience et du respect, d'obtenir des réponses aux questions les plus privées, même d'enfants craintifs ou réservés. En un sens, les enfants étaient de meilleurs sujets tests que les adultes : leurs réactions étaient « plus directes et plus désinhibées[3] ». Ne dit-on pas que la vérité – la vérité non travestie par l'euphémisme et la diplomatie – sort de la bouche des enfants, à condition qu'ils n'aient pas déjà appris l'art de l'autocensure ?

Frenkel-Brunswik savait que tout entretien suscite des réponses où la vérité se mêle inévitablement, sinon au mensonge, du moins à une distorsion de la vérité. Le fait et la fiction, la projection et l'aspiration sont intimement liés. Peut-être au moins, avec des enfants, serait-il plus facile de distinguer la réalité de l'apparence. Trouver des points de cohérence dans les fables des enfants et dans leur philosophie populaire de la vie semblait plus simple qu'arracher des vérités aux récits d'adultes autoproclamés vertueux. Les artifices des adultes, tissés d'excuses rétrospectives et d'espoirs irréalistes, sont difficiles à démêler.

* * *

« Je n'aimerais pas vivre à proximité d'étrangers, déclare l'adolescente de quatorze ans. Ils devraient retourner là d'où ils viennent. »

« Et où devraient aller les étrangers et les immigrés ? » demande la professeure.

La question est une entorse au protocole. La froideur avec laquelle elle a été prononcée sort de la neutralité de l'entretien. *Provoquer sans contrarier.* Mais il est trop tentant de voir si la logique de la jeune fille va plier et rompre sous la pression. Si de fines fractures vont se matérialiser dans son raisonnement.

Se tassant un peu devant l'adulte qui l'interroge, la jeune adolescente ne paraît pas troublée par la question.

« Les étrangers devraient rentrer dans le pays d'où ils viennent. Et même s'ils sont nés en Amérique, et il y en a beaucoup, ajoute-t-elle, je pense qu'ils doivent rentrer chez eux. »

La professeure retient un soupir mécontent et demande :

« Comment ? »

« Les gens chez nous devraient faire une loi qui les chasse du pays quand ils arrivent. »

Chasser les étrangers.

« Et les personnes déplacées dont les maisons ont été détruites par la guerre ? »

L'adolescente répond comme si cela allait de soi : « C'est sans doute de leur faute au départ si la guerre a commencé. » L'accusation est lancée avec une sorte de cruauté ordinaire, une méchanceté chic et tranquille.

Un chewing-gum apparaît visiblement derrière ses incisives. L'attrapant avec sa langue, la jeune fille fait une bulle qui touche presque le bout de son nez.

Pétrifiée, la professeure retient légèrement son souffle. Quelque chose qui ne relève pas de la logique persiste et prend même de l'épaisseur.

L'arme de l'adolescente, la grosse bulle rose, finit par éclater.

« Et de toute façon, ajoute-t-elle, ils ont eu ce qu'ils méritaient quand leurs maisons ont été bombardées. »

* * *

L'enfant suivant soupire tristement en entendant la question. « Là où nous vivons maintenant ils n'acceptent pas les gens ______. »

« Et toi, qu'est-ce que tu en penses ? »

« C'est idiot. Je crois qu'on ne devrait pas avoir ces règles. Les gens ______ ont des logements tellement minables. Je pense qu'ils devraient avoir le droit d'acheter ici comme tout le monde. Ils ont besoin de logements neufs dans de bons quartiers. »

Contre la ségrégation, écrit la professeure dans son carnet jaune. *Sympathie pour les droits des minorités.*

« Qu'est-ce que tu penses des gens ______ ? »

« Je connais un garçon ______. Il est vraiment sympa. Certains ______ ne devraient pas être traités de ______ parce qu'ils sont vraiment sympas. »

Enlever les étiquettes résoudrait peut-être le problème. L'enfant cherche des solutions, espérant surmonter les préjugés en surveillant son langage.

« Je pense qu'on pourrait être beaucoup plus tolérant, ajoute l'enfant, et que les enfants devraient être tolérants même si leurs parents ne le sont pas. »

Casser la transmission générationnelle des préjugés. Éviter d'imiter les influences parentales négatives.

« Pourquoi, selon toi, beaucoup de gens n'aiment pas les ______ ? »

« Certains pensent que les ______ ne devraient pas venir en Amérique », répond tristement l'enfant de dix ans. Sa voix va crescendo, et ses sourcils se froncent. Il y a quelque chose en lui qui monte, une colère, une frustration, une logique de plus en plus vive et sonore.

« Les gens qui pensent comme ça devraient être éliminés. »

Oh non, la tolérance de l'enfant est-elle en train de déraper ? *Tombe dans la contradiction.*

« Il faudrait chasser du pays les gens qui disent ça et ne les laisser rentrer que quand ils ne le disent plus. »

Ségréguer les ségrégationnistes. La professeure réfléchit à la peine proposée par l'enfant pour châtier le préjugé. Expulser les agresseurs, fermer les portes jusqu'à ce que toutes les opinions soient unies et homogènes. Ériger des barrières pour protéger les sentiments démocratiques contre le racisme. *Est-ce brillant ou contradictoire ? De la pensée libérale ou illibérale ? Du tribalisme rigide ou de la simple immaturité ?*

Enfants libéraux et enfants autoritaires

La première clé de l'énigme, constata Else Frenkel-Brunswik, c'était que les préjugés rigides des enfants ne se limitaient pas à un domaine particulier : ils touchaient à tous. La rigidité imprégnait chaque réponse, chaque pensée raisonnée, chaque mauvais calcul. Pour les enfants dont la tendance au préjugé avait déjà été forte dans les questionnaires, le monde qu'ils esquissaient dans les entretiens était un monde binaire : noir ou blanc, fort ou faible, bon ou mauvais, ami ou ennemi, propre ou sale, masculin ou féminin. « Le caractère absolu de chacune de ces différences est jugé naturel et éternel, écrit-elle, ce qui exclut toute possibilité pour des individus de passer d'un bord à l'autre[4]. » Les frontières nettes entre les groupes et les catégories devaient être préservées.

Interrogés sur les rôles des deux sexes, les enfants ethnocentriques disaient que les filles ne devaient pas chercher à créer ou à faire carrière. « Les filles ne doivent apprendre que des choses qui sont utiles à la maison », disait un garçon. Une fille de onze ans affirmait qu'« une fille doit agir comme une lady. Il ne faut pas donner de rendez-vous à un garçon. Une lady, ça ne fait pas ça ». Les enfants adhéraient à des règles rigides même quand ces règles contraignaient leur propre comportement et limitaient leur liberté et leurs possibilités de mouvement.

La pire chose qu'une femme puisse faire, assurait un garçon illibéral, était de « gagner sa vie, c'est aux hommes de faire ça ».

Il est facile de ne pas prendre au sérieux ces réflexions en considérant qu'elles sont le produit de leur époque : après tout, dans les années 1940, les adolescents et les adolescentes de Californie n'étaient pas encore devenus des partisans exaltés (ou des opposants acharnés) du mouvement de libération des femmes des années 1960. Mais, même dans ces années sombres, quand on posait des questions sur les rôles des hommes et des femmes, les garçons de tendance libérale étaient déjà enclins à résister à la pensée binaire. Et quand on leur demandait comment des filles devaient se conduire en présence de garçons, ils disaient qu'elles devaient juste « parler des choses dont elles aiment parler [...] comme ferait un garçon ».

La pire chose qu'une femme puisse faire, disait un garçon libéral, c'était « ce qu'elle n'a pas envie de faire ».

Pour les enfants libéraux qui se sont entretenus avec Frenkel-Brunswik dans les années 1940, le monde des filles et le monde des garçons n'étaient pas deux sphères contiguës strictement séparées, mais deux cercles entrecroisés qui avaient beaucoup de choses en commun.

Pour les enfants pétris de préjugés, en revanche, toute relation humaine était inégale et possiblement violente. Alors que les enfants libéraux trouvaient dans les relations adultes-enfants de la chaleur et de la réciprocité – des liens de « mutualité », disait Frenkel-Brunswik –, les enfants ethnocentriques pensaient que la soumission était la logique sous-jacente à toute relation. Interrogés sur leurs maîtres et sur leurs maîtresses, ils disaient qu'« il faut qu'ils soient plus sévères [...], qu'ils disent aux enfants ce qu'ils doivent faire et ne s'occupent pas de savoir ce que veulent les enfants ». Les besoins des enfants devaient passer après les exigences pédagogiques ou les desiderata de leurs supérieurs, affirmaient-ils. Beaucoup voulaient avoir comme enseignants des hommes sévères et n'acceptaient une femme qu'à condition qu'elle soit « *très* sévère ». L'enseignant parfait était une sorte de chorégraphe : il devait « faire en sorte que les enfants soient toujours en rangs, bien alignés, dans la cour de récréation comme en classe ».

De même, quand on les interrogeait sur le parent idéal, les enfants pétris de préjugés plébiscitaient le père « sévère et sans faiblesse pour toi ». Le père modèle était allergique aux signes d'affection. « Quand tu demandes quelque chose, disait un enfant de douze ans, il ne doit pas te le donner toute de suite. » Émotionnellement, le père devait être dur, insensible et sans pitié. « Il doit te donner la fessée si tu te conduis mal et ne pas te donner trop d'argent de poche », précisait un autre. Et l'enfant qui « parle mal à ses parents » devait être puni « du fouet ». Une fille disait que, si « un enfant ne fait pas attention à ses parents, il faut le mettre dans un foyer ». Des peines sévères étaient proposées pour des transgressions mineures.

Le châtiment était confondu avec la justice, et la justice était synonyme de souffrance.

Ces enfants demandaient, exigeaient même des contraintes. Ils espéraient de l'indifférence, rationalisaient et parfois glorifiaient les violences commises à leur encontre. De façon tout à fait contraire à ce qu'est un enfant – un être vulnérable, joueur et quelquefois désobéissant –, ils justifiaient leur oppression, la militarisation de leur imagination et de leurs désirs.

Chapitre 10

Laver le cerveau des bébés

Comment endoctriner un enfant ? Lui enseigner et inculquer une idéologie ? Des outils complexes de contrôle mental et de propagande sont-ils nécessaires ? L'endoctrinement est-il toujours explicite ou peut-il se faire de façon subtile, implicitement, illicitement, par des associations que le cerveau assimilera au cours de son développement pour les régurgiter plus tard ? Et à quel âge l'endoctrinement peut-il commencer ?

Grandir dans un environnement idéologique

Les individus élevés dans un milieu strict et idéologisé, qu'il soit religieux, nationaliste ou révolutionnaire, ont souvent plus de points communs que de différences. Quelle que soit leur idéologie, les idéologues fervents présentent des ressemblances frappantes en termes de personnalité, de conformisme, d'absence de doute, de déférence à l'autorité. Dans un milieu idéologique, l'existence n'est pas envisagée comme une suite de merveilleuses

« expériences de vie[1] », pour citer John Stuart Mill, mais comme l'application de *protocoles* de vie dûment réglementés. Il y a des règles rigides et des apparences extérieures à préserver : les unes et les autres doivent être perfectionnées et entretenues. Tout soupçon de déviance et de rébellion est promptement traité, parfois de façon violente. L'agression – physique, verbale ou « d'atmosphère » – est un moyen communément employé pour manifester son pouvoir. Le dogmatisme et l'intolérance sont les signatures d'un environnement idéologique, même quand ils sont dissimulés derrière un joli vernis de vertu morale.

Les politologues ont remarqué depuis longtemps que les parents et leurs enfants avaient souvent les mêmes croyances idéologiques. Statistiquement, les parents laïques et égalitaristes élèvent des enfants laïques et égalitaristes, et les parents conservateurs et religieux des enfants conservateurs et religieux. C'est intuitif et n'a rien d'étonnant. La famille est la base de la reproduction sociale et biologique. Gènes, rites et visions du monde sont répétés, dupliqués, recyclés de génération en génération.

Mais la transmission des opinions et des croyances est plus nuancée et dépasse le simple mimétisme. Transmettre une idéologie d'un individu à un autre ne relève pas du clonage : on n'imprime pas si facilement que cela une personnalité ou une orientation politique sur un enfant. Cela ne relève pas non plus du lavage de cerveau : faites mousser un savon parfumé, saupoudrez le tout de violence, séchez avec vigueur, et vous aurez un bambin fanatique. Ce n'est heureusement pas aussi simple. Pour verser dans une idéologie, il faut un engagement dans un processus dynamique d'apprentissage et de sélection. L'héritage est souvent partiel et imparfait ; il peut être révisé et rejeté.

Le pouvoir de l'habitude

Grandir dans un environnement idéologique, c'est être formé à certaines habitudes. Des habitudes d'attention, d'attachement et d'action. Des habitudes qui deviennent une « seconde nature » : automatiques et incontestées, elles orientent notre regard et pilotent notre langage. Les habitudes naissent de la répétition, de liens étroits et récurrents créés entre un signal et une réponse. Chaque fois qu'un contexte reconnu nous enveloppe, nous sommes poussés à agir comme par un réflexe personnifié. Au signal.

Il y a dans la pratique des habitudes un mélange d'implacabilité et de méticulosité.

Par habitude, le cerveau forge des connexions étroites entre un signal et une action, jusqu'à ce que la seule présence du signal suffise, en l'absence de toute réflexion, à déclencher l'action. Sortir de la maison = prendre la clé. Faire la connaissance de quelqu'un = serrer la main ou incliner poliment la tête. Se préparer pour une cérémonie religieuse = laver et purifier le corps par des ablutions. Entrer dans un lieu de culte = faire le signe de croix ou baiser un symbole spirituel. La seule présence de l'élément déclencheur entraîne l'exécution de la séquence apprise.

Par habitude, une main invisible nous empoigne la mâchoire et dirige nos yeux dans certaines directions, si bien que ce que nous voyons et remarquons est sous surveillance. Nous apprenons ainsi à ignorer certains objets, certaines sensations, certaines contradictions. Nous apprenons à agir à la demande, les associations devenant si enracinées en nous que nous ne pouvons presque pas agir autrement, que nous ne pouvons pas *ne pas* faire comme d'habitude.

Les habitudes sont des raccourcis qui persévèrent même quand leur but n'est plus visible. Elles ressurgissent chez le chien quand il fait l'action apprise même en l'absence de récompense ou de menace. *Assis. Couché.* Les habitudes opèrent chez nous de la même façon : elles nous amènent à accomplir une action pour elle-même, fût-ce en l'absence de récompense. Y compris quand nous ne l'avions pas prévu ou ne le voulions pas. Même à notre détriment. Chaque fois que nous passons outre à nos désirs et nos objectifs, que nous agissons avec un pincement de regret ou de dégoût, en éprouvant une sorte de compulsion et de soulagement inexplicables, nous avons affaire à une habitude.

Les habitudes, par définition, procèdent toujours de la même façon : les mouvements et les séquences sont ritualisés à la perfection. Dans l'habitude spirituelle comme dans l'habitude militaire, le croyant se meut de façon très précise : *les mains sont jointes, les pieds parfaitement alignés, le cou prêt à s'incliner, les paupières à s'ouvrir et se fermer sur commande. Il a renoncé à toute initiative.* Dans l'habitude patriarcale comme dans l'habitude sportive, le croyant méprise la douleur ou l'inconfort : en témoignent *les pieds gonflés d'ampoules dans la chaussure à haut talon, les blessures perpétuelles de l'athlète fanatique.* Les rites accomplis au service d'une idéologie sont considérés comme vertueux, même s'ils sont douloureux ou simplement ridicules.

Les habitudes exigent et entraînent une reproduction constante et sans conteste. Et en même temps, toute exécution d'une habitude renforce son pouvoir, consolide nos convictions, fortifie les liens entre le signal déclencheur et l'action. Les habitudes ne sont jamais totalement stables. Par la répétition, elles peuvent continuellement gagner en force, devenir plus extrêmes. Agir par habitude encore et encore n'est pas sans conséquence. Une habitude exécutée à cinq reprises diffère psychologiquement de la même habitude exécutée des centaines de fois. Plus nous répétons une habitude, plus elle se pétrifie. Plus nous répétons un rite avec passion, plus nous nous radicalisons.

Le cerveau engagé dans une habitude ne ressemble pas au cerveau qui agit en poursuivant un but. Quand une habitude habite le cerveau, les circuits neuronaux régissant notre comportement se déplacent des organes de la délibération, situés dans le cortex préfrontal, derrière le front, pour gagner une structure plus ancienne du cerveau, le striatum, au centre de notre crâne. Les neurones qui s'activent en réaction à une habitude longuement pratiquée ne sont pas les mêmes que ceux qui s'activent quand nous agissons en vue d'un objectif délibéré.

Les neuroscientifiques savent apprendre à des souris, des rats, des singes et des pigeons à agir par habitude, à accomplir des actions même en l'absence de but et d'incitation. Les animaux peuvent apprendre à persévérer, c'est-à-dire à répéter une habitude même quand ils ne sont pas récompensés. Enfin, une habitude bien enracinée sera répétée même si cela entraîne une punition.

Les groupes et les cultes idéologiques instillent à dessein des habitudes et regardent si le fidèle va les répéter dans les moments de souffrance. Le croyant véritable tolérera la punition pour maintenir une habitude. *Il peut même se plaire à sa souffrance.* C'est un signe que l'endoctrinement est profond : le croyant est prêt à payer n'importe quel prix, parfois jusqu'à sa vie, pour persister dans la dévotion.

Les habitudes les plus persistantes, celles qui résistent à la souffrance et à la punition, sont des addictions. C'est pourquoi les neuroscientifiques peuvent amener des rats à devenir cocaïnomanes : ils leur apprennent à répéter une série d'actions et les récompensent par de la cocaïne jusqu'à ce que la séquence cesse d'être un comportement orienté vers un but et devienne une habitude. Même quand un choc électrique est infligé au rat chaque fois qu'il appuie sur le levier qui lui fournissait de la cocaïne (mais qui ne lui en fournit plus), le rat continue à appuyer dessus. Même exténué et électrocuté, il ne peut plus s'arrêter : il est incapable de se libérer de l'habitude, y compris quand la récompense ne se matérialise plus et qu'il ne reste plus que la punition. Devenu addict, le rat répète l'habitude même au prix de la douleur, même au prix de la mort.

Une habitude forte et incorrigible est une forme extrême de dévotion. Une dévotion à une promesse de soulagement, de cessation d'un désagrément – d'une insatisfaction, d'une faim, d'un besoin de fermeture ou de certitude, d'une angoisse identitaire. (Promesse qui, une fois réalisée, souvent ne mettra pas fin à la frustration qui avait poussé le sujet à répéter d'abord l'habitude réconfortante.)

Grandir dans un environnement idéologique, c'est être formé à des rites de dévotion. Bien qu'elle semble évoquer la paix, la bienveillance et la piété, la dévotion est exigence. Empreints de dévotion, nous nous désindividualisons et nous indifférencions. Nous nous mettons à genoux ensemble pour prier. Marchons au même pas avec une précision militaire. Chantons à l'unisson et bougeons au même rythme. La dévotion voue à la submersion, à l'anonymat. Abattant les barrières qui séparent l'autre et le moi, nous convergeons avec les autres. Nous sommes accros à une promesse. Même au prix, qui devrait être intolérable, de notre bien-être et de notre intégrité physique.

Beaucoup de gens trouvent du plaisir et de la beauté dans la synchronie – qui est une des exigences de la dévotion. Former l'attention à regarder vers l'extérieur et non vers l'intérieur peut rendre méditatif. Collaboratif. Simone Weil y voyait une libération : « L'attention consiste à suspendre sa pensée, à la laisser disponible, vide et pénétrable à l'objet[2]… » L'attention était pour elle une manière de faire le vide en soi. Une prière. Elle pensait que cet effacement de soi était l'épitomé de la grâce.

Mais les rituels de synchronie peuvent aussi être dangereux et rendre réceptif à toutes sortes de forces répressives. Disciplinant nos corps et notre attention vers l'extérieur, les rites sociaux nous orientent vers les besoins et les jugements d'autrui, et vers les apparences. L'extérieur devient plus important que l'intérieur. Doutes, questions, sensations intimes sont réduits au silence, tout comme le désir de révolte. La résistance ne peut plus percer la surface. Nous regardons loin de nous-mêmes.

Les yeux de l'idéologie

L'imagerie de l'idéologie mobilise souvent les yeux : les yeux de la surveillance, les yeux qui nous entourent, qui contrôlent, qui censurent, qui condamnent. Parfois bienveillants, mais toujours intrusifs. Dans le mythe et dans la fiction comme dans la réalité, ces yeux omniscients ne laissent aucune action, aucune pensée cachée. Le panoptique de Jeremy Bentham. Le Big Brother de George Orwell. La surveillance satellitaire au-dessus de nos têtes et la surveillance algorithmique au fond de nos poches. L'Œil de la Providence – dont l'iris qui voit tout est au centre d'une pyramide, dont les cils dardent des rayons incandescents –, qui est un emblème des églises chrétiennes, des cimetières juifs et des temples caodaïstes vietnamiens. Cet œil orne le dos du billet d'un dollar américain, trône dans les symboles de la franc-maçonnerie, se cache dans les complots des Illuminati. Le pouvoir appartient à celui qui voit toute chose et qui peut changer les comportements (ou les manipuler) du seul fait d'être un témoin moral permanent.

Il est pourtant intéressant de regarder ce qui se passe quand on retourne l'image (et avec elle la question). Au lieu de s'interroger sur l'effet que peut avoir sur nous ce regard qui ne nous lâche pas, on peut se demander comment l'idéologie altère non pas seulement notre vision, mais aussi notre capacité de comprendre : *notre œil et notre moi.* Les systèmes idéologiques ne font pas que nous percevoir et nous donner la désagréable impression d'être sous le regard d'un spectateur perpétuel : ils réorientent fondamentalement le projecteur de notre perception, ils forment nos sensations et l'étendue de notre attention visuelle.

L'idée que l'idéologie puisse structurer notre conscience, et même notre conscience non politique, était implicite dans les derniers travaux de Frenkel-Brunswik, réalisés dans les années 1940 et au début des années 1950. Après les entretiens réalisés avec plusieurs centaines d'enfants, qui faisaient apparaître différents degrés d'intolérance, elle se demanda s'il était possible de mesurer la tendance de certains enfants à diviser le monde en catégories binaires sans se baser sur leurs propos et leurs réactions verbales. Peut-être l'évaluation directe de la perception sensorielle permettrait-elle de prédire l'étendue des préjugés d'un enfant ? Peut-être la méthodologie de l'entretien elle-même pourrait-elle être abandonnée au profit d'une évaluation cognitive de la manière dont les enfants déchiffrent des scènes visuelles et des scénarios non sociaux, comme les illusions d'optique ou les problèmes en plusieurs étapes ?

Frenkel-Brunswik conçut à cette fin une série d'expériences provisoires pour évaluer quantitativement si l'idéologie pouvait avoir des répercussions au-delà du champ des opinions et des croyances sociales. Avec des collègues, elle invita certains des enfants qui avaient été interviewés à revenir dans son laboratoire pour tester leur cognition et leur mémoire.

Les chercheurs donnèrent aux participants une première série d'exercices mathématiques dont la solution nécessitait l'emploi de méthodes longues et complexes, puis une seconde série de problèmes qui pouvaient être résolus par une approche plus simple. Les enfants pétris de préjugés continuèrent d'employer les méthodes compliquées utilisées pour résoudre les premiers exercices ; les autres réévaluèrent les problèmes et les résolurent rapidement et efficacement avec la nouvelle méthode. Il y avait une corrélation entre le niveau de rigidité présenté par les enfants dans ces exercices arithmétiques et celui qu'ils avaient déjà manifesté dans les entretiens portant sur les valeurs morales, les minorités ethniques et les rôles des deux sexes.

Des parallèles similaires entre préjugés sociaux et rigidité mentale furent observés après qu'on eut demandé aux enfants de retrouver leur chemin dans un labyrinthe ou sur une carte, ou de réaliser des tests de mémoire en écoutant une histoire dont ils devaient se rappeler ensuite les détails.

Une des histoires racontées pour un de ces tests était celle d'une école où de nouveaux élèves venaient d'être admis. Tous les personnages de l'histoire étaient des élèves de l'établissement. Un certain nombre d'informations étaient données sur chaque élève : son statut social, son appartenance ethnique et ses performances personnelles, en sport ou en musique, par exemple. Après qu'ils eurent entendu tout cela, les participants étaient priés de résumer ce dont ils se souvenaient et ce qu'ils pensaient des personnages : qui était bon et qui était méchant, en quelque sorte. « Nous pouvons voir cette histoire comme un fragment de réalité, expliquait Frenkel-Brunswik, et il sera intéressant de se demander par quels changements cette réalité peut passer dans la mémoire des enfants, et d'observer en particulier si des ambiguïtés ou de la complexité ont été éliminées[3]. » Quels étaient les détails dont se souviendraient les enfants ? Avec quel degré d'exactitude sauraient-ils paraphraser l'histoire ?

Les enfants libéraux avaient tendance à se rappeler de façon plus précise la part des traits désirables et indésirables : leurs souvenirs étaient plus fidèles à l'histoire que ceux des enfants illibéraux. Les enfants pétris de préjugés, quant à eux, avaient « tendance à déformer le contenu de l'histoire dans un sens négatif » et à souligner, voire inventer, des traits indésirables pour les personnages qui étaient issus de minorités ethniques. « Dans le souvenir des enfants pétris de préjugés, l'histoire est généralement plus simple et moins variée », constatait Frenkel-Brunswik[4].

Une analyse minutieuse des souvenirs des participants montra que les enfants qui avaient le plus de préjugés avaient tendance à « s'éloigner du contenu de l'histoire [...] à raconter des choses qui n'avaient presque aucun rapport avec le matériau présenté » ; ils avaient tendance en même temps à répéter à la lettre des « formules et des détails » de l'histoire qui leur avait été racontée. Ces enfants naviguaient entre deux pôles : d'un côté, ils négligeaient le stimulus placé devant eux au point de fabriquer des fictions ; de l'autre, ils s'accrochaient si fidèlement au stimulus qu'ils pouvaient singer le narrateur à la perfection. Interprétant ce mélange de déviation et de rigidité, Frenkel-Brunswik estimait que « ces deux patterns contribuaient à éviter l'incertitude, la première par détachement d'avec les réalités données, l'autre par fixation[5] ».

Frenkel-Brunswik se tourna ensuite vers la perception. Elle voulut voir de quelle façon les enfants évaluaient des spectres de couleurs ou des images de chats qui se muaient en chiens. Quels étaient ceux qui acceptaient des mélanges ambigus, et ceux qui s'accrochaient à leurs premières impressions et qui refusaient de changer d'interprétation ? Peut-être suffirait-il de regarder dans les yeux d'un enfant pour y détecter le lourd éclat de la rigidité, le germe du fondamentalisme ?

* * *

La professeure pose une carte sur la table devant l'enfant.

« Dis-moi s'il te plaît la couleur de cette carte. »

« Rouge ! »

L'enfant rougit timidement de satisfaction. C'était facile.

« Et de celle-là ? »

La carte que la professeure, impassible, pousse vers le visage de l'enfant est d'un bon magenta.

« Rouge aussi ! »

« Et celle-ci ? » La carte est d'un violet vif.

L'enfant hésite avant de répondre.

« Euh… rouge encore. »

« Tiens, en voilà une autre… » Là, on dirait de la confiture de prune.

« Violet, peut-être ? » Le point d'interrogation paraît résonner dans la pièce.

La professeure continue, toujours aussi volontaire, et présente une autre carte. « De quelle couleur est cette carte ? »

Un léger indigo est posé devant l'enfant.

« Violet. »

Mélangeant les cartes, la professeure passe à la dernière carte du paquet et la tient devant son visage. Sa tête disparaît derrière un carré bleu ciel. Elle veut voir avec quelle facilité un enfant peut passer d'une couleur à une autre, d'une catégorie de couleurs à une autre, et s'il est prêt à accepter les teintes ambiguës et changeantes. Quand est-ce que du rouge cesse d'être rouge et devient pourpre ? Certains s'adaptent très vite. Pour d'autres, avouer qu'une couleur ne correspond plus à la catégorie d'origine est une trahison. Admettre un changement, c'est comme admettre une défaite.

« Je dirais que ce n'est plus du tout pourpre. » Un clignement des yeux. « C'est définitivement bleu. »

* * *

Le pattern était là. « Préliminaire. » Mais l'hypothèse était aussi soutenue par les statistiques. Les enfants les plus pétris de préjugés avaient du mal avec les couleurs changeantes : ils préféraient les classifications claires et disaient que les ambiguïtés étaient invisibles et sans importance. Les enfants libéraux, eux, étaient sensibles aux teintes changeantes : ils renonçaient facilement à un premier jugement sensoriel et admettaient que les couleurs ne soient pas des catégories binaires, mais un spectre de teintes et de nuances. Même dans le domaine des couleurs pures, ils étaient à l'aise avec l'ambiguïté, toléraient les transitions entre les bandeaux de l'arc-en-ciel, laissaient les pigments se fondre les uns dans les autres. Les teintes n'ont pas besoin d'être classées nettement par degrés : elles peuvent coexister dans une ambiguïté heureuse.

La rigidité dans un domaine particulier se traduisait par d'autres rigidités ailleurs. L'esprit ségrégatif divisait toute chose en deux. La tendance à séparer socialement les minorités de la majorité se retrouvait dans une tendance à ségréguer aussi les couleurs de manière binaire. Qui découpe en tranches le monde perceptuel découpe tout aussi grossièrement le monde politique.

Pour Frenkel-Brunswik, la manière dont les enfants résolvaient cette ambiguïté perceptuelle était révélatrice de celle dont ils résolvaient l'ambiguïté interpersonnelle et politique. « C'est comme si n'importe quel stimulus, ou ce qui semble être "le" stimulus dans l'interprétation d'un individu, jouait le rôle d'une autorité à laquelle le sujet se sent obligé de se soumettre », observait-elle au sujet du comportement des participants pétris de préjugés. « Les situations qui semblent manquer de solidité sont apparemment aussi déconcertantes, étranges et dérangeantes que le serait un chef manquant de détermination. Le conflit intérieur étant aussi perturbant qu'il l'est pour ce groupe, ces enfants développent visiblement une tendance à nier ou refuser l'ambiguïté extérieure aussi longtemps que ce refus peut être maintenu[6]. »

Il s'agissait d'« expériences provisoires », écrivait Frenkel-Brunswik pour tempérer son enthousiasme : le nombre de participants n'était pas élevé, et la théorie n'était pas encore assez étoffée. Les données n'étaient pas suffisantes pour que l'on pût tirer des conclusions définitives. La précision et la rigueur étaient de la plus grande importance. Comme ces découvertes prometteuses. Si « préliminaires » et « épars » que fussent ses résultats, il s'agissait de dire au monde ce qui se passe dans un esprit pétri de préjugés. De montrer pourquoi le totalitarisme dirige non seulement nos croyances conscientes, mais aussi nos patterns inconscients.

L'héritage d'Else Frenkel-Brunswik

Tragiquement, ces premières expériences n'arrivèrent jamais à maturité. Alors qu'Else Frenkel-Brunswik commençait à recevoir une reconnaissance internationale pour son approche innovante, son mari Egon se donna la mort après avoir longtemps lutté contre une maladie douloureuse. Ce malheur mit fin à la production scientifique d'Else, qui se donna la mort à son tour, en 1958. Ses idées demeurèrent largement en sommeil. Ce qui en resta fut attribué à tort à des collègues et à des étudiants de sexe masculin, ou fut mal interprété.

Avant sa mort, l'esprit du projet de Frenkel-Brunswik donna lieu à un livre qui fit parler de lui, *Études sur la personnalité autoritaire*, publié en 1951. Frenkel-Brunswik fut considérée comme la coauteure du livre, au côté du célèbre philosophe Theodor Adorno. Si l'on regarde de plus près les idées et les méthodes qui y sont développées, il est clair que l'ouvrage s'enracine dans l'approche des différences individuelles de Frenkel-Brunswik. Adorno n'avait jamais réalisé d'étude quantitative sérieuse avant sa publication. Il se méfiait même de l'empirisme logique, la philosophie du Cercle de Vienne qui faisait de l'expérimentation le moyen de produire et de vérifier des connaissances. Else Frenkel, en revanche, plus de dix ans avant que le livre eût seulement été conçu, avait longuement fréquenté cette école de pensée.

Frenkel-Brunswik consacra toute sa carrière à l'étude de la personnalité, qu'Adorno n'évoque qu'à peine dans ses nombreux écrits. Pourquoi ne fut-elle pas reconnue davantage pour un projet sur lequel elle avait travaillé durant des dizaines d'années, et qu'aucun des autres auteurs des *Études sur la personnalité autoritaire* n'a poursuivi après elle ?

Si sa contribution a été historiquement sous-estimée et marginalisée, Frenkel-Brunswik a laissé une trace qu'il appartient aux futurs chercheurs de suivre. En découvrant son travail, en 2015, presque soixante ans après sa mort, j'ai trouvé des résonances avec mes propres recherches sur les caractéristiques cognitives de l'esprit idéologique. Et bien que nos travaux aient été menés à plus d'un demi-siècle d'écart, dans un climat politique totalement différent, la convergence de nos intérêts est manifeste : il s'agit pour moi comme il s'est agi pour elle de décoder les marqueurs inconscients de la pensée dogmatique. Et j'ai utilisé les méthodologies rigoureuses des sciences cognitives et cérébrales en m'inspirant des travaux pionniers de Frenkel-Brunswik juste au moment où l'Europe qu'elle avait quittée pour les raisons que l'on sait était emportée par une nouvelle vague d'ethnocentrisme et de xénophobie.

Chapitre 11
L'esprit rigide

Appuyez s.v.p. sur la touche ENTER quand vous serez prêt.

Heureux de vous revoir ! J'espère que ces jeux vous amusent. Pour votre prochain défi, vous allez voir apparaître sur l'écran l'image d'un objet, un trombone à papier, par exemple. Vous aurez 2 minutes pour lui trouver le plus grand nombre d'utilisations possibles. Ces utilisations peuvent être conventionnelles ou non conventionnelles, banales ou originales.

Pour le trombone à papier, les usages auxquels vous pourriez penser sont par exemple : tenir des pages ensemble ; attacher des cheveux ; réinitialiser un smart-phone ; se curer les dents ; l'accrocher à d'autres trom-bones pour faire un bracelet ; fabriquer un mini-cadran solaire ; décoincer un cadenas récalcitrant ; le plier et le lier à d'autres et faire une petite échelle pour une souris, etc.

Vos trouvailles peuvent être aussi simples ou compliquées que le permet votre imagination. Tant que votre solution est réalisable fonctionnellement ou théoriquement, elle est valable.

C'est à vous de jouer maintenant. Prêt ?

Vous avez 2 minutes pour trouver autant d'utilisations que possible à une... BRIQUE.

Vous écrivez :
Construire une maison.
Construire une cheminée.
Construire une école.
Construire une prison avec un mirador.
Construire un château pour une princesse captive.
Casser une fenêtre.
Bloquer une porte.
L'utiliser :
comme presse-papiers ;
pour moudre du café ;
pour nourrir un monstre mangeur de briques ;
pour écraser une grosse araignée…
BIP !
Le temps est écoulé.

Peut-être avez-vous le sentiment d'avoir bien travaillé ou d'être passé à côté, un peu surpris par les chemins empruntés par votre esprit pour trouver ces solutions. Vous vous demandez peut-être quelles sont les idées que vous avez omises ou ce que votre esprit aurait pu inventer si vous aviez eu un peu plus de temps, et s'il y avait eu moins d'interférences extérieures.

Le test des utilisations alternatives

Ce jeu s'appelle le test des utilisations alternatives. C'est un outil classique pour évaluer la créativité et mesurer l'aptitude d'un individu à produire des idées créatives. Si le test d'assortiment de cartes du Wisconsin est conçu pour évaluer la flexibilité *réactive* – l'adaptation aux changements du monde extérieur –, le test des utilisations alternatives est fait pour mesurer la flexibilité *générative.* La flexibilité générative rend compte de la souplesse avec laquelle un individu peut penser dans sa tête, en visualisant différentes idées et scénarios fabriqués spontanément à partir de quelques stimuli extérieurs. Le test des utilisations alternatives permet de quantifier les recherches que fait l'individu dans les réseaux sémantiques de concepts et d'associations qui lui sont propres, de mesurer la rapidité et la malléabilité avec lesquelles il envisage et sélectionne des solutions et des possibilités, et sa capacité de penser hors des cadres.

Chez certains individus, un flot d'idées semble couler des doigts pour envahir l'écran. Chez d'autres, le processus génératif est plus lent et moins prolifique : une pluie éparse plutôt qu'une grosse averse.

Pour transformer des réponses qualitatives à caractère textuel, qui sont quelquefois aléatoires ou décousues, en données quantitatives, les scientifiques commencent par compter le nombre d'idées raisonnables trouvées dans le délai imparti. Cela indique la *fluence* du participant. La fluence dit avec quelle aisance et quelle rapidité un individu produit des idées viables. Elle mesure avec quelle célérité il fouille dans sa mémoire et ses réseaux conceptuels pour produire une multitude de solutions appropriées. Fluence = moult idées.

Les scientifiques mesurent aussi les capacités d'*élaboration*, c'est-à-dire les aptitudes à produire des idées riches et complexes. Avez-vous tendance à donner des réponses parlantes et détaillées – « construire un château pour une princesse captive » – ou à vous en tenir aux fondamentaux : « construire quelque chose » ? Élaboration = idées claires, descriptives et particulièrement expressives.

Les chercheurs peuvent aussi essayer d'évaluer votre *originalité*, d'estimer le degré de rareté et d'exceptionnalité de vos idées. Si vous avez tendance à penser en dehors des cadres, si vous avez des idées que peu de gens sont capables de concevoir, on dira que vous êtes un penseur original. Si vous pensez surtout à bâtir des murs et des maisons, cela veut dire que vous avez tendance à rester dans les clous. Originalité = idées inhabituelles et peu communes.

Il est enfin possible, et c'est cela surtout qui m'intéresse, de quantifier la *flexibilité* d'un individu. Elle se mesure au nombre d'usages différents qu'un individu est capable de produire pour un objet donné. Quelqu'un de très flexible proposera un grand nombre de solutions ayant diverses fonctions : une brique pourra servir à construire, à jardiner, à nourrir des monstres, à casser des vitres, etc. Les idées d'un individu moins flexible seront plus limitées : il pourra penser à *construire* plusieurs choses avec des briques – une maison, une prison, un château –, mais n'imaginera pas d'autres usages possibles, comme bloquer une porte ou moudre du café. L'individu inflexible a du mal à envisager la multiplicité des fonctions d'un même objet. Pour le penseur flexible, en revanche, rien ni personne ne se limite à son rôle le plus courant. Flexibilité = capacité d'imaginer diverses fonctions.

Après avoir invité des milliers de participants à faire cet exercice de créativité[1] et recruté une armée d'assistants de recherche dynamiques pour analyser leurs résultats, j'ai constaté que la flexibilité mentale était liée tout à la fois à une opposition au dogmatisme et à une certaine humilité intellectuelle. Plus les participants répondaient de façon flexible au test des utilisations alternatives, plus ils étaient ouverts aux points de vue alternatifs, et plus ils avaient tendance à actualiser leurs opinions et leurs croyances à la lumière de preuves fiables. Plus ils étaient cognitivement rigides, plus ils l'étaient aussi idéologiquement. La corrélation était vraie indépendamment de l'âge, du sexe et du parcours scolaire. Elle valait pour les jeunes comme pour les vieux, pour ceux qui avaient fait des études supérieures et pour ceux qui avaient moins bien réussi à l'école, indépendamment des caractéristiques démographiques.

Et surtout, parmi toutes les données quantitatives que nous avons pu extraire du test des utilisations alternatives, la flexibilité était le seul indicateur significatif du dogmatisme : la fluence, l'élaboration et l'originalité n'étaient pas des indicateurs significatifs de l'humilité intellectuelle. Il y a quelque chose de propre à la flexibilité qui touche la manière de penser. Même quand on ne tient statistiquement pas compte de l'intelligence, la flexibilité cognitive reste un indicateur significatif de l'humilité intellectuelle. Même chez l'individu le moins intelligent, la flexibilité mentale montre qu'il est réceptif à la preuve et à l'altérité.

Créativité et flexibilité cognitive

Pourquoi l'adaptabilité de notre esprit – notre flexibilité réactive et générative – est-elle si importante ?

Parce que trouver des possibilités de créativité dans une boîte, une brique ou un trombone, c'est aller au-delà des apparences immédiates. Rompre les habitudes. Briser des essences figées pour en révéler l'instabilité et la fluidité. Transmuer l'invisible, l'inconcevable, l'inobservable et l'inobservé en quelque chose de visible, de possible, de neuf. Quand nous sommes flexibles, nous transitionnons aisément ; sans nous encombrer d'*êtres* statiques, nous privilégions des *devenirs* toujours changeants.

Notre imagination créative est liée à notre imagination idéologique. Un individu doué d'une imagination flexible sera probablement tout aussi flexible dans l'évaluation d'affirmations idéologiques. À imagination rigide, idéologie rigide. « Ce qu'il y a de commun dans l'art et la morale, c'est que nous avons, dans les deux cas, création et invention [...] A-t-on jamais reproché à un artiste qui fait un tableau de ne pas s'inspirer de règles établies *a priori* ? Lui a-t-on jamais dit quel est le tableau qu'il devait faire[2] ? », s'interrogeait Jean-Paul Sartre dans sa célèbre conférence de 1945 intitulée « L'existentialisme est un humanisme ». La capacité cognitive de s'écarter de la norme sous-tend les expériences avant-gardistes de l'artiste aussi bien que le refus du dogme et de l'orthodoxie du penseur non idéologique.

Nos pensées sont regroupées par associations. Les concepts ou les objets qui se coprésentent fréquemment finissent par former d'étroites connexions : l'activation de l'image d'une brique conduira le plus souvent à des images de briques mises ensemble pour construire un mur ou une maison. Pour que nos pensées aillent dans une tout autre direction, se posent sur un tout autre plan, et imaginent de tout autres usages pour une brique – l'émietter, monter dessus pour se grandir, s'en servir pour moudre du poivre ou écraser de l'ail –, il nous faut changer de cadres mentaux, de modes de pensée ; donner libre cours à nos associations ; tenir l'objet dans notre esprit, le faire tourner sur lui-même et le laisser prendre différentes formes, textures, contours et configurations, jusqu'à ce qu'il se métamorphose. C'est toute la beauté du test des utilisations alternatives. Il rend compte de notre aptitude à changer, transformer, transmuer une chose en une autre.

Cette capacité n'est pas prisée ni appréciée par tous. Il existe une histoire macabre et raciste de la recherche des liens entre la flexibilité perceptuelle et l'idéologie. Dans les années 1930, le psychologue nazi Erich Rudolf Jaensch inventa une typologie de la personnalité qui classait les personnes en fonction de divers types de perception : certains individus étaient dotés des qualités qui en faisaient l'Allemand nazi idéal, d'autres possédaient les caractéristiques qui en faisaient une menace pour le régime[3]. Pour Jaensch, le « type-J » était un individu dont les expériences perceptuelles étaient solides, définitives, mécaniques, « intégrées » et sans ambiguïté : leurs associations se regroupaient de façon prévisible. Le type-J faisait un membre du parti nazi fiable : en plus d'avoir des ancêtres aryens, il était rigide, agressif et viril. Mais Jaensch posait en face l'existence d'un type-S : c'était un individu enclin à la cinesthésie, dont les tendances sensorielles étaient lâches, fragmentaires, contaminées par les émotions, « libérales » au sens du mot qu'abhorraient Jaensch et les nazis. Le « type-S » avait tendance à être individualiste et excentrique. Selon Jaensch, il avait généralement des origines juives ou racialement mêlées. En plus d'être probablement communiste, il était aussi « parisien » ou d'origine asiatique[4]. La flexibilité psychologique était un vice, l'étroitesse perceptive était une vertu.

La science de Jaensch n'était pas seulement abominablement raciste : la méthode qu'il utilisait était aussi totalement défectueuse (comme l'a toujours été l'essentiel de la « science » racialiste). Else Frenkel-Brunswik avait observé en son temps que « la technique de l'échantillon et la signification et la validité statistiques des travaux de Jaensch sont des plus exécrables et ne soutiennent pas même le plus petit examen[5] ». Cet exemple doit cependant nous rappeler que la recherche scientifique n'est pas immunisée contre le moralisme. Le fait de valoriser un esprit flexible ou un esprit inflexible – qui tolère les ambiguïtés ou qui veut les éliminer – témoigne du désir d'un monde pluriel et changeant ou d'un monde homogène et figé.

La rigidité érige des barrières mentales, des murailles difficiles à franchir. Ces frontières mentales permettent de mobiliser des individus pour construire des frontières réelles, par exemple géographiques. L'aptitude à l'abstraction et aux associations insolites importe beaucoup, car l'inflexibilité mentale façonne des opinions politiques concrètes et des choix électoraux. Grâce à toute une série d'études réalisées aux États-Unis et en Grande-Bretagne, j'ai constaté que la rigidité cognitive n'influençait pas seulement notre monde intérieur, mais aussi la réalité politique extérieure.

L'idéologie nationaliste et le cas du Brexit

Si nous échangions pour un moment nos rôles, et que vous me faisiez asseoir sur une petite chaise grise pour me dire que vous n'avez qu'une question très simple à me poser – d'où venez-vous ? –, je me sentirais très vite en proie à un malaise. L'effort fait pour le réprimer me ferait retrousser les lèvres, froncer le nez et pincer les joues pour que rien ne trahisse incidemment ma pensée ou mes émotions ; peut-être aussi mon regard se détournerait-il de vous, mon cou se raidirait-il ou hocherais-je la tête, embarrassée. Mon corps refuserait la question. Je n'aurais pas de réponse à vous donner. Je ne viens pas de nulle part. L'histoire de mon identité ne se raconte pas en quelques mots. Cela vaut pour beaucoup de gens qui vivent dans des sociétés mobiles et multiculturelles. Je ne porte aucun drapeau, et mon accent ne dit pas grand-chose de mes ancêtres. Je vis dans un endroit qui n'est pas celui où je suis née et dans un pays qui n'est pas celui où mes parents ont grandi, lequel n'était pas la contrée désormais oubliée où mes grands-parents avaient eux-mêmes vu le jour et prononcé leurs premiers mots. Mes grands-parents ont été élevés dans une langue, mes parents ont apprivoisé l'argot d'une autre, et j'ai appris quant à moi la grammaire et les nuances d'idiomes encore tout autres. Nous sommes tous devenus adultes dans des continents différents, avons eu le cœur brisé sous des cieux différents, contemplé des mers différentes et murmuré nos malheurs et nos secrets dans des langues différentes.

Je suis une « citoyenne du monde ».

Mais pour beaucoup de gens, être citoyen du monde, c'est être « citoyen de nulle part[6] », comme le déclara un jour l'ex-Première ministre britannique Theresa May, une des principales administratrices de la sortie du Royaume-Uni de l'Union européenne.

Lors du référendum pour ou contre le Brexit, en 2016, et à d'autres moments avant et après, des dirigeants politiques demandèrent aux électeurs comment ils aimeraient redessiner les frontières. La question est extrêmement personnelle. Elle touche à la manière dont une identité privée est extériorisée, dont des rigidités peuvent s'inscrire sur un atlas géopolitique.

Ce qu'il y eut d'exceptionnel dans le Brexit, c'est qu'il ne correspondait pas à la carte des partis politiques traditionnels. Ce fut un cas, sans précédent, où l'affiliation au parti ou la position des élites ne permit pas clairement aux électeurs de savoir comment orienter leur vote. Les grands partis politiques du Royaume-Uni donnèrent peu d'orientations cohérentes. Chacun dut décider par soi-même, sans avoir beaucoup de repères pour guider sa décision. Faute de chemins idéologiques préétablis, c'était une occasion idéale pour étudier les positions idéologiques authentiques des individus, ou du moins pour observer comment, privés de l'appui d'identités passées, ils traiteraient les débats qui les entouraient.

Le Brexit ne fut pas l'incarnation de la prudence précautionneuse du conservatisme : il mit fin au statu quo et nécessita un changement complet. Mais il annonça aussi le retour nostalgique à un passé fantasmé, un refus du multiculturalisme et de la mobilité. La sortie du Royaume-Uni de l'Union européenne fut un mouvement simultané de régression et de transformation.

Cette mutation ne ressembla pas non plus à l'esprit révolutionnaire du progrès parfois chéri par la gauche. Et pourtant, certains, à gauche, y virent l'occasion d'une rébellion, d'une révolte contre la bureaucratie, l'inefficacité, le contrôle et la centralisation d'une Union européenne jugée trop éloignée du citoyen ordinaire. Objet de multiples interprétations quant à son sens et à ses conséquences, l'événement politique du Brexit donna un axe nouveau à toute la politique britannique.

Perdus dans le flot de l'information et de la désinformation, les citoyens n'eurent plus de repères pour distinguer la vérité du mensonge, des statistiques biaisées et des affirmations malhonnêtes. Chacun dut décider par soi-même s'il se sentait des affinités avec l'idée de frontières bien définies – *souveraineté ! contrôle ! britannicité !* – ou avec celle de frontières mal définies susceptibles d'être librement franchies et bougées. *Qui a envie de jouer ?*

Une Grande-Bretagne fermée serait plus grande, crièrent haut et fort de nombreux dirigeants, et leur slogan en deux mots – « *Vote Leave* » – avait quelque chose d'amusant, de rebelle et de sexy. Il donnait un coup de vieux et d'ennui au poussif « Pour une Grande-Bretagne plus forte en Europe ». « *Vote Leave* » était presque une onomatopée : une allitération symétrique, au fricatif sonore, qui obligeait le locuteur à mordre légèrement sa lèvre inférieure quand il la prononçait. Et qui donnait une impression de séparation et de rupture, de blessure volontaire, de retrait périlleux, de suspense haletant.

Le nationalisme est généralement associé à la droite plus qu'à la gauche. Mais cela n'est ni inévitable ni universellement vrai. L'attachement nationaliste est en principe distinct de l'idéologie politique. Si le nationalisme tend à privilégier les perceptions de supériorité nationale, l'idéalisation de la nation et sa domination dans l'histoire, les partis politiques se rassemblent généralement autour de multiples questions. L'opposition axiale entre le conservatisme et le libéralisme recouvre des sujets aussi éclectiques et décorrélés que la politique économique, l'éducation, la protection de l'environnement, la place de la religion, les droits civiques. Les positions et les programmes politiques des partis politiques d'un pays dépendent de l'histoire culturelle, de la pluralité électorale et des inégalités économiques de celui-ci.

Le nationalisme incarne la pureté. Toute mythologie nationale repose sur des luttes d'indépendance. Sur le besoin de séparer un « nous » d'un « eux ». « Qu'est-ce qu'aimer son pays ? » demande un personnage du roman d'Ursula K. Le Guin, *La Main gauche de la nuit* : « C'est haïr ce qui n'est pas son pays[7]. »

Toute idéologie nationaliste recèle en son sein des règles et des catégories tranchées quant à ce qui fait et ne fait pas partie de la nation et de la culture nationale. En 2016, j'ai vu dans le vote du Royaume-Uni pour quitter l'Union européenne l'occasion d'examiner si la conception étroite de l'identité nationale était liée à la rigidité cognitive. J'ai fait l'hypothèse que la pensée nationaliste pouvait être un cas particulier d'une tendance générale à traiter et catégoriser les informations de manière rigide et inflexible, et que le degré de flexibilité cognitive des individus pouvait être un bon indicateur du soutien pour le « *Leave* » ou pour le « *Remain* »[8].

À la suite d'une étude faite après le vote du Brexit auprès de centaines de Britanniques, j'ai observé que la rigidité cognitive des individus était un bon indicateur de leurs croyances nationalistes, et que plus un individu était rigide sur le plan cognitif, plus il avait eu tendance à voter pour le « *Leave* ». Plus il avait tendance, aussi, à être d'accord avec l'affirmation suivante : « Un citoyen du monde est un citoyen de nulle part. » Il était également davantage enclin à penser que la citoyenneté nationale est une catégorie inébranlable, et qu'il faut mettre des frontières fortes entre les États. *Ne rien laisser entrer.*

L'expérience me permit d'observer que le degré d'adaptabilité du cerveau au changement et le degré de rigidité des frontières internes que le cerveau construit entre les représentations conceptuelles étaient liés au désir de l'individu d'imposer des frontières aux entités nationales et de vivre dans un environnement culturel plus homogène. Le style cognitif de l'individu était l'écho de son style idéologique.

La rigidité mentale était liée aussi à la rigidité avec laquelle les individus concevaient le rôle du gouvernement. Quand on leur demandait de dire s'ils étaient plus ou moins d'accord avec l'idée selon laquelle « le gouvernement du Royaume-Uni a le droit de rester dans l'Union européenne s'il est trop coûteux [d'en partir] », les participants cognitivement rigides refusaient tout compromis : le gouvernement devait tout faire pour quitter l'Union. Du point de vue du penseur rigide, il fallait que le gouvernement soit pieds et poings liés par le référendum, même si cela impliquait qu'il abdique toute responsabilité en matière de gouvernance éthique et efficace. Aucun prix n'était trop élevé.

La relation entre la rigidité idéologique manifestée dans le cadre du Brexit et la rigidité cognitive manifestée dans des tâches comportementales comme le test d'assortiment de cartes du Wisconsin persistait même en tenant compte statistiquement de l'âge, du sexe et du parcours scolaire. Cela montre que les styles de traitement de l'information linguistique et perceptuelle sont souvent valables aussi pour l'information politique. L'esprit rigide se montre inflexible aussi bien dans les jeux sensoriels que dans les actes d'imagination et dans les convictions relatives au bien et au mal.

Cela soulève un certain nombre de questions sur les affinités de l'esprit rigide avec la gauche et la droite. Le Démocrate pur et dur et le Républicain obstiné, pour reprendre l'opposition bipartisane des États-Unis, auraient-ils cognitivement plus de ressemblances que de différences ?

La rigidité est-elle de droite ?

Depuis les premiers jours de la psychologie politique, on présuppose que la droite est naturellement rigide[9].

Les idéologies de droite tendent à renforcer les traditions et les hiérarchies, et à résister au changement ; les idéologues de droite ont tendance à être rigides, en politique mais aussi en général. Dans leurs *Études sur la personnalité autoritaire*, Else Frenkel-Brunswik et Theodor Adorno suggéraient que l'inflexibilité était un phénomène qui donnait uniquement naissance à des élans conservateurs et à la xénophobie de droite. Les psychologues sociaux et les psychologues de la personnalité s'attelèrent à la tâche de prouver la réalité de cette rigidité droitière en testant les différences individuelles de rigidité au moyen de leur outil favori : le questionnaire d'auto-évaluation.

Mais cette approche superficielle péchait par optimisme. Le problème du questionnaire d'auto-évaluation est que les individus qui y répondent peuvent manquer de recul et de clairvoyance, et croire qu'ils sont plus ou moins rigides (ou flexibles) qu'ils ne le sont en réalité. Ils peuvent aussi modifier leurs réponses en fonction de ce qu'ils jugent le plus socialement acceptable. Dans les milieux de droite, qui prônent des valeurs de stase et de stabilité, on peut être incité à ne pas exprimer sincèrement sa flexibilité. Dans les milieux de gauche, qui prônent le changement et le renversement des conventions, on peut ne pas vouloir admettre sa rigidité et son goût de la routine[10]. Demander à des individus d'évaluer leur propre rigidité ou flexibilité cognitive va donc tendre à produire des réponses qui, loin d'exprimer un style cognitif authentique, ne vont que renforcer les représentations sociales existantes. C'est pourquoi les approches cognitives et comportementales qui mesurent les traits cognitifs de manière objective et inconsciente sont d'une grande importance si l'on veut parvenir à des conclusions fiables[11].

Le même problème se pose quand on mesure l'adhésion à une idéologie. La manière dont une personne rend compte de son attachement idéologique est grevée de biais et de limites. S'identifier à un « camp » politique nous dit peu de chose des préférences politiques d'un individu – à supposer qu'il ait des préférences politiques claires – ou de son degré d'extrémisme idéologique. Cette complexité de la mesure a conduit certains penseurs à poser que l'on ne pourrait jamais mesurer l'idéologie chez un individu. Antonio Gramsci doutait que l'idéologie pût être autre chose qu'un phénomène collectif et inconscient : « Il est évidemment impossible d'établir une "statistique" des modes de pensée et des opinions individuelles[12] », peut-on lire dans ses *Carnets de prison*. Plus méthodiquement, le politologue Philip Converse estimait quant à lui que « les systèmes de croyance ne se sont jamais soumis aisément à l'étude empirique ou à la quantification. Ils ont souvent servi de preuves à l'appui de l'idée que ce qu'il vaut la peine d'étudier ne peut pas être mesuré et que ce qui peut être mesuré ne vaut pas la peine d'être étudié[13] ».

Mesurer l'individualisme d'un individu soulève des difficultés que le scientifique essaie de comprendre par l'analyse empirique. Qu'un individu se dise libéral peut donner lieu à deux interprétations. La première est une sorte d'ouverture d'esprit, d'orientation scientifique, de réceptivité à la preuve, de respect de la pluralité et des libertés individuelles. Ce mode de libéralisme est hostile à l'idéologie sous toutes ses formes. La seconde interprétation assimile le libéralisme à une pensée et une vision de gauche, qui, conformément à la tradition, défendent la diversité et les libertés individuelles, mais prônent aussi des mesures de redistribution des richesses, de soutien aux groupes défavorisés et marginalisés, de renforcement de l'État pour aider les citoyens et organiser la vie sociale sur une base égalitaire.

Ce libéralisme de gauche varie selon les pays, les partis et les époques. Cela est manifeste en Amérique latine, où de nombreux gouvernements ont appliqué des politiques de gauche tout en ayant de tout autres positions sur le rôle des services publics, les nationalisations ou l'ouverture au marché[14]. Les causes « de gauche » ont été quelquefois épousées par des partis « de droite » dans certaines échéances électorales, ou été exprimées avec d'autres mots et sur un autre ton. Si les partis « de gauche » cherchent souvent à accroître les dépenses publiques, et les partis « de droite » à prôner l'austérité budgétaire, c'est en réalité l'inverse qui s'est produit dans un grand nombre d'anciens pays communistes européens entre 1989 et 2004, quand ils passèrent du socialisme à la démocratie : les partis de gauche ont eu tendance à privilégier la réduction des dépenses publiques en matière d'éducation et de santé, et les partis de droite à céder au souhait des électeurs d'une plus grande intervention de l'État et de mesures sociales plus ambitieuses[15]. Les forces qui poussent les électeurs vers certains programmes et vers certaines politiques, et les éloignent d'autres, sont en réalité extrêmement liées au lieu, au moment et aux personnes.

Il a ainsi été montré que les traits psychologiques qui incitaient un individu à adopter des idées de droite dans des démocraties occidentales pouvaient l'amener à adopter des idées de gauche dans d'anciens pays communistes[16]. Le contexte compte. Le statu quo n'est pas statique. Le lien entre personnalité et politique dépend des circonstances. En Europe et aux États-Unis, une personnalité marquée par un besoin d'habitude et de structure tend à pousser l'individu vers les traditions de droite ; mais le même besoin d'habitude peut rendre les idéologies collectivistes de gauche plus attrayantes là où des régimes autoritaires de gauche étaient auparavant en place, comme dans les anciennes républiques socialistes soviétiques ou dans certains pays d'Amérique latine.

Nombre de libéraux incarnent les deux interprétations : ouverts d'esprit, tournés vers la science, ils sont aussi d'ardents partisans des causes de gauche ; mais il y a aussi des libéraux autoproclamés qui sont d'un seul tenant. Il y a des illibéraux de gauche, intolérants et dogmatiques, qui sont prêts à recourir à la violence au nom de leur cause. Ils peuvent devenir des extrémistes de gauche : passionnément obsédés par leur doctrine rigide et leur identité rigide. Mais si l'on définit le libéralisme comme une ouverture au débat et à la preuve, parler d'« extrémisme libéral » est un oxymore : la pensée pluraliste, qui repose sur la production de preuves, est l'antithèse de la pensée extrémiste.

Les problèmes de mesure et de définition se compliquent encore du fait que, lorsque des psychologues essaient de mesurer l'idéologie politique d'un individu, la méthode la plus utilisée est de lui demander de se placer lui-même sur une échelle allant d'« extrêmement libéral » à « extrêmement conservateur », en passant par « libéral »,

« un peu libéral », « un peu conservateur » et « conservateur ». Or le sens donné par chacun aux mots « conservateur » et « libéral » varie considérablement. Un individu partisan du libéralisme dans le premier sens du mot peut se dire « extrêmement libéral » pour montrer la force de son attachement au débat et à la pensée pluraliste et scientifique, et son opposition à la rigidité des groupes identitaires. Mais un idéologue de gauche qui exprime de fortes intolérances peut lui aussi se dire « extrêmement libéral ». Cette même étiquette peut donc être attribuée à des personnalités en réalité opposées. Il faut par conséquent analyser avec précaution la recherche empirique qui compare des conservateurs et des libéraux autoproclamés : il y a dans et entre ces groupes de multiples axes de différence. Contenu et style idéologiques peuvent s'y mêler au point de se confondre. Quand la recherche s'appuie sur des étiquettes idéologiques, elle a souvent plus de choses à nous dire sur les idéologies conservatrices que sur les philosophies libérales ou les idéologies de gauche, car la catégorie « libérale » peut englober des notions et conceptions très variées de la tolérance et de l'intolérance.

Le test de la fusion identitaire

Pour démêler ces fils et tester en toute rigueur la relation entre la rigidité cognitive et les identités partisanes, des innovations sont nécessaires en matière de mesure. C'est la raison pour laquelle j'ai adapté une méthode qui consiste à évaluer le degré de *fusion identitaire* des individus[17]. J'invite pour ce faire des participants à dessiner un grand cercle et à lui donner le nom de leur groupe politique favori ou de celui qu'ils jugent le moins inacceptable. Un libéral états-unien pourrait l'appeler le « Parti démocrate ». À quelques centimètres à gauche du grand cercle, il y a un cercle plus petit marqué « Moi ». Je demande aux participants de déplacer ce petit « Moi » vers le grand cercle du parti en choisissant la position qui leur paraît la plus juste, c'est-à-dire celle qui rend le mieux compte du rapport entre leur identité personnelle et leur identité collective.

Si c'était vous, que feriez-vous ? Où placeriez-vous votre « Moi » par rapport au grand cercle de votre préférence partisane ? Les deux cercles se toucheraient-ils ? Se superposeraient-ils ? Mettriez-vous le petit cercle privé à l'intérieur du grand cercle public ? L'individu se laisserait-il engloutir par le collectif ; les deux identités fusionneraient-elles entièrement ?

Grâce à cette mesure visuelle de la fusion identitaire[18], on peut voir à quel point l'identité personnelle d'un individu peut se fondre dans le collectif. Certains sont complètement dedans : rien ne sort du cercle du groupe, pas même un doigt ou une mèche de cheveux. Chez d'autres, l'identité personnelle chevauche un peu l'identité politique, mais pas trop. D'autres encore ont placé le petit cercle du « Moi » très loin du cercle du groupe. Maximisant la distance. Aucun chevauchement.

Dans une étude faite aux États-Unis en 2016, j'ai demandé à sept cents personnes de faire à deux reprises ce test de fusion[19]. Une fois pour le Parti démocrate, une autre pour le Parti républicain. J'ai soustrait ensuite la fusion identitaire de leur parti abhorré de la fusion identitaire de leur parti préféré. J'ai pu alors tracer un spectre partisan allant de l'extrême gauche à l'extrême droite, sans demander aux participants de s'identifier à une étiquette politique et sans avoir besoin de les diviser en deux groupes. Le continuum commençait avec les partisans de la gauche extrême, passait par les indépendants et les modérés, et se terminait par les partisans de la droite extrême. Il n'y avait de forte identité partisane que pour les participants de la gauche et de la droite. Chez les non-partisans, la fusion identitaire absolue était proche de zéro, sans préférence marquée d'aucune sorte.

J'ai ensuite soumis les participants à des tests neuropsychologiques de flexibilité mentale. J'ai observé que ceux qui étaient au milieu de mon spectre les réussissaient mieux que ceux qui étaient aux extrémités.

J'ai placé la flexibilité cognitive des participants sur l'axe partisan, chacun étant représenté par un point de données, un point sur le graphique. Les points des centaines de participants dessinaient une parabole en forme d'arc-en-ciel. Au lieu de la trajectoire linéaire présumée que suggérait une rigidité à droite, c'est une rigidité aux extrêmes qui se dessinait. Les partisans de la gauche la plus extrême avaient une faible flexibilité cognitive par rapport aux non-partisans, cognitivement les plus flexibles, qui étaient au sommet de l'arc. En continuant vers la droite à partir des non-partisans, la flexibilité cognitive chutait de nouveau chez les partisans de l'extrême droite. Ils faisaient montre d'une flexibilité mentale diminuée à différents exercices linguistiques et à des tests de mesure de l'adaptabilité de la perception visuelle.

Sur le plan cognitif, l'extrême droite et l'extrême gauche étaient tout à fait similaires. Les deux extrêmes avaient du mal à s'adapter, à inventer, à changer de schémas mentaux, même dans des situations neutres et non politiques. Cet effet de rigidité aux extrêmes rappelle de vieilles théories politiques : l'idée que l'extrême gauche et l'extrême droite ont une même intolérance et une même rigidité ; que le continuum allant de la gauche à la droite n'est pas linéaire mais incurvé ; que le fascisme et le communisme finissent par se rejoindre sur les bords.

Du point de vue de l'individu, ces résultats suggèrent que la flexibilité cognitive, quand elle est élevée, est possiblement une barrière protectrice contre toutes sortes d'extrémismes, de droite ou de gauche. De prime abord, il semble que l'on puisse conclure que l'hypothèse de la rigidité aux extrêmes l'emporte, et que celle de la rigidité à droite est destinée à l'histoire. *Pas si vite.* Quand on observe plus attentivement la courbe en arc-en-ciel, on voit que son pic n'est pas aligné précisément sur le point central du continuum droite-gauche : il est légèrement décalé sur la gauche, si bien que les individus les plus flexibles sont les non-partisans penchant de ce côté. La rigidité aux extrêmes pourrait donc être non pas contraire mais compatible avec l'hypothèse de la rigidité à droite. Psychologiquement, les individus les plus inflexibles sont les partisans extrêmes, indépendamment de leurs préférences. Mais les individus les plus flexibles sont des non-partisans qui soutiennent plutôt la gauche, même s'ils évitent de trop attacher leurs identités à un parti politique établi.

Dans des études postérieures, j'ai observé que la rigidité cognitive n'était pas seulement un indicateur de l'extrémisme idéologique en relation avec les identités sociales, mais aussi un indicateur des intentions comportementales extrêmes. Quand on examine les actes les plus extrêmes, la disposition à faire du mal, à tuer ou à être tué au nom d'un groupe idéologisé, un message encore plus dérangeant se dégage des résultats. Présage de conclusions encore plus sombres.

Le dilemme du tramway

Vous êtes sur un pont où passe une voie ferrée.

Un tramway fonce à pleine vitesse sur cinq personnes, cinq individus de votre quartier, ou simplement de votre pays. Vous comprenez que, sans votre intervention, ces innocents vont être tués. Vous avez deux possibilités : les laisser mourir écrasés sous les roues ou sauter devant le tramway pour les sauver en sacrifiant votre vie.

C'est une variante du fameux dilemme philosophique du tramway[20].

Le compte à rebours est lancé, le temps est compté, chaque seconde qui passe vous rapproche d'une issue fatale. Il faut choisir. Qu'allez-vous faire ? Sacrifier votre vie et sauver cinq personnes ? Ou les sacrifier et vous sauver vous-même ? Choisir la vie ou la mort ? La sûreté personnelle ou le martyre idéologique ?

C'est fini. Vous avez choisi.

Quoi ?

Vous seul le savez (et moi).

Et je vais donc vous poser maintenant une question : *Êtes-vous sûr de votre décision ? Sur une échelle allant de 0 à 100, où situeriez-vous la certitude que vous agiriez comme vous le dites ?*

Un millier de personnes ont répondu pour moi à ce dilemme[21]. Et m'ont donné un millier de réponses et de degrés de certitude différents. J'ai observé que les individus enclins au sacrifice de soi – qui sont plus disposés à mourir pour leur groupe – montraient une rigidité cognitive plus grande dans les tests de flexibilité réactive et générative. J'ai observé aussi que la rigidité cognitive se prêtait à des choix extrêmes comme le martyre, et que la flexibilité cognitive protégeait contre les penchants au sacrifice de soi. Mais ce n'est pas tout. Plus un individu était certain de sa décision de se sacrifier, plus sa rigidité cognitive était grande. À l'inverse, la certitude de la préservation de soi n'était pas liée à l'inflexibilité. La conviction de se sacrifier – que certains appellent martyre et d'autres altruisme – est particulièrement liée à la rigidité cognitive.

Avec ce dilemme moral, je peux dessiner les contours de vos sympathies personnelles et idéologiques, dire où commencent et où finissent les sphères morales de l'appartenance, où les frontières se précisent et se brouillent. Pour qui ou pour quoi vaut-il la peine de mourir ? Qu'est-ce qu'il y a de sacré à vos yeux ? Et pourquoi donc est-ce sacré ?

La violence contre soi-même, dans ce contexte, est ambiguë : elle peut exprimer des visions du monde tout à fait différentes. Témoigne-t-elle d'une approche utilitaire qui estime que cinq vies valent mathématiquement plus qu'une ? Ou trahit-elle la conviction que le sacrifice de soi est un acte glorieux et courageux qui doit être porté aux nues, idolâtré ?

La violence contre autrui est plus commune et plus facile à analyser que la violence contre soi-même. Pour avoir une autre évaluation, on peut étudier dans quelle mesure vous soutenez la violence contre des exogroupes qui vous paraissent menaçants. Feriez-vous du mal au membre d'un exogroupe qui s'est moqué de votre groupe idéologique ? Ou à quelqu'un qui a insulté votre pays, votre religion, votre quartier, votre équipe favorite ? Avec quelle promptitude et quelle certitude commettriez-vous des violences pour protéger l'honneur de votre groupe idéologique ?

Les études expérimentales que j'ai supervisées ont fait apparaître encore une fois que la rigidité cognitive d'un individu était corrélée à son acceptation de la violence idéologique contre un exogroupe. Plus il est inflexible, plus il est prêt à faire mal à autrui au nom de son groupe. Nos tendances cognitives sont liées à nos inclinations idéologiques.

Les origines de nos convictions les plus profondes remontent à notre style cognitif et à notre personnalité, mais l'un et l'autre ont eux aussi leur histoire. Que l'on soit fier ou non de ses ancêtres, le corps que nous habitons et notre généalogie forment une seule et même trame. Une histoire est cachée dans notre biologie, et cette histoire canalise nos engagements présents et nos possibilités futures.

Chapitre 12

Le gène dogmatique

MURMURE 1 : Est-ce génétique ?
MURMURE 2 *(distante)*: Quoi donc ?
MURMURE 1 : La rigidité. Le niveau de rigidité est-il déterminé par mes gènes ?
MURMURE 2 *(doucement)* : En partie oui.
(Soupir.)
MURMURE 2 *(doucement toujours)* : Cela veut dire qu'au départ, chaque individu présente différents degrés de susceptibilité à la rigidité mentale, et que cette susceptibilité est en partie encodée dans ses gènes.
MURMURE 1 *(inquiète)* : Comment le sait-on ?
MURMURE 2 *(avec assurance)* : Les scientifiques ont étudié le circuit neural des comportements rigides chez des animaux ainsi que chez des humains sujets à addiction, dans des conditions psychiatriques caractérisées par des pensées répétitives ou des comportements compulsifs, pour la totalité du spectre de la flexibilité fonctionnelle et de l'inflexibilité atypique. Ils ont observé qu'une substance chimique régissait

une large part de notre aptitude à nous adapter et à découvrir, à changer et à actualiser.

MURMURE 1 *(curieuse, et moins inquiète)* : Et on la connaît, cette substance chimique ?

MURMURE 2 *(avec satisfaction)* : Bien sûr, elle s'appelle…

Peut-être avez-vous entendu parler de la dopamine, le neurotransmetteur du bien-être, la substance chimique qui est libérée lorsque nous éprouvons de l'excitation, du plaisir ou une sensation forte, ou lorsque nous obtenons une récompense. La dopamine est le messager chimique qui signale le moment où nous éprouvons de l'exaltation ou sombrons dans la tristesse. Elle nous alerte quand nos attentes ont été satisfaites ou quand il y a une déviation, une erreur dans nos prédictions. En guidant notre système de récompense, la dopamine peut contrôler ce que nous aimons et n'aimons pas, qui nous méprisons, quand nous sommes surpris. En bref, la dopamine oriente notre apprentissage et nos réactions, nos habitudes et nos addictions.

Le rôle de la dopamine

J'ai découvert que les individus les plus rigides possédaient des gènes spécifiques qui affectent la distribution de la dopamine dans le cerveau[1]. Dans la plus grande étude jamais réalisée à ce jour, avec des milliers de participants britanniques, j'ai observé que les individus qui montraient la rigidité cognitive la plus grande avaient une prédisposition génétique à concentrer une moindre quantité de dopamine dans le cortex préfrontal, le centre de prise de décision du cerveau, et une plus grande dans le striatum, une structure nerveuse située dans le cerveau moyen, qui contrôle nos instincts rapides. Cela est significatif. Si notre rigidité psychologique repose sur une vulnérabilité biologique, par exemple sur la façon dont le cerveau produit de la dopamine, alors il devient possible de trouver un chemin entre la biologie et l'idéologie.

MURMURE 1 : Y a-t-il un gène du dogme ?

MURMURE 2 : Et pourquoi la clé est-elle dans la dopamine ?

La dopamine est une substance chimique organique qui, quand on la représente sur un diagramme moléculaire en trois dimensions du carbone, de l'hydrogène, de l'azote et de l'oxygène, ressemble à une monstrueuse sucette. Monstrueuse par la forme et par la fonction, cette sucette de dopamine régule la manière dont nous réagissons à une récompense et à une punition, ce que nous anticipons et ce que nous évitons. Substance cérébrale, la dopamine sert fondamentalement de messager entre les neurones. La communication entre neurones se fait dans la synapse, l'interstice entre les cellules nerveuses. Pour stimuler un autre neurone, et transmettre un message, une pensée, une onde électrochimique, le neurone présynaptique dépose dans la synapse des sachets de neurotransmetteurs : sérotonine, glutamate, dopamine, etc. Les molécules de dopamine sont minuscules, mais puissantes. Chacun de ces sachets, appelé vésicule, contient des milliers de molécules de dopamine, toutes prêtes à se lancer dans l'interstice pour aller s'attacher au neurone le plus proche.

Sitôt dans la synapse, les neurotransmetteurs s'attachent aux récepteurs qui sont logés dans la membrane du neurone postsynaptique. Les molécules de dopamine s'attachent à des récepteurs dont la forme est précisément faite pour les recevoir, telle une clé spécialement conçue pour une serrure unique. Une fois activés par la dopamine, ces récepteurs de dopamine peuvent déclencher une cascade de signaux électrochimiques, appelés potentiels d'action : ceux-ci transmettent les messages biologiques qui constitueront notre conscience et notre apprentissage, nos désirs et nos expectations[2].

La dopamine s'attache à deux types de récepteurs, qui ont été appelés, sans grande imagination, D1 et D2. Chacun a des affinités et des propriétés physiologiques propres, et sa localisation dans le cerveau. Les récepteurs D1 sont proportionnellement plus abondants dans le cortex préfrontal, la zone frontale du cerveau communément liée à la prise de décision orientée vers un but, au contrôle cognitif, au raisonnement de haut niveau. Les récepteurs D2, eux, sont concentrés et exprimés dans le striatum, un ensemble de neurones, en forme d'escargot, qui constitue le plus grand réservoir de terminaisons nerveuses dopaminergiques du cerveau moyen[3]. Le striatum traite les attentes relatives aux conséquences de nos actes. Il code les associations que nous forgeons entre les stimuli et les récompenses, et entre les récompenses et ce que nous faisons pour les obtenir.

MURMURE 1 : J'espère que cette petite leçon de biologie a quand même un rapport avec l'idéologie…

MURMURE 2 : Oui, je vous le promets. Un peu de patience.

On estime qu'il y a dans le cerveau humain entre 230 000 et 430 000 neurones à dopamine[4]. Les scientifiques considèrent que c'est peu, au regard des 80 milliards de neurones enfermés dans notre crâne. Dans cette galaxie de fibres et de corps neuraux en forme d'étoile, un quart de million de neurones à dopamine, ce n'est pas grand-chose. Une goutte d'eau dans l'océan.

Mais cette faible quantité est compensée par la puissance. Un neurone à dopamine du cerveau moyen a des axones – les fibres nerveuses qui partent du corps de la cellule pour aller vers d'autres neurones – qui peuvent faire jusqu'à quatre mètres de long[5]. Imaginez quatre mètres de fibre neuronale étroitement enroulés sur eux-mêmes, et d'autres partant du système nerveux central pour aller jusqu'à nos yeux, nos reins, notre intestin, notre cœur, nos lobes d'oreilles spongieux et les moelleux coussinets de nos plantes de pieds.

Chaque neurone à dopamine peut affecter des dizaines de milliers de cellules, en se synchronisant avec d'autres pour produire des signaux qui vont se propager et conduire à une action[6]. L'échelle spatio-temporelle du système est étonnante : les neurones à dopamine transmettent des signaux en quelques fractions de milliseconde, et ces signaux sont transportés de neurone en neurone le long de connexions dont la longueur totale peut aisément rivaliser avec les plus grands arbres d'Amazonie. Toutes ces transmissions, ces paquets d'électricité ultrarapides et microscopiques, ont lieu dans le corps de chaque être humain *en permanence*. Une coordination grouillante et foisonnante.

Chaque neurone à dopamine est merveilleusement long, généreusement ramifié et extrêmement puissant. Et c'est l'influence majestueuse et parfois terrifiante de la dopamine sur le comportement qui fait que les scientifiques se sont lancés dans une course à la découverte, dans l'espoir de comprendre comment les mécanismes dopaminergiques travaillent chez chacun d'entre nous à des fins différentes.

Les chercheurs ont longtemps fait l'hypothèse que les différences de flexibilité cognitive entre individus avaient leur origine dans la neurochimie de la dopamine[7]. Les preuves préliminaires de cette hypothèse venaient d'études indiquant que les médicaments modulant le niveau ou la transmission de la dopamine permettaient de traiter un nombre considérable de conditions psychiatriques marquées par la rigidité, la compulsion et des croyances inébranlables. Des expériences réalisées sur des souris chez qui certains gènes avaient été désactivés[8] montraient d'ailleurs que la perturbation du circuit dopaminergique par altération de l'expression des gènes entraînait la formation d'habitudes rigides et une difficulté à s'adapter lorsqu'il fallait abandonner des règles désuètes. Ces souris « knock-out » (ainsi les nomment les scientifiques) étaient plus sujettes à l'addiction et persévéraient même quand des chocs électriques leur étaient infligés chaque fois qu'elles tentaient d'obtenir leur récompense[9]. Le système dopaminergique des souris, des hommes et des femmes semble façonner leur capacité d'adapter une réaction comportementale à des éléments extérieurs et de changer d'exigences situationnelles.

Des prédispositions génétiques à la rigidité mentale ?

Comme on l'apprend à l'école en première année de biologie, chaque protéine produite dans chaque cellule de notre corps – y compris les enzymes, les neurotransmetteurs et les récepteurs – est transcrite à partir de notre code génétique. Chaque gène est une séquence de nucléotides qui contient une des quatre bases nucléiques – l'adénine, la thymine, la cytosine et la guanine –, lesquelles permettent de synthétiser les éléments de sa machinerie interne.

Certains gènes contiennent d'infimes variations – une touche d'adénine au lieu d'une touche de thymine, de la guanine à la place de la cytosine – dont la présence conduit à des différences entre individus. Quand ces variations ne touchent qu'un nucléotide, il y a polymorphisme mono-nucléotidique ou d'un seul nucléotide : PSN. Du PSN peut dépendre le fait que l'on naisse avec des yeux bleus ou noirs, des dents plus ou moins droites, des cils plus ou moins longs. Même les différences de perception du goût s'expliquent en partie par ce PSN[10], dont dépend la mesure dans laquelle les cellules nerveuses connectées à notre langue expriment des récepteurs qui peuvent « percevoir » les molécules désignant le sucré, l'acide, l'amer, le salé et l'umami – le « savoureux ». Ces différences génétiques font de certains individus ce que l'on appelle des *super-goûteurs* : ils perçoivent les saveurs amères plus intensément que la plupart des gens, tandis que d'autres individus sont des discriminateurs moins sensibles, voire même des *non-goûteurs*[11]. Notre degré d'appréciation du goût terreux du café, de l'astringence de l'épinard ou de l'acidité du citron est donc dû en partie aux gènes[12].

De même que les biologistes étudient les PSN qui dictent les attributs physiques et les préférences sensorielles, les scientifiques ont découvert des variations génétiques qui affectent la manière dont la dopamine est distribuée, libérée et métabolisée dans tout le cerveau.

Un des gènes les plus connus des neuroscientifiques est le gène de la catéchol-O-méthyltransférase : la COMT[13]. Découvert par le prix Nobel Julius Axelrod en 1958, le gène de la COMT aide à réguler les niveaux de dopamine dans le cortex préfrontal. Il détient la recette de la production d'une enzyme qui est responsable de plus de 60 % de l'insuffisance de dopamine dans cette partie du cerveau. Si l'enzyme de la COMT est abondante, elle va « nettoyer » les restes de dopamine qui flottent dans la synapse, maintenant le niveau de dopamine assez bas. Si l'enzyme de la COMT est rare, la dopamine va y rester et s'accumuler. Si la dopamine résiduelle n'est pas nettoyée assez rapidement, cela fait monter très haut les niveaux de dopamine, si bien que celle-ci va continuer de stimuler les récepteurs qui sont présents dans la membrane des neurones de dopamine du cortex préfrontal.

Placé chez les humains dans le vingt-deuxième chromosome, qui est par ailleurs un de nos chromosomes les plus petits et les plus délicats, le gène de la COMT se présente sous deux formes : l'allèle Met et l'allèle Val. Comme nous possédons tous deux copies de chaque chromosome, un hérité de chacun de nos parents biologiques, nous pouvons porter soit deux allèles Met, soit deux allèles Val, soit un de chaque. Or la combinaison de ces allèles, leur *génotype*, compte beaucoup dans la manière dont la dopamine est métabolisée et régulée quotidiennement dans le cortex préfrontal.

L'activité enzymatique de l'allèle Val est quatre fois plus importante que celle de l'allèle Met[14]. En conséquence, chez les individus chez qui l'activité de l'allèle Val est forte, beaucoup de dopamine sera éliminée par la COMT. Du fait de l'activité plus forte de la COMT de l'allèle Val, il y aura moins de dopamine résiduelle dans la synapse, et donc moins de neurotransmissions de dopamine dans le cortex préfrontal. À l'inverse, chez les individus chez qui la faible activité de l'allèle Met domine, chez qui la COMT ne nettoie pas avec application la dopamine, il restera dans la fente synaptique des niveaux élevés de dopamine, prêts et à pressés d'envoyer des ondes électrochimiques à encore plus de neurones à dopamine.

MURMURE 1 : On est bientôt arrivé ?
MURMURE 2 : Où ça ?
MURMURE 1 : À la fin de ce laïus ! J'ai bien compris. Il y a des gens qui ont plus de dopamine dans le cortex préfrontal que d'autres. Et alors ?

Les porteurs de Met fortement dopaminés ont tendance à avoir de meilleurs résultats aux tests cognitifs complexes, ceux par exemple où il faut raisonner, se contenir et avoir à l'esprit plusieurs choses en même temps[15]. Cela a amené les neuroscientifiques à se demander si les porteurs de Met étaient naturellement des penseurs plus flexibles. Mais il y a le problème de la spécificité. Les neuroscientifiques ont longtemps débattu de la question de savoir si le gène de la COMT prédisait la flexibilité d'un individu ou s'il rendait seulement compte d'une capacité cognitive plus générique qui facilite un grand nombre de processus mentaux, indépendamment de savoir s'ils nécessitent ou non une aptitude à s'adapter au changement. Pour une explication précise, il convient de dissocier la *flexibilité* mentale de la *capacité* mentale.

La capacité cognitive est une variable délicate, car l'intelligence peut obscurcir des patterns intéressants présents dans les données. Il arrive que des individus ayant une grande capacité cognitive puissent compenser d'autres processus cognitifs plus faibles. Je l'ai observé quand j'étudiais l'humilité intellectuelle : les individus très intelligents, même quand ils faisaient montre d'une grande rigidité cognitive au test des utilisations alternatives, montraient aussi une bonne réceptivité aux preuves et aux autres points de vue. C'est la raison pour laquelle, dans mon étude de la génétique de la flexibilité cognitive, j'ai exclu les participants qui étaient très intelligents, afin d'être sûre que c'était bien la *flexibilité* cognitive que j'étudiais. Je ne voulais pas la confondre avec la *capacité* cognitive générale.

En examinant les génotypes de la COMT de mes participants, j'ai trouvé que la flexibilité cognitive au test d'assortiment de cartes du Wisconsin était meilleure pour les porteurs de Met que pour les porteurs de Val. Autrement dit, les individus qui ont généralement plus de dopamine résiduelle dans leur cortex préfrontal sont plus à même que les autres de s'adapter au changement des règles du jeu. Cette tendance était confirmée aussi quand on tenait compte de l'âge, du sexe et du quotient intellectuel. La spécificité existait bel et bien : les penseurs flexibles ont en effet tendance à avoir des niveaux plus élevés de dopamine dans le cortex préfrontal.

Mais la dopamine préfrontale n'est même pas la moitié de l'histoire.

Les neurones à dopamine qui s'y trouvent sont très inférieurs en nombre à ceux présents dans le striatum[16]. Les expériences réalisées sur les animaux montrent que, si l'on diminue le niveau de dopamine dans leur striatum, ils auront du mal à faire les tâches qui nécessitent d'apprendre une règle puis de l'inverser. Il se peut donc que l'adaptabilité soit liée au niveau de dopamine dans le cerveau moyen.

J'ai examiné les différences des niveaux de base de la dopamine striatale entre individus en étudiant le gène qui code le récepteur de la dopamine D2 (DRD2) pénétrant dans le striatum. Un groupe de chercheurs finlandais avait montré de façon convaincante qu'un PSN du gène DRD2 pouvait différencier la quantité de récepteurs D2 présents dans le striatum[17]. À un endroit de la séquence de base du gène DRD2, certains individus auront une cytosine (C) et d'autres une thymine (T) ; et comme il y a chez chaque individu deux copies de chaque, certains auront un génotype C/C, d'autres un génotype T/T, d'autres encore un génotype C/T. Les individus ayant un génotype C/C ont moins de récepteurs D2 disponibles dans le striatum que ceux ayant un génotype C/T ou T/T. Quand il y a moins de récepteurs D2, la concentration de molécules de dopamine dans la synapse est plus importante, car elles doivent attendre leur tour pour pouvoir s'attacher à ces récepteurs plus rares. On pense ainsi que les individus qui ont une copie de l'allèle C ont des niveaux plus élevés de dopamine striatale que ceux qui ont une copie de l'allèle T, chez qui la concentration de dopamine striatale est plus faible. J'ai observé que les porteurs de C, avec beaucoup de dopamine striatale, avaient de moins bons résultats au test d'assortiment de cartes du Wisconsin, et que les porteurs de T, qui ont moins de dopamine striatale, étaient plus adaptables et réactifs au changement.

Et quand j'ai combiné les génotypes codant la dopamine *préfrontale* et les génotypes codant la dopamine *striatale*, j'ai observé que les individus les plus rigides étaient ceux qui avaient *à la fois* un faible niveau de dopamine préfrontale (des allèles Val pour le gène de la COMT) *et* un niveau élevé de dopamine striatale (des allèles C pour le gène du récepteur D2), en fonction de leurs génotypes. Ce profil génétique fait courir aux individus un risque de rigidité mentale[18].

Cette étude a permis de trouver une solution aux débats sur la question de savoir comment les gènes dopaminergiques interagissent entre eux pour produire des caractéristiques rigides. Le grand échantillon de participants m'a permis d'étudier des interactions nuancées entre les gènes qui sont en général impossibles à discerner sur des échantillons plus petits. Même si cette étude unique a besoin d'être reproduite et approfondie, elle est cohérente avec les méta-analyses qui combinent les résultats de multiples travaux scientifiques.

La manière dont la dopamine peuple notre circuit de l'apprentissage et de la récompense peut permettre de prédire quel sera le degré d'adaptabilité de notre comportement. Ainsi donc, derrière les rigidités personnelles peuvent aussi se cacher des différences génétiques.

MURMURE 1 : Alors, tout est décidé ! Prédéterminé !

MURMURE 2 *(doucement)* : Quoi ?

MURMURE 1 *(indignée, scandalisée)* : Si ma dopamine est concentrée dans le striatum du cerveau moyen et pas dans le puissant cortex préfrontal, alors je serai condamnée à la rigidité.

MURMURE 2 *(moins doucement)* : Non, la génétique a une influence, mais cela ne veut pas dire que tout est absolument déterminé. En réalité, les gènes façonnent l'expression potentielle de…

MURMURE 1 *(le ton outragé dissimule mal une peur montante)* : Et si on a de la chance et que le niveau de base de dopamine dans le préfrontal est élevé, et faible dans le striatum, alors la flexibilité vous est assurée pour la vie ?

MURMURE 2 *(irritée)* : Non, ce n'est pas ce que j'ai dit…

MURMURE 1 *(furieuse)* : Alors, nous n'avons pas de libre arbitre, pas de capacité d'action autonome, nos mains sont enchaînées par le destin cruel et contourné de la double hélice…

MURMURE 2 : Vous vous emballez !

MURMURE 1 *(avec une souffrance théâtrale)* : Notre dogmatisme est déterminé par notre dopamine, et nous ne pouvons ni contrôler ni échapper à notre destinée…

MURMURE 2 : Stop !

(La voix mélodramatique se tait, surprise et même soulagée d'être interrompue.)

(Retrouvant son calme, la voix du scientifique reprend.)

MURMURE 2 : Les gènes interagissent pour créer des possibilités, des séries de probabilités, et orienter les mécanismes biologiques vers différents patterns de fonctionnement. Mais il y a une différence entre *potentialité* et *réalité*.

(Pause.)

MURMURE 1 : Vous me dites donc que le chemin entre nos gènes et ce qui arrive dans la vie n'est pas prédéterminé ?

MURMURE 2 : Exactement. Il y a beaucoup de chemins et de trajectoires possibles.

MURMURE 1 : Mais si c'est le cas, quels sont les facteurs qui font que nos dispositions génétiques vont ou non s'exprimer ?

MURMURE 2 : Eh bien, cela dépendra évidemment des circonstances… et du hasard…

MURMURE 1 *(horrifiée)* : Du hasard ?

MURMURE 2 : Et de nos choix.

MURMURE 1 (*levant un sourcil*) : De nos choix ?

Le gène du dogmatisme n'existe pas

La rigidité ne transpire pas plus de l'air ambiant qu'elle ne trouve sa source au fond d'une âme métaphysique. Dans ce domaine, les différences entre individus viennent de marqueurs biologiques qui interagissent les uns avec les autres. Le gène du dogmatisme n'existe pas. Les traits psychologiques sont tous façonnés par une pluralité de mécanismes génétiques. De même qu'il n'existe pas de gène du charisme, du sadisme ou de l'humour, ou de disposition à rire ou à pleurer, l'agressivité ne peut pas s'expliquer par un gène unique.

Les gènes interagissent entre eux de façon compliquée. Comme les relations affreusement complexes entre amis, conjoints, voisins ou inconnus, les interactions entre gènes ont lieu dans des assemblages variés. Certains effets génétiques s'amplifient les uns les autres, ce qui conduit à des caractéristiques prononcées, tandis que d'autres, au contraire, s'annulent mutuellement. Certains effets génétiques se multiplient et s'accélèrent les uns les autres, ce qui conduit à une accumulation non linéaire d'effets ou de cas où les interactions génétiques produisent dans un individu des traits phénotypiques qui ne sont pas visibles chez ses géniteurs (c'est ainsi qu'un génie talentueux peut avoir des géniteurs apparemment médiocres)[19].

Il arrive même que les effets d'un gène en aval puissent compenser une variation dans un autre gène. Cette interaction compensatoire s'est manifestée dans l'étude du rôle des gènes dans la flexibilité cognitive : la présence chez un même individu du génotype associé à un niveau bas de dopamine préfrontale *et* du génotype associé à un niveau élevé de dopamine striatale conduisait à la rigidité cognitive : un seul ne suffisait pas, les deux étaient nécessaires ! Quand un individu possède un génotype enclin à la flexibilité et un génotype enclin à la rigidité, c'est souvent le premier qui l'emporte. Cet effet de compensation témoigne de la plasticité de notre cerveau : si un système a du mal à faciliter l'adaptabilité, un autre s'y substitue.

La biologie humaine consiste en de multiples processus dynamiques qui s'entrechoquent et coopèrent, ce qui fait de chacun de nous une constellation unique de forces biologiques changeantes et interactives qui réagissent en permanence au monde extérieur. C'est même cette réaction à l'environnement, cette *interaction* avec l'environnement, qui fait en définitive qui nous sommes. Chaque personne a la possibilité de devenir plusieurs versions d'elle-même : son génotype peut la prédisposer à certains styles cognitifs ou à certaines capacités cognitives, mais, au bout du compte, son *phénotype* – sa personnalité, son physique, ses réussites et ses échecs, ses habitudes et ses peurs – est le produit de l'interaction entre les prédispositions génétiques et les expériences marquantes de sa vie.

Une épigénétique de l'extrémisme

Quand les scientifiques découvrent des effets génétiques, ils se mettent aussi à la recherche d'effets épigénétiques. Les effets épigénétiques traduisent le fait que l'expression des gènes n'est pas entièrement fixée dans le temps : qu'un gène soit activé, inhibé ou supprimé dépend de l'expérience vécue d'un individu. Les modifications épigénétiques ne sont pas des altérations de l'ADN lui-même, mais des facteurs qui favorisent ou inhibent la transcription de l'ADN dans les molécules. La racine « *épi* » indique que ces altérations se font « sur », « au-dessus » de l'ADN, et c'est pourquoi les changements épigénétiques causés par l'expérience peuvent avoir lieu tout au long de la vie, donnant à notre sensibilité la texture d'un collage. L'expérience s'inscrit dans le corps pour le meilleur et pour le pire, souvent pour le meilleur *et* pour le pire, en fonction des situations. Une sensibilité aiguë peut se traduire par de la créativité et du discernement dans un certain contexte, et par de la détresse et de la vulnérabilité dans un autre contexte.

Je crois que, lorsque nous disséquons la pensée idéologique – le mode de pensée caractérisé par une adhésion rigide à un dogme et une identité –, il faut considérer l'émergence de la rigidité idéologique en termes épigénétiques. Autrement dit, nous devons développer une « épigénétique de l'extrémisme ».

Une épigénétique de l'extrémisme s'efforce de comprendre le lien entre certaines vulnérabilités biologiques et cognitives et différents environnements. Elle permet de poser des questions sur l'interaction entre les caractéristiques psychologiques de base et les expériences idéologiques. Comment un individu ayant un génotype enclin à la flexibilité va-t-il réagir dans un environnement dogmatique et absolutiste, avec des rites répétitifs et des règles strictes de comportement et d'imagination ? Qu'arriverat-il au génotype enclin à la rigidité dans un tel milieu ? Ou dans un milieu ouvert, tolérant, laïque, libéral, antiraciste et antisexiste ? Sera-t-il moins rigide que son *Doppelgänger* imaginaire plongé dans un milieu dogmatique, autoritaire et pétri de préjugés ?

Une épigénétique de l'extrémisme doit nous encourager à remettre en cause la prémisse du problème de la poule et de l'œuf. Et à nous éloigner de l'idée que le dogmatisme est *soit* le produit de notre vulnérabilité biologique, *soit* l'effet d'un endoctrinement. Au lieu de considérer des possibilités causales qui s'excluent mutuellement, nous pouvons observer des dynamiques et des interactions pour essayer de comprendre comment différents cerveaux sont séduits et affectés par différentes orthodoxies. Nous pouvons nous demander qui sont les individus les plus sensibles aux effets des idéologies rigides, et comment leur corps et leur cerveau peuvent en être changés. Nous pouvons porter notre attention sur la question des conséquences.

MURMURE 1 : Mais, attendez. *(Soudain timide.)* Pourquoi chuchotons-nous ?

MURMURE 2 *(pause inhabituelle)* : Parce que ce que nous insinuons est des plus troublant, qu'une implication fort dérangeante se cache sous la surface…

IV

Les conséquences

Chapitre 13

Le secret de Darwin

Quand je pense à combien il était agité et inquiet, j'imagine ses nuits. Les pulsations de sa pensée précipitées dans le silence de l'obscurité. Le chœur cacophonique de ses sentiments dans la douceur des ténèbres. Les battements muets et tempétueux de son cœur, marquant l'écoulement insomniaque d'un temps qui va s'épuisant.

Mais ce pourrait être le contraire. La juxtaposition pourrait être inversée, et le soleil s'être levé. J'imagine l'angoisse tranquille, froide et réfléchie du vieil homme, dans le bruit et le mouvement chaotique du matin, et le claquement des bols et des couverts, tandis qu'il se résigne tristement, incomplètement, à l'intraitable conflit de sa vie.

À midi, je vois Darwin regarder par la fenêtre de son bureau et observer sa femme Emma, en bas, dans le jardin, plongée dans la lecture du Nouveau Testament. Un livre lu, relu, corné, usé, rempli d'annotations se superposant les unes aux autres comme des sédiments géologiques, archivant une histoire recelant des reliques et des secrets qui sont encore à exhumer. Elle suit avec un doigt l'Évangile de Jean, un passage « empli d'amour [...] de dévotion & de tous les beaux sentiments[1] » : c'est ainsi qu'elle en a parlé maintes et maintes fois à Charles, son mari.

Le scepticisme religieux de Darwin

Il y a près de quarante ans, aux jours fiévreux de leurs fiançailles, Emma s'était inquiétée du scepticisme religieux de Charles, craignant que cela pût créer entre eux « un vide douloureux ». Elle l'avait instamment prié de lire le treizième chapitre de l'Évangile de Jean, espérant que la charité et la vertu qui y sont prêchées consolident la foi de Charles et le détournent des dangers de l'athéisme. « Puisse l'habitude scientifique de ne rien croire qui ne soit prouvé n'influence pas trop votre esprit dans les choses qui ne peuvent être prouvées de la même façon[2] », lui avait-elle écrit.

La religion avait été une condition préalable à leur union. Le doute pouvait y mettre fin.

Mais nous voilà maintenant en 1876, dans le Kent, par une froide nuit de juillet, dans une maison de campagne que Charles partage avec Emma depuis près de quarante ans. Il n'est plus le jeune homme d'hier, vibrant d'adoration et doué d'une rare force de persuasion, mais un théoricien de soixante-sept ans à la barbe fleurie. Ce soir, il revisite sa correspondance, annote des lettres avec un soin qui lui est propre, dans l'intention d'écrire une autobiographie qui fasse entendre sa voix et sa vérité.

Après des décennies de débats et de découvertes scientifiques, Darwin revient sur ses promesses passées. Promesses, il vient de le comprendre, qu'il n'a pas pu et ne pourra pas tenir.

Dans sa jeunesse, il avait cédé à la prière de son père de préserver son mariage en feignant d'avoir la foi. Puis à trente-trois ans, impulsivement, il avait avoué. Avoué son scepticisme à une Emma horrifiée. Il avait péché par excès d'optimisme, trop pénétré d'amour pour comprendre qu'Emma ne céderait jamais. Le géant intellectuel qu'était Charles Darwin fut forcé de capituler, de jurer qu'il anéantirait les doutes qu'il avait du dessein et de l'omniscience de Dieu. Un accord implicite fut même passé entre les deux époux. Un pacte qu'il essaierait assidûment, vainement, d'honorer.

Mais, au soir de sa vie, toutes les promesses et les soupçons que Charles avait confiés à Emma au commencement de leur union, ses assurances et ses appréhensions, sont revenus le tourmenter.

Je l'imagine étendu, éveillé, alors que pointe une aube jaunâtre, le visage tourné vers les dernières étoiles, les mains serrées autour de son cou, position qui lui était coutumière : il se sent à la fois las et agité ; il sait qu'il ne pourra plus se contenir[3]. Il *doit* coucher sur le papier les idées qui se bousculent dans sa tête, sans les édulcorer par des euphémismes ou d'hypocrites faux-fuyants.

Je le vois se tourner et se retourner dans son lit, contemplant son Emma aimée profondément endormie. *Qu'est-ce qu'elle penserait de ces ruminations troublées si elle connaissait les conclusions auxquelles il est parvenu après une vie passée à ses côtés ?* Je le vois se lever précautionneusement du lit pour aller à son étude, les mains démangées par un mélange d'excitation et d'inquiétude. Et, une fois assis, écrire avec un crayon à papier bien taillé :

> Il ne faut pas sous-estimer la probabilité que l'inculcation constante d'une croyance en Dieu dans l'esprit des enfants ne produise sur leur cerveau pas encore complètement développé un effet si puissant et peut-être héréditaire qu'il puisse être aussi difficile pour eux de se débarrasser de leur croyance en Dieu qu'il l'est au singe de se débarrasser de sa peur et de sa haine instinctives du serpent[4].

En une cinquantaine de mots, Darwin faisait une hypothèse d'une audace immense. Une hypothèse à plusieurs tiroirs et riche en analogies. Et qui serait dûment effacée de son autographie après sa mort en 1882. Car tandis que Francis, le fils de Charles, préparait la publication de ce texte, en 1885, Emma lui avait écrit cette lettre :

> Mon cher Frank,
>
> Il y a dans l'Autobiographie une phrase que je souhaiterais vivement omettre, en partie sans doute parce que l'opinion de votre père que toute morale s'est développée par évolution est pour moi douloureuse ; mais aussi parce qu'à l'endroit où vient cette phrase, elle produit une sorte de choc, et permettrait de dire, même injustement, qu'il ne plaçait aucune croyance spirituelle audessus des goûts ou des aversions héréditaires, comme la peur que les singes ont des serpents.
>
> [...] Je souhaiterais éviter si possible de faire de la peine aux amis religieux de votre père, qui lui sont

profondément attachés, et je me représente combien ils pourraient en être affectés.

Bien à vous, cher Frank,

E. D.[5]

Ce n'est qu'en 1958, plus de quatre-vingts ans après que Darwin eut mis cette idée sur le papier, que sa petite-fille, Nora Barlow, autorisa une édition révisée de l'autobiographie, qui répara les omissions des versions précédentes. À cette date, il est vrai, psychologues et politologues ne songeaient pas à aller chercher l'inspiration dans des notes de bas de page de mémoires obscurs. Ils avaient appris à citer les théories de Darwin sur l'évolution et la sélection naturelle ou ses traités sur la diversité et le contenu des émotions humaines. Et pour ce qu'en savaient alors les psychologues, et ce qu'ils en savent à présent, Darwin n'avait pas vraiment d'opinion politique arrêtée, et encore moins d'avis sur l'idéologie. Son propos provocant sur l'endoctrinement, demeuré longtemps caché, avait été complètement oublié et enterré.

L'hypothèse de Darwin, qui a été effacée de l'histoire de la science par l'intervention de sa femme Emma, considère ce qui pourrait arriver au cerveau d'un enfant si celui-ci était soumis à l'« inculcation constante » d'une croyance religieuse. Inculquer, c'est forcer, imprimer, instiller, insister, écraser du talon (*calx*, l'os du calcanéum, est à l'origine du latin *inculcare*). Quand Darwin parle d'« inculcation constante d'une croyance en Dieu », il pense à une croyance qui n'est pas découverte de l'intérieur mais que l'on fait pénétrer de force dans un esprit. Il voit la religion non pas comme une source d'amour, de dévotion et de spiritualité, mais comme un système qui est imprimé sur les gens, sur les *enfants* – imprimé de force. Un système appris par de jeunes cerveaux souples et impressionnables. Un système inculqué par les mêmes mécanismes par lesquels les animaux apprennent à aimer et à haïr, à s'attacher ou à s'enfuir.

Darwin pensait que les conséquences de l'inculcation religieuse et de la répétition de la pratique religieuse pouvaient être profondes et durables, et biologiquement tout aussi réelles que les instincts animaux et le patrimoine génétique.

C'est un des propos politiques les plus accablants de Darwin. Il n'est pas étonnant qu'il ait été retiré d'autorité de son autobiographie. Trop de gens auraient été offensés par cette réflexion, et l'héritage de Darwin était trop précieux pour être mis en péril. Dans ses lettres à son fils George, Darwin disait s'être souvent lui-même censuré tout au long de sa carrière, et le priait d'attendre et d'attendre encore avant de rendre publiques ses pensées sur les erreurs de la religion. « Les attaques directes contre le christianisme, disait-il, n'ont guère d'effets durables : ce qui marche vraiment ne semble découler que de coups lents et silencieux[6]. »

Darwin était donc un stratège avisé. Si seulement il avait su qu'au moment où il déciderait de lever le voile sur son hypothèse secrète, sa femme l'en recouvrirait d'une main tout aussi avisée !

L'hypothèse de Darwin mesure à quel point il sera difficile à des enfants de « rejeter leur croyance en Dieu » ; si même il est possible d'apprendre une croyance religieuse puis de défaire cet apprentissage et de casser le moule de l'orthodoxie.

Mais peut-être la vision que Darwin avait de la religion était-elle trop réductrice ou trop limitée. Peut-être l'affiliation religieuse est-elle liée en réalité à une sorte d'ouverture au monde, de compréhension qu'il y dans le cosmos autre chose que ce que peuvent voir nos yeux. Loin d'être un moule, la religion serait alors une sorte d'estrade permettant de se hisser jusqu'à un sens et un bonheur plus altiers. Pour le croyant, la vie a une structure donnée et est faite de rites qui ponctuent les joies et les chagrins, qui définissent un alphabet afin de chercher la paix, remédier au malheur, embrasser le sublime.

La religion, une puissante forme d'éducation idéologique

Pour répondre à la question de Darwin sur les effets de la religion sur le cerveau, il est nécessaire de s'éloigner de la spéculation purement théorique et de recourir à la science empirique.

Je me demande si Darwin, connu pour être un grand expérimentateur, a jamais réfléchi aux tests scientifiques qui auraient pu être conçus pour vérifier ou réfuter son hypothèse. À l'évidence, les enfants n'étaient pas des pinsons des Galápagos dont le bec noir de jais pouvait être étudié de près. Pas plus que des orchidées tropicales dont les pétales pouvaient être caressés et étudiés dans le cadre des études de botanique qu'il faisait dans son jardin à l'anglaise, son « laboratoire en plein air ». Mais Darwin ne reculait pas devant la complexité ou l'insaisissabilité du temps. Réfléchir aux longues périodes au cours desquelles une créature peut changer, évoluer, se développer et réagir à son environnement fut sa marque de fabrique.

Comment un scientifique pourrait-il évaluer la mesure dans laquelle le cerveau est façonné par le dogme religieux ? Est-il possible d'analyser les composantes de cette « inculcation constante » dans l'esprit des enfants : la pratique religieuse répétée, la sensibilité unique de l'enfant en développement ? Qu'est-ce qui compte le plus pour la formation des croyances religieuses : la régularité de l'apprentissage des codes religieux, le moment où il se fait dans la vie, ou la ferveur et l'intensité de la pratique de la foi ?

La méthode idéale est l'étude longitudinale. Dont les cinq ingrédients pour tous les apprentis scientifiques sont les verbes suivants : *suivre* un grand nombre d'individus du berceau à l'âge adulte ; les *étudier* de près, et le lien entre les causes et les effets, les dispositions et l'environnement, la nature et la culture se manifestera de lui-même ; *identifier* le rôle respectif des choix, du hasard et des circonstances dans la constitution de la personne ; *appréhender* l'individu sous tous les angles : passé et futur, conscient et inconscient, privé et public ; *traiter* l'individu comme un objet pouvant être soumis à des critères méticuleux.

Toute une vie réduite à des points de données, des patterns, des *avant* et des *après*. C'est la méthode optimale.

Mais il est rare qu'un scientifique puisse passer toute sa vie à attendre des résultats.

Et si cela lui est impossible, ou s'il n'en a pas la patience, la meilleure solution est de chercher des différences entre les vies de différents individus. Quand on ne peut pas faire avancer le temps plus vite, on peut au moins regarder en arrière, se tourner vers les souvenirs de différentes existences – les différences d'éducation et de parcours, qui peuvent révéler dans quelle mesure l'environnement idéologique façonne le cerveau en développement.

La religion est une des formes les plus puissantes et les plus mémorables d'éducation idéologique. Elle est en effet extrêmement performative, à la fois comme doctrine et comme identité. La religiosité n'est pas qu'un dialogue intérieur sur des codes moraux, des destins cosmiques et des considérations métaphysiques. La dimension intérieure de la religion est visiblement et délibérément extériorisée. Contrairement au secret possible ou à l'apparence de confidentialité qui peuvent entourer nos préjugés et nos choix politiques (le petit box fermé d'un rideau que l'on appelle un isoloir n'est pas sans rappeler la manière assez honteuse dont l'hôpital définit l'intimité), la religion se porte comme un étendard. Des colliers symboliques enjolivent de pieuses poitrines. Tikas et pottus pigmentent des fronts en prière. Des tissus couvrent des têtes dévotes. On frise ses cheveux ou les roule sous un turban en signe d'identité cultuelle. Certaines couleurs sont prohibées, d'autres exhibées avec fierté. Décoration temporaire ou altération permanente, la peau nue est quelquefois nécessaire à certains rites sacrés. Souvent, elle est jugée impudique ou impure.

Les doctrines religieuses encouragent le croyant à incarner sa foi, et c'est pourquoi l'expérience de la participation religieuse ne s'oublie pas facilement. Il est ainsi possible, plusieurs années après, de se rappeler l'influence que la religion a eue sur une éducation et ses effets sur le corps. Cela produit une sorte de clarté rétrospective. À la question de savoir si leur famille allait souvent à la messe pour prier, ou exprimait de quelque autre manière son adhésion à une idéologie religieuse, la plupart des adultes répondent avec assurance : ils n'ont aucun mal à catégoriser leur éducation. La religion est faite pour enrégimenter les enfants dès le plus jeune âge. Les rites religieux entourant la naissance, comme la circoncision ou le baptême, puis ceux de la communion et de la confirmation sont autant de rites de passage qui marquent la transition de l'enfance à l'adolescence et à l'âge adulte ; ce sont des portes d'entrée et de sortie du monde mortel, d'un temps borné de part et d'autre par le brouillard du surnaturel. On inculque expressément aux enfants des rites et des impératifs religieux qu'ils peuvent pratiquer en privé et partager en public avec une communauté de condisciples. Il est difficile d'oublier les émotions provoquées par les expériences religieuses collectives : révélations saluées dans la joie, la grâce et la solennité ; pèlerinages lointains faits ensemble ; transes étourdissantes ; adulation portée jusqu'à la béatitude ou la terreur stupéfiée.

Flexibilité cognitive et croyances religieuses

En sondant les souvenirs des gens sur la religiosité de leur éducation, on peut recréer une histoire, constituer un témoignage rétrospectif qui permettra au scientifique de voyager dans le temps sans y consacrer toute une existence. En étudiant les différences et les similitudes entre leur religiosité actuelle et leur religiosité passée, on peut observer les changements et les continuités. Cette chronologie est importante, car la religiosité n'est pas donnée une fois pour toutes : elle peut changer avec le temps.

J'ai voulu savoir quel était le lien entre l'affiliation et l'éducation religieuse des individus, le niveau de pratique, de prière et d'engagement, d'une part, et la flexibilité cognitive des individus, d'autre part[7]. Dans une étude portant sur plus de sept cents personnes, j'ai observé que la flexibilité cognitive était liée à l'incroyance religieuse. Les résultats étaient massifs et cohérents pour toute une série de tests de la flexibilité réactive et réflexive, c'est-à-dire pour des tâches fort diverses, mais qui toutes nécessitaient une adaptation à des situations ou une invention spontanée. Comme pour d'autres idéologies, les fortes convictions religieuses étaient liées à une rigidité cognitive plus grande.

Il y a bien sûr différents degrés d'engagement dans la croyance religieuse. Ce qui soulève une question : tous les adeptes religieux ont-ils le même profil cognitif ? Les données suggèrent que non : il y a une variation considérable de la flexibilité mentale des croyants. Une part de cette variation s'explique par le niveau de conviction et d'engagement des individus. Plus les gens pratiquent une religion, plus ils se livrent à des rites répétitifs, prient et participent à des cultes, plus leurs résultats aux tests neuropsychologiques traduisent une forte rigidité. Il en va inversement pour ceux qui pratiquent moins fréquemment et moins fervemment.

Un des résultats les plus remarquables, c'est que les non-croyants, qu'ils aient été élevés dans l'athéisme, l'agnosticisme ou la religion, faisaient montre de la plus grande adaptabilité comportementale au test d'assortiment de cartes du Wisconsin et proposaient les solutions les plus imaginatives au test des utilisations alternatives.

C'est ce qu'un individu *choisit* de croire, non pas où et comment il a été élevé, qui est le plus emblématique de son style cognitif.

Cela veut-il dire que l'éducation et l'histoire d'un individu n'aient pas de poids ? Que seul le présent compte ? Au contraire, une analyse approfondie des données montre que l'éducation joue un rôle important. Les convertis, les deux groupes d'individus qui ont changé de statut religieux, permettent de le comprendre : soit qu'ils aient été éduqués dans l'idéologie religieuse et qu'ils l'aient abandonnée, soit au contraire qu'ils aient été éduqués de façon laïque et aient choisi plus tard d'adhérer à une religion.

Pour moi, ce sont les individus les plus intéressants : ceux qui ont tourné le dos aux attentes de leurs parents et orienté leurs vies dans une tout autre direction. Dans les données, j'ai observé que ceux qui avaient *rejeté* l'idéologie religieuse avaient les meilleurs résultats en termes de flexibilité. Dans certains tests de flexibilité, les individus qui s'étaient laïcisés avaient même un avantage sur ceux qui l'avaient toujours été. Quant aux individus qui s'étaient *convertis* à une idéologie religieuse, ils avaient en moyenne les moins bons résultats en termes de flexibilité, et étaient parfois plus rigides encore que ceux qui avaient eu toute leur vie un attachement religieux.

Bien des questions restent encore ouvertes pour de futures recherches. La question de la causalité – de l'œuf et de la poule – n'est toujours pas réglée. Il est difficile de dire si les individus qui sont cognitivement flexibles ont tendance à aller vers une vision laïcisée du monde, ou si choisir de vivre dans un environnement laïque conduit à une mentalité plus flexible. Par ailleurs, la civilisation humaine a accumulé un kaléidoscope d'écrits et de pratiques religieuses, et les différents cultes peuvent susciter et créer des caractéristiques cognitives différentes. Il est donc extrêmement important d'analyser l'entrée et la sortie des individus d'une grande diversité de sectes religieuses si l'on veut comprendre le fondement psychologique des convictions et des conversions confessionnelles.

L'écrivain et psychanalyste Adam Phillips parle fort intelligemment de ces changements : « La conversion tend à être un remède au scepticisme ; un rétrécissement de l'esprit qui libère l'esprit. Qui le libère, peut-on dire, d'une sorte de complexité – de la complication, de la diversité, de la contradiction[8]. » L'idéologie veut que la réalité se conforme à des idéaux, que les idéaux soient conformes les uns aux autres, que tout soit organisé et unifié.

Il est donc compréhensible que les convertis qui sortent d'une idéologie soient extrêmement flexibles : ils doivent quitter le monde de principes qui organisait toute leur vie. Se détacher d'une idéologie, c'est s'arracher, parfois dans la souffrance, à un milieu, une communauté qui offrait un soutien affectif et intellectuel. C'est troquer des règles sociales pour des règles personnelles. Se révolter contre l'idéologie nécessite donc une extraordinaire flexibilité.

Beaucoup de croyants religieux refusent cette caractérisation. Pour eux, la religiosité est une ouverture vers un monde plus grand. Un monde teinté d'une beauté et d'un dessein d'ordre divin. Un monde de « profondeur », pour le philosophe Paul Tillich. Un monde de « renoncement », pour Simone Weil. Un « saut » majestueux pour Søren Kierkegaard. La révélation religieuse, en ce sens, s'adresse à un cœur ouvert, offre une ouverture sur un monde spirituel qui a un sens et une dimension invisibles.

Je crois cependant que ce langage de l'« ouverture » nous induit en erreur. Il obscurcit la différence entre vivre de manière amorphe et vivre d'une façon rigidement définie. En usant du mot « ouverture » pour décrire la conversion à une idéologie, on brouille les frontières entre l'éducation, qui ouvre au monde, et l'endoctrinement, qui ferme et enferme.

Dans la religion, nous trouvons l'accomplissement parfait des patterns prédictifs et communicatifs du cerveau. Quelqu'un est toujours présent pour écouter, raconter, expliquer. Un esprit et un sens sont attribués à n'importe quel événement inexplicable. La religion postule des puissances intelligentes, des esprits surnaturels, des événements mystiques, ce qui parle à la tendance de notre cerveau à voir une volonté dans des événements aléatoires et à penser que les rencontres de hasard sont sous-tendues par une intention. C'est une réaction très humaine. Même l'esprit le plus profane peut tomber dans la superstition sous l'effet de l'angoisse, et graviter soudain autour de présages heureux, ou croire à la possibilité que ses rêves, ses peurs ou le mauvais sort se manifestent dans sa vie.

Mais, en promouvant une orthodoxie ancrée dans des entités cachées, la religion crée un conflit entre la sensation et la réalité. Dans son *Histoire naturelle de la religion*, publiée en 1757, le philosophe écossais David Hume observait déjà que, « quelque propension que les hommes aient à croire qu'il existe dans la nature une puissance intelligente et invisible, ils en ont une autre tout aussi forte à fixer leur attention sur des objets sensibles et visibles ; et pour réconcilier ces inclinations contraires, ils sont conduits à unir la puissance invisible à certains objets visibles[9] ». Pour concilier l'attente d'un événement surnaturel et l'absence de preuve de cet événement, les processus rationnels de notre cerveau actualisent nos croyances afin qu'elles imprègnent de réelles expériences sensorielles d'une signification extrasensorielle.

Même Darwin n'était pas aveugle à la beauté du grand respect mêlé de crainte nommé révérence et à sa puissance optique. Dans son autobiographie, en certains passages qui n'ont pas été censurés – que sa femme Emma ne put convaincre l'éditeur de ne pas publier –, il racontait ainsi :

> J'ai écrit dans mon journal, alors que je me trouvais plongé dans la grandiosité d'une forêt brésilienne, « il n'est pas possible de donner une idée adéquate des

> sentiments d'émerveillement, d'admiration et de dévotion qui remplissent et élèvent l'esprit ». Je me rappelle la conviction qui était la mienne qu'il y a plus dans l'homme que le seul souffle de son corps. Mais aujourd'hui, les scènes les plus grandioses n'éveilleraient plus ces convictions et ces sentiments dans mon esprit. On peut dire à la vérité que je suis comme un homme devenu aveugle aux couleurs, et la croyance universelle des hommes dans l'existence du rouge n'enlève en rien sa valeur de preuve à la perte de ma perception. Cet argument serait valable si tous les hommes de toutes les races avaient la même conviction intérieure de l'existence d'un Dieu ; mais nous savons que c'est très loin d'être le cas. Je ne vois donc pas que ces convictions et sentiments intérieurs puissent avoir le moindre poids comme preuve de ce qui existe réellement. L'état d'esprit que des scènes grandioses ont naguère excité en moi, et qui était intimement associé à une croyance en Dieu, ne différait pas essentiellement de ce que l'on appelle souvent le sens du sublime ; et quelque difficile qu'il soit d'expliquer la genèse de ce sens-là, il ne peut guère être avancé comme un argument de l'existence de Dieu, pas plus que les sentiments tout aussi puissants mais extrêmement vagues qu'excite la musique[10].

Les ruminations de Darwin sont pénétrées de couleurs, de sons, de sensations du sublime. La religion est un cadre perceptuel, un cadre d'esprit qui altère l'intensité aussi bien de ce que nous sentons que de ce que nous ne remarquons pas. Les significations surnaturelles reposent sur des expériences sensorielles. Doutes et dissonances sont réduits au silence. Quand il perdit sa foi, il était « comme un homme qui devient aveugle aux couleurs ».

Il ne voyait plus dans la vie cette dimension surnaturelle qu'il avait jadis désirée présente, et en même temps il pouvait maintenant recommencer à voir le monde, à le voir à nouveau : plus librement, plus honnêtement, plus flexiblement.

Chapitre 14
Illusions poliptiques

Une fois que l'on a vu cette image dérangeante, on ne peut plus l'oublier. Son auteur n'avait pourtant pas songé un instant à la colère, au trouble sourd qu'elle allait provoquer. Des philosophes, déconcertés, l'accusèrent de mettre la réalité sens dessus dessous. La controverse manqua susciter des émeutes. Ce simple dessin en noir et blanc jetait une ombre sur les fondements mêmes de la perception et de la morale : il faudrait désormais tout réévaluer. Il révélait combien il est facile de tromper l'esprit, de polariser les opinions, de voir la réalité non pas telle quelle, mais par le prisme d'impressions vagues, fragiles – erronées.

La révolution du canard et du lapin

Publié dans un magazine humoristique allemand en 1892, ce dessin dont l'auteur est demeuré inconnu fut surnommé l'« illusion du canard et du lapin »[1]. Il n'occupait qu'un huitième de page, en fin de journal, dans la rubrique des jeux. Il suscita force tapage. Il faudrait certes attendre un demi-siècle pour que le mot « polarisation » passe du vocabulaire de la physique à celui de la politique, mais c'était bien de polarisation, dans tout son tumulte et toute sa gloire, qu'il s'agissait ici pour le regard affolé du lecteur.

Un mois plus tard, le déjà célèbre *Harper's Weekly* reproduisait le dessin et le diffusait dans tous les États-Unis. C'est comme cela qu'un contenu devenait viral en cette fin de XIXe siècle.

Fait de fins traits noirs, ce dessin équivoque ressemble de prime abord à un canard au bec entrouvert ou à un lapin aux longues oreilles. Puis en passant d'une impression à l'autre, le bec du premier devient les oreilles du second, et le profil du canard tourné vers la gauche devient le profil d'un lapin tourné vers la droite[2].

Certains voient d'abord le lapin, puis le canard ; d'autres identifient bien le canard, mais peinent à lui substituer le lapin. D'autres encore ont besoin d'un déclic, d'une légende à propos, d'un voisin marmonnant, pour comprendre que deux animaux habitent dans la même image. Ils louchent, inclinent la tête, rapprochent puis éloignent le dessin de leur visage, avant de se libérer enfin de leur première impression et de voir autrement la réalité. Et quelquefois, leur attention reste enfermée dans les contours de leur première impression, et ils ne voient jamais la dualité de l'image, ce nouveau Janus bifront.

Certains aussi passent très facilement du canard au lapin et vice versa. Il a été observé que les individus qui montraient une forte flexibilité cognitive au test des utilisations alternatives étaient ceux qui passaient le plus aisément de l'un à l'autre. Le contexte et les souvenirs importent aussi. Une jolie étude réalisée à l'entrée d'un zoo suisse auprès de cinq cents participants montra qu'ils avaient tendance à voir davantage un canard en octobre et un lapin à Pâques[3]. L'effet pascal était particulièrement fort chez les moins de dix ans, qui sont bien sûr marqués par ce symbole de Pâques : le lièvre. L'impression première des ados et des adultes n'était pas autant façonnée par la présence ou l'absence de la festive créature : *ces âges de la vie sont moins sensibles à la magie.*

Quand nous voyons successivement le profil du canard et le profil du lapin, nous éprouvons la chaleur de l'eurêka, le « ah ! » de la trouvaille et de la révélation, et nous rions de surprise. Nous rions parce que nous avons appris quelque chose de nouveau. Nous rions parce que nous avons été mis au défi de façon bénigne, mais significative. Nous supposons généralement qu'il n'y a pour chaque image donnée qu'une seule représentation possible, que le monde est stable, irréversible, et voilà que cette hypothèse est ici contredite. On nous a bien attrapés. Alors, nous rions, et nous partageons la blague avec des amis, pour voir quelle version de la réalité va d'abord leur venir à l'esprit.

« Qu'est-ce que tu vois ? » demandons-nous, avec un sourire tout à la fois narquois et compatissant.

Comme l'image s'est moquée de nous et a révélé nos failles, nous nous en servons pour agacer, amuser et tourmenter des tiers. Après tout, une chose est drôle, disait George Orwell, « quand, sans être offensante ni effrayante, elle bouleverse l'ordre établi. Toute plaisanterie est une petite révolution[4] ».

Cependant, pour un des plus grands philosophes du XXᵉ siècle, l'illusion du canard et du lapin n'était rien de moins qu'une révolution monumentale.

Fasciné par son équivoque inquiétante, Ludwig Wittgenstein, dans son célèbre traité de 1953, *Recherches philosophiques*, évoque longuement l'illusion du canard et du lapin. Il en dessine même une version rudimentaire dans les arguments fragmentaires de l'ouvrage : un zeste de légèreté dans un océan de sérieux philosophique. Wittgenstein affirmait que l'illusion du canard et du lapin montrait qu'en voyant un objet nous ne le voyons pas nécessairement tel qu'il est. Que l'expérience visuelle est pétrie de biais et de jugements, et l'attention captée de façon aléatoire puis tenue en otage.

Philosophiquement, la révélation était un travestissement. Si l'ambiguïté nous trompe et nous égare aussi aisément, réussit aussi bien à camoufler la vérité, cela signifie que notre accès au monde est douteux, incertain. Nous ne comprenons qu'une partie de la réalité et occultons sa totalité. *Imaginez combien de choses nous devons mal interpréter ou ne pas même voir.*

Le phénomène est encore plus troublant quand nous réalisons que le fait de savoir ne protège pas contre la perception sélective. Même en ayant percé à jour la dualité de l'illusion, il est impossible de voir les deux interprétations simultanément. L'image est à la fois un canard et un lapin, mais jamais tout à fait en même temps. Il y a là comme une concurrence picturale. Vous pouvez regarder le dessin aussi longtemps que vous le voulez, même en sachant que deux animaux s'en disputent les traits, à aucun moment vous ne pourrez les voir tous les deux à la fois. C'est une illusion mouvante, réversible, bistable.

Dans son style aphoristique et conversationnel, Wittgenstein s'interroge : « Mais qu'est-ce qui est différent : mon impression ? Mon point de vue ? [...] Je *décris* le changement comme une perception ; comme si l'objet avait changé sous mes yeux[5]. » Le changement nous paraît radical, comme si ce n'était pas notre esprit qui avait changé, mais le monde lui-même. Nous éprouvons quelque chose de similaire dans notre vie quotidienne lorsqu'il nous arrive, au milieu d'une foule, de reconnaître par surprise un visage familier. « J'observe un visage et je remarque soudain sa ressemblance avec un autre. Je vois qu'il n'a pas changé ; et pourtant je le vois différemment[6] », écrit Wittgenstein.

Les pionniers allemands de la psychologie expérimentale donnèrent un nom à ce passage d'une image à une autre : un changement de *Gestalt*. Le mot se traduit à peu près par « tout », « totalité » : en passant du lapin au canard, on passe d'un tout, d'une totalité à une autre. L'esprit ne perçoit pas des éléments épars, il sent et intègre un tout. La perception ne se disperse pas en particules atomiques : elle est une expérience continue. C'est pourquoi nous voyons quelquefois dans d'innocents nuages des visages et des animaux : notre esprit en extrait une forme, une structure, un sens. C'est aussi pourquoi nous restons attachés à une vision du monde et peinons à réimaginer des informations dans une autre configuration. Les choses nous paraissent unifiées.

Pour le cerveau, le tout est sacré.

Il est rare que nous ayons dans notre vision des ambiguïtés ou des flous que nous laissons inexpliqués. Nous construisons et occultons sélectivement incohérences et incommodités. Pour un philosophe comme Wittgenstein, la prise de conscience fut un traumatisme.

Elle signifiait que la réalité n'est qu'un mirage, une hallucination utile fabriquée par notre esprit à partir de vérités partielles et d'informations sélectionnées. Que notre sens de la réalité n'est qu'une interprétation.

Mais si la vérité est sans fondement, comment trouver jamais un terrain commun ? Si la moitié des gens voient un lapin et l'autre moitié un canard, on ne peut guère espérer qu'ils s'entendent sur ce qu'est la réalité. Ce n'est pas là un simple casse-tête philosophique : le sujet est fondamentalement politique. Nous pourrions fourbir nos armes pour un désaccord, entrer en guerre pour un conflit d'interprétation. En 2014, reprenant l'image iconique de 1892, Paul North, le dessinateur du *New Yorker*, en orna les bannières de deux armées en guerre alignées face à face. Brandissant une épée, l'un des chefs harangue ses troupes : « Il n'y aura pas de paix tant qu'ils n'abjurent pas leur Dieu-Lapin et n'adorent pas notre Dieu-Canard. » Nous nous battrons jusqu'à la mort !

Nos interprétations du même objet, du même événement nous divisent et nous polarisent. Nous moralisons nos interprétations, faisons la guerre pour des illusions, nous entretuons pour de simples ambiguïtés.

Illusion optique et illusion politique

La perception visuelle n'est pas qu'une métaphore commode de la perception idéologique : la vision peut être un outil scientifique pour sonder les processus qui conduisent un cerveau à être tenté par un narratif idéologique – ou à le rejeter. Les différences de perception sensorielle montrent comment différents cerveaux traitent des images visuelles ou des scènes audiovisuelles complexes : lapins se changeant en canards, triangles rouges s'allumant à la périphérie de notre champ visuel, signaux sonores indiquant qu'il faut presser une touche du clavier ou inhiber notre réponse. Pareils à des optométristes, les psychologues peuvent étudier en même temps les mécanismes de la vision et de la politique. *Quelle interprétation préférez-vous ? Quelle image est la plus nette ?* A ou – *clic* – B ? B. Ok. Et maintenant, B ou – *clic* – C ?

Ces recherches montrent que des processus sensoriels qui se produisent en une seconde peuvent être liés à des décisions idéologiques qui mettent des années à se cristalliser et se solidifier. L'illusion optique peut devenir illusion politique. En mêlant optique et politique, on peut observer des convergences que j'appelle « poliptiques », c'est-à-dire des parallèles entre nos préférences sensorielles et nos susceptibilités politiques. Comment font les psychologues politiques pour mettre en lumière ces phénomènes ?

Il y a deux approches de la recherche scientifique. La première repose sur la *théorie* : les scientifiques réfléchissent longuement à une hypothèse, puis font des expériences pour la corroborer. Ici, la théorie guide la conception des tests et des analyses, afin que l'hypothèse puisse être soutenue, réfutée ou parfaite. Il est peu de théories scientifiques qui aient jamais été *prouvées*. Que la science cherche à établir purement et simplement des faits est un mythe ; en réalité, la science est un développement, une évolution permanente des connaissances : elle tente, essaie, se questionne, critique, change périodiquement. La recherche théorique pose une question, prédit un résultat, puis teste une hypothèse pour voir si des éléments permettent de la soutenir.

La seconde approche est le contraire de l'approche théorique. Il arrive en effet qu'un scientifique soit dans une phase exploratoire de sa recherche. Les questions qu'il se pose sont ouvertes, et ses hypothèses ne cessent d'évoluer. Il lui est alors possible de faire des recherches à partir de *données* : c'est-à-dire de rassembler un très grand nombre de faits et de les analyser pour identifier des patterns. Dans l'approche par les données, le scientifique n'impose pas ses idées préconçues aux résultats qui vont probablement se dégager. Il laisse les données parler d'elles-mêmes. Cette approche peut avoir des résultats ou faire ressortir des patterns inattendus que le scientifique n'avait peut-être même pas imaginés. Elle est aussi très utile dans les situations où l'on peut craindre que des biais ne limitent son imagination ou n'influencent le type de question qu'il va poser ou d'hypothèse qu'il va tester. Avec de grands ensembles de données, on peut trouver des réponses à des questions que l'on ne pensait même pas poser un jour.

Après avoir suivi une approche théorique pour analyser les relations entre rigidité cognitive et rigidité idéologique en matière de nationalisme, d'affiliation partisane, de dogmatisme, d'extrémisme et de religiosité, j'ai voulu savoir ce qui pouvait *encore* caractériser l'esprit idéologique. Quels autres traits psychologiques pouvaient apparaître chez des individus qui croient avec zèle à une idéologie ?

Une grande étude m'a permis de plonger dans l'inconnu de l'inconnu. J'ai pu rassembler des données portant sur plus de trois cents Américains, qui avaient avant cela fait l'objet de trente-sept tests cognitifs et répondu à vingt-deux enquêtes de personnalité[7]. Les tests psychologiques leur avaient pris plus de dix heures chacun : ils avaient pu les faire à leur rythme, dans la tranquillité de leur chez-soi, sur une période de quinze jours. Deux ans plus tard, j'ai invité les mêmes participants à remplir une série de questionnaires sur leurs opinions. Je voulais tester l'idéologie sous toutes ses formes : conservatisme économique et social, nationalisme, patriotisme, identité partisane, soutien à la violence idéologique, assiduité de la pratique religieuse, résistance à une révision des croyances basée sur des preuves, attitude sur diverses questions – de l'avortement au changement climatique, en passant par la protection sociale. Jamais un aussi grand tableau psychologique de l'idéologie n'avait été brossé. Cette approche par les données serait parfaite pour traiter un ensemble d'informations aussi étendu et multidimensionnel.

Je voulais savoir ce que l'analyse des corrélats psychologiques pouvait nous révéler sur diverses idéologies. Y aurait-il des différences psychologiques entre conservateurs et libéraux, des parallèles entre les dogmatiques de toutes obédiences ? Et quels étaient les caractéristiques perceptuelles et les traits de la personnalité qui seraient impliqués si l'on suivait les patterns issus de l'analyse sans imposer nos présupposés aux données ?

La prise de décision perceptuelle et l'effet Simon

Dans les années 1960, le psychologue J. Richard Simon avait découvert qu'il se produisait un phénomène curieux quand on demandait à des gens de prendre des décisions perceptuelles[8]. Si vous voulez apprendre à un individu à presser un bouton placé sur sa droite chaque fois qu'il voit apparaître un cercle rouge sur un écran placé devant lui, la position du cercle sur cet écran n'est pas sans pertinence. En effet, quand il voit un cercle rouge apparaître sur la droite de l'écran, la vitesse avec laquelle il presse le bouton est plus grande que lorsque le cercle apparaît sur la gauche. De même, un stimulus invitant à presser un bouton placé à gauche de l'individu amènera des réponses plus rapides et plus exactes s'il apparaît sur la gauche de l'écran. Le cerveau répond plus rapidement quand la position du stimulus correspond à celle requise pour l'action manuelle que lorsqu'il n'y a pas de congruence entre le côté du champ visuel où le stimulus apparaît et le côté du corps invité à répondre.

Cela est vrai pour tout le monde. L'effet Simon s'explique par le fait que les mécanismes de l'attention ont tendance à être biaisés dans la direction de notre réponse. Si nous voyions une balle venant de la gauche, il serait étrange pour notre corps d'essayer de l'attraper en se déplaçant vers la droite.

Si l'effet Simon est universel, son ampleur n'est pas la même selon les individus. Certains cerveaux surmontent une incongruence facilement et rapidement. D'autres ont besoin de plus de temps et font davantage d'erreurs quand ils sont confrontés à des tests incongruents. Être capable d'ignorer sans difficulté l'incongruence, c'est-à-dire présenter un faible effet Simon, n'est pas forcément une vertu – être distrait par des éléments extérieurs peut inspirer la créativité –, et ces différences individuelles ne sont donc ni bonnes ni mauvaises en soi. Ce sont de simples indicateurs de différence[9].

Après avoir moi-même passé les tests de « congruence » (stimulus gauche à gauche de l'écran, stimulus droit à droite), il est apparu que mon temps moyen de réaction était de 503 millisecondes, soit environ une demi-seconde. Dans les tests d'« incongruence » (stimulus gauche à droite, stimulus droit à gauche), il était légèrement plus long : 650 millisecondes. Mon effet Simon d'interférence était la différence entre les deux situations : dans quelle mesure étais-je plus lente quand les stimuli étaient du « mauvais côté » de l'écran et m'obligeaient à presser le bouton gauche alors que le stimulus était à droite. Pour moi, la différence entre les essais congruents et incongruents était de 147 millisecondes.

Cet écart peut sembler infime ou insignifiant. Pourquoi se soucier d'une différence d'un septième de seconde ? Même l'œil en clignant va moins vite. Rien là que de banal. Mais si ce sont des décisions incroyablement rapides, ce n'en sont pas moins, du point de vue du cerveau, des décisions.

L'observation des décisions qui se prennent en quelques millisecondes peut être une technique puissante. En donnant aux participants ce type de tâches perceptuelles, j'ai pu quantifier des caractéristiques fondamentales de la manière dont leur cerveau était présent au monde, résolvait les conflits, inhibait les réponses et apprenait des patterns. Le recours à ces échelles microscopiques de temps m'a permis d'étudier des processus qui étaient trop inconscients et trop rapides pour être contrôlés par l'individu.

Quand des scientifiques cognitifs analysent les résultats de ces tâches de prise de décision perceptuelle, ils s'intéressent à deux types de données : le temps de réaction et l'exactitude. Cela peut permettre de voir qui fait la tâche vite et qui la fait bien. Mais on peut aussi obtenir des variables psychologiques encore plus significatives au moyen de la modélisation computationnelle. C'est une approche qui part du comportement des participants à ces tests de moins d'une seconde pour examiner quels sont les mécanismes psychologiques qui ont lieu entre le moment où le stimulus leur est présenté (temps zéro) et le moment où ils appuient sur le bouton (dans mon cas, 650 millisecondes).

Le test de la prudence perceptuelle

Que se passe-t-il pendant ces 650 millisecondes ? Grâce à des techniques computationnelles, on peut extraire de chaque individu le *taux d'accumulation d'évidence* pour une tâche donnée, qui dit avec quelle rapidité et quelle efficacité un individu est capable d'intégrer les éléments qui lui sont présentés dans une décision correcte. Certains accumulent des évidences sensorielles rapidement et habilement ; d'autres ont du mal à les intégrer dans une décision. Les scientifiques cognitifs pensent que ce processus d'accumulation d'évidence est bruité et non linéaire, ce qui veut dire que le cerveau ne prend pas tout de suite la bonne décision : il hésite plusieurs fois avant d'arrêter une action. C'est un processus stochastique. Milliseconde après milliseconde, il y a des moments de certitude croissante, suivis d'hésitations ou de baisses aléatoires d'attention. Si l'on compare ce processus à l'ascension d'un sommet – la bonne décision –, elle se fait sur une pente inégale et cahoteuse. Il peut y avoir des chutes de pierres et des glissades, le chemin pris par erreur peut descendre au lieu de monter. Milliseconde après milliseconde, le cortex visuel communique avec les cortex pariétal et temporal – où l'attention rassemble des informations – et avec les cortex moteurs qui gouvernent le mouvement, jusqu'à ce qu'il passe un seuil et commande : *Assez ! Nous avons assez d'informations pour prendre une décision. Appuie sur ce bouton !* Chez certains individus, ce seuil est élevé : ils sont plus prudents et ont besoin de beaucoup d'informations avant de se risquer à une action ; chez d'autres, ce seuil est bas : ils sacrifient volontiers la justesse à la vitesse.

Tous ces processus se passent dans les 650 millisecondes qu'il me faut pour former un simple jugement perceptuel.

En analysant les réponses à des dizaines de tâches de ce genre, j'ai découvert qu'il y avait des parallèles entre la façon dont les individus forment un jugement perceptuel et celle dont ils forment un jugement idéologique. Deux patterns en particulier permettaient d'expliquer à quelle profondeur du cerveau il est possible d'observer les répercussions de nos choix politiques, sociaux et religieux.

Ces tâches perceptuelles ultrarapides exigent de maximiser à la fois la vitesse et la justesse. Cela met les participants devant un dilemme : ou bien faire des choix rapides inévitablement entachés de quelques erreurs, ou bien préférer la lenteur et sacrifier la rapidité à la précision. Il est ainsi possible de quantifier la *prudence perceptuelle* de chacun : c'est le point où nous nous situons sur le spectre allant de la stratégie du lièvre fonceur à celle de la tortue placide.

Le premier résultat fit apparaître que les individus qui étaient les plus prudents dans ces exercices de prise de décision perceptuelle étaient aussi les plus politiquement conservateurs. Autrement dit, la prudence perceptuelle dans les décisions de quelques millisecondes était corrélée au conservatisme des préférences politiques. Or le conservatisme est synonyme de prudence. Après tout, qu'est-ce qu'une politique conservatrice, sinon une politique qui résiste à la précipitation pour mettre les choses en ordre ?

La prudence ne signifie pas la lenteur en termes absolus. Elle recherche plutôt un équilibre entre vitesse et justesse. Qu'ils conduisent une voiture ou tapent sur un clavier, certains individus préfèrent aller lentement et limiter leurs erreurs, et d'autres aller vite, quitte à faire quelques bourdes. Mais il y en a aussi qui sont en même temps rapides et justes (un grand bravo) – ou lents et sujets à se tromper (dommage pour eux).

Les stratégies perceptuelles des conservateurs politiques ont tendance à privilégier la stratégie *qui va piano va sano*. Nous avons observé que le cerveau conservateur est généralement prudent : prudent en morale et en politique, et dans les décisions sensorielles visuelles qui prennent moins d'une seconde. La prudence perceptuelle est évidente chez les conservateurs économiques et sociaux, chez ceux qui croient fervemment au nationalisme, au patriotisme, à la légitimité des inégalités et des hiérarchies de dominance sociale, et chez ceux qui admettent les actes de violence et le sacrifice de soi au nom des groupes idéologiques auxquels ils appartiennent ou s'identifient. Cela est cohérent avec d'autres recherches qui montrent que les individus ayant des opinions de droite ont tendance à être plus prudents quand ils explorent de nouveaux environnements et ont moins tendance à approcher des objets nouveaux que les individus ayant des opinions de gauche[10].

Le second résultat de cette étude fut de montrer que les individus qui avaient du mal à actualiser leurs croyances à la lumière d'éléments crédibles étaient aussi ceux qui mettaient le plus de temps à intégrer des évidences et à prendre une décision dans les tâches perceptuelles. Autrement dit, les taux d'accumulation d'évidences font apparaître que les personnes les plus dogmatiques et les plus résistantes aux preuves ont tendance à intégrer des évidences sensorielles plus lentement que leurs pairs intellectuels plus humbles. Chez l'esprit dogmatique, l'accumulation d'évidences sensorielles est inefficace et rigide : il a du mal à extraire de façon fiable des informations de qualité. L'esprit dogmatique perçoit les évidences sensorielles comme incertaines et ambiguës, même quand elles ne le sont pas. Quand il apprend et prend des décisions, le cerveau dogmatique a du mal à associer rapidement des évidences perceptuelles – les couleurs, les stimuli, les sons, les contingences entre les stimuli et les réponses demandées. Il est plus lent à intégrer les informations dans un jugement. Cette difficulté à rassembler des évidences sensorielles peut être une des raisons pour lesquelles l'individu dogmatique a du mal à intégrer les évidences politiques de façon flexible.

Cette signature cognitive du dogmatisme est très différente de celle de la prudence perceptuelle qui caractérise le conservatisme. Une distinction importante, car on assimile souvent conservatisme et dogmatisme : ils ont pourtant des origines psychologiques différentes.

Ce portrait cognitif de l'esprit dogmatique est remarquable en soi, mais il s'éclaircit encore au vu des autres résultats de l'étude de ces données. Nous avons observé, après avoir examiné ce que les individus dogmatiques disaient eux-mêmes à leur sujet, qu'ils ne professaient nullement la lenteur et ne se vantaient absolument pas de prendre des décisions prudentes. Ils disaient au contraire être impulsifs, et adorer les sensations fortes et les choix irréfléchis.

Il se peut donc que l'esprit dogmatique prenne des décisions impulsives et prématurées à partir d'informations mal comprises. La machinerie cognitive inconsciente de l'individu dogmatique est plus lente, mais, dans la conscience qu'elle a de soi, sa personnalité entend prendre des décisions impulsives. Cela est logique lorsqu'on songe au profil du penseur dogmatique : quelqu'un dont l'esprit se refuse à réviser ses opinions à la lumière de preuves crédibles, qui dénonce l'ambiguïté pour lui préférer des absolus, qui rejette hâtivement tout débat et occulte les informations nouvelles ou alternatives. Si cet esprit a du mal à trier avec efficacité des preuves sensorielles et à les unifier dans une décision, s'il accumule lentement des évidences, mais a aussi tendance à être imprudent, émotionnellement déréglé et sujet à des choix soudains, alors il est logique que le résultat de tout cela soit un dogmatisme général par rapport à toute information nouvelle.

Ces découvertes suggèrent que le mode de traitement de l'information de l'esprit dogmatique n'est pas limité à ce qui relève de l'idéologie. Le cerveau dogmatique pourrait avoir un handicap cognitif et sensoriel plus général, qui se manifeste quand l'individu dogmatique évalue *tout type* d'information, même s'il lui faut moins d'une seconde pour le faire. Dans ces parallèles entre perception sensorielle et intolérance idéologique, nous voyons qu'il y a une généralité de domaine et une invariance temporelle pour différents types de mesures.

D'autres chercheurs ont observé des patterns convergents qui montrent que le penseur dogmatique et radical a du mal à juger avec justesse ses propres processus mentaux : quand il accomplit une tâche cognitive qui lui demande de juger lequel de deux carrés noirs est rempli du plus grand nombre de points scintillants, par exemple, l'individu idéologiquement radical a tendance à avoir une confiance excessive dans la justesse de ses décisions[11]. Cela implique que les mécanismes que l'individu dogmatique utilise pour interpréter le monde et pour se juger lui-même sont biaisés pour tout type d'information, idéologique ou non. Le cerveau dogmatique s'attache à des interprétations formées de façon hâtive, qu'elles concernent des questions politiques ou des lapins et des canards bistables.

« L'ambiguïté – lapin ou canard ? – est clairement la clé du problème de l'interprétation d'une image, écrivait l'historien d'art Ernst Gombrich dans son grand livre sur la perception et la représentation picturale, *L'Art et l'illusion*, car elle vient confirmer l'idée que l'interprétation implique une tentative de projection, un essai qui, s'il réussit, transforme l'image[12]. »

L'interprétation d'une image, d'une information ou d'une situation sociale ambiguë est un acte que chacun d'entre nous aborde avec un style qui lui est propre. Un style d'interprétation qui est sensible aux subtilités de l'objet devant nous – qui s'attache à ses carences et ses surfaces inertes, qui reconnaît ses asymétries et ses vibrations iridescentes – ou qui est plus distant des objets et qui va à leur rencontre avec des préconceptions et des jugements hâtifs. La manière dont notre cerveau se lance dans l'interprétation reflète celle dont nous approchons le monde entier.

L'interprétation idéologique, un appauvrissement du monde

Dans son célèbre essai intitulé « Contre l'interprétation », Susan Sontag écrit que les attentes préconçues quant à la signification d'une image ou d'une idée peuvent entraver la sincérité de la perception. L'interprétation est un processus qui superpose des préconceptions à notre expérience afin de comprendre ce qu'une chose – texte, peinture, apparence – signifie réellement.

Pour Sontag, ce processus d'interprétation – cette traduction vers un sens – est profondément vicié. « L'interprétation de style moderne procède par excavation, et en excavant, elle détruit ; elle creuse "derrière" le texte pour trouver un sous-texte qui serait le vrai texte », écrit-elle. « Les doctrines les plus célèbres et les plus influentes, celles de Marx et de Freud, reviennent en réalité à élaborer des systèmes herméneutiques, des théories de l'interprétation agressives et impies. » L'interprète – le critique, le prêtre, le prophète, le dirigeant, le psychanalyste – prétend dévoiler un sens véritable et, ce faisant, nous rend étranger le monde tel qu'il peut être expérimenté par nos sens. « Interpréter, c'est appauvrir, écrit encore Sontag, c'est diminuer le monde, pour lui substituer un monde fantomatique de "significations"[13]. »

Sontag affirme qu'imprégner l'art – la littérature, la peinture, le cinéma, la photographie – d'interprétation est un acte réductionniste, qui détourne nos yeux de « la luminescence de la chose en soi, des choses telles qu'elles sont[14] ».

En art, comme dans d'autres domaines relevant de la foi, l'interprétation peut confiner à l'idéologie, et l'idéologie peut imposer des interprétations. Si l'on adhère de façon rigide à une doctrine, toute expérience perceptuelle sera assujettie à des significations conformes à cette doctrine. Les structures et les significations idéologiques conduiront à un appauvrissement de notre monde sensoriel. Au lieu de faire l'expérience directe de l'art ou du monde, nous la ferons indirectement, inauthentiquement, idéologiquement, évitant sa possible ambiguïté pour lui préférer des significations prédéterminées.

Pour court-circuiter ces interprétations étouffantes, nous avons besoin de moins d'idéologie et d'un surcroît de sensations directes. « Ce qui importe désormais est de recouvrer nos sens », propose Sontag. « Nous devons apprendre à *voir* plus, à *entendre* plus, à *sentir* plus[15]. » L'accent doit être mis moins sur l'interprétation que sur la relation. Moins sur la logique que sur l'érotique. Refusant la censure dictée par les interprétations qui structurent notre perception, il faut revenir au corps, à la physicalité, à la sensation sans filtre.

Si l'interprétation était pour Susan Sontag « la revanche de l'intellect sur le monde[16] », la sensation doit être pour nous notre revanche sur l'idéologie.

Chapitre 15

L'émotion au bout des doigts

C'est souvent par le plus ténu des gestes, un tressaillement imperceptible, un tic incontrôlé, que se trahissent les émotions les plus fortes. Sous notre peau, dans notre corps, sourd un mouvement de jazz incessant. Les muscles qui se tendent et se relâchent ébauchent une mélodie spasmodique. Le cerveau, l'intestin, les poumons conversent sans relâche. Le flux et le reflux du sang battent le réseau des veines et des artères. Les cellules nerveuses s'activent à l'unisson, formant une pulsation cyclique chaque fois qu'une onde cérébrale éclôt, cesse, renaît. Surprises et fausses prédictions provoquent une succession de tangos syncopés.

Ce mouvement intérieur, invisible pour le monde et souvent pour nous-mêmes, crée des rythmes et des tempos, compose des symphonies à l'intérieur de notre corps. Les vibrations viscérales qui répercutent nos humeurs sont des marqueurs musicaux qui traduisent et entretiennent notre équilibre corporel. Notre homéostasie biochimique.

Le bruit de nos organes trahit nos émotions les plus intimes. Sous l'effet de la panique ou de la passion, nous posons les mains sur notre poitrine pour entendre les battements de notre cœur ou l'acoustique de notre souffle. Dans les moments d'incertitude, nous prions le médecin d'écouter. De son antique stéthoscope, il va sonder l'océan qui gronde sous notre peau. *Qu'entendez-vous, docteur, que pouvez-vous me dire de mon corps ?*

Ce sont des résonances privées, introverties, qui révèlent nos sentiments avant même qu'ils se diffusent dans notre conscience. « La perception des émotions nous amène *à faire attention à notre corps*, écrit le neuroscientifique Antonio Damasio ; elle nous offre un aperçu de ce qui se passe dans notre chair[1]. »

Mais quand nous décrivons des émotions politiques ou des sentiments religieux, ou dessinons le possible portrait de l'idéologue émotionnel, nous leur imaginons une théâtralité extravertie. Il est écumant de rage ou vibrant d'extase, le cœur en ébullition. Chaque visage, chaque bribe de propagande, chaque foule emportée par les soubresauts d'une fureur violente déborde d'émotions. Ces émotions politiques sont exhibées avec une clarté outrée – *la peur ! le dégoût ! la colère ! la haine ! la fierté !* –, comme si l'idéologue était une exagération en soi, un moi exagéré. Or tous les sentiments ne sont pas mélodramatiques, ni même ostensibles. Les signatures de nos émotions sont souvent infimes, implicites, et bien plus rapides que nos rationalisations ou nos excuses. Ces indicateurs éphémères sont aussi plus en phase avec notre vision idéologique du monde que nous n'oserions l'imaginer.

La peur et le dégoût : des émotions conservatrices ?

En 2008, la revue *Science* publia les résultats d'une expérience réalisée par des chercheurs du Nebraska, dans laquelle étaient présentées pour la première fois les possibilités de la psychophysiologie politique, c'est-à-dire de l'étude de la manière dont les processus physiologiques peuvent être modifiés par les processus politiques[2]. Elle consistait à exposer des participants à des bruits brutaux – *BOO ! BAM ! CLAP !* – et à mesurer l'ampleur de leurs clignements d'yeux. Au moyen d'électrodes placées sous les paupières inférieures, sur le muscle orbiculaire, les scientifiques purent différencier les clignements nets des simples palpitations. Est-ce que nous réagissons tous de la même façon à des sons soudains et effrayants ? Apparemment, non. Les chercheurs sélectionnèrent des participants issus des deux extrémités du spectre politique, c'est-à-dire les plus extrêmes idéologiquement à gauche et à droite. Les résultats montrèrent que les individus politiquement les plus conservateurs avaient tendance à cligner fortement des yeux quand ils entendaient des bruits menaçants. Et que les plus libéraux clignaient plus doucement, trahissant moins d'inquiétude ou de crainte instinctuelle.

Ces effets étaient également présents pour les stimuli visuels. Quand ils leur montrèrent des images inspirant la peur – la photo d'une énorme araignée posée sur le visage d'un quidam terrifié, ou celle d'une personne grièvement blessée –, les chercheurs observèrent que les conservateurs réagissaient physiologiquement beaucoup plus fortement que les libéraux. En plaçant des électrodes au bout des doigts des participants, ils purent mesurer leur conductance cutanée : cet indicateur des infimes fluctuations de l'activité électrique de la peau révèle les cascades biologiques de l'excitation physiologique. Ces brèves variations sont déclenchées par l'augmentation de la sécrétion de sueur dans les glandes eccrines. Celle-ci entraîne une meilleure conductance de l'électricité dans la peau, qui peut être mesurée en faisant passer un faible (et indolore) courant électrique par deux électrodes placées sur les doigts d'une main ou d'un pied.

Ces marqueurs physiologiques s'activent quand le corps vit une situation stressante, surprenante ou nouvelle. Le système nerveux sympathique se met alors en action, et la conductance cutanée augmente. Le système nerveux sympathique est la partie du système nerveux autonome qui est responsable de la réaction de lutte ou de fuite. Quand le corps perçoit un danger, il est incité à accélérer la respiration et le battement du cœur, à contracter les muscles en préparation de l'action, et à produire de minuscules gouttes de sueur dans nos sourcils et le creux de nos paumes. En mesurant l'activité du système nerveux sympathique par le biais de la conductance cutanée, les neuroscientifiques peuvent évaluer nos peurs et nos excitations, et voir à quel point le système nerveux peut être stimulé par un événement. Ces signaux physiologiques apparaissent avant même que la personne prenne conscience de ses émotions ou soit capable de leur donner une forme grâce au langage.

Le fait qu'il y ait des différences idéologiques dans le degré de surprise et d'inquiétude des réactions des individus à des images et des bruits effrayants indique que l'empreinte de l'idéologie sur nos corps est très profonde. Les chercheurs n'ignoraient sans doute pas s'aventurer sur un terrain controversé et délicat. Dans leur article, ils qualifiaient l'obligation de la prière à l'école, le refus des droits des homosexuels et l'opposition à l'avortement de positions politiques « socialement protectrices », et non pas, comme c'est généralement admis, de positions « conservatrices » ou de « droite ». (Il est d'ailleurs à noter qu'il y avait dans leur équipe bien plus d'auteurs prénommés John que de femmes, mais c'est là un autre sujet[3].)

Statistiquement, l'étude n'était pas très solide. L'échantillon était réduit – quarante-six participants seulement –, et les différences entre les réactions physiologiques des conservateurs et des libéraux dépassaient tout juste le seuil de signification statistique. Conceptuellement, en revanche, l'étude était très inventive. Elle disait *quelque chose* de très intéressant et de très dérangeant.

Ses résultats firent même l'effet d'une bombe. Une multitude d'équipes de recherche se lancèrent sur la piste de l'indicateur physiologique manquant de l'idéologie politique[4]. Cinq ans après la publication de l'étude dans *Science*, la revue consacrait un numéro entier à la question de savoir si les préférences idéologiques conservatrices n'étaient pas sous-tendues par un *biais de négativité* psychophysiologique, c'est-à-dire par une plus forte réactivité biologique aux informations négatives qu'aux informations neutres ou positives[5]. Sur des dizaines de pages très denses, plus de cinquante scientifiques éminents débattirent de la validité de l'hypothèse et des nuances pouvant lui être apportées, et se demandèrent si la susceptibilité physiologique des individus conservateurs différait de celle des libéraux.

Comment ce débat a-t-il vieilli depuis 2008 ? Les résultats vont à la fois en faveur et en défaveur du biais de négativité. Toute la question est de savoir s'il existe un biais de négativité *généralisé* des conservateurs en réaction non pas seulement à une actualité politique, mais aussi à toute situation ou stimulus nouveau. Nombreuses sont les expériences qui ont confirmé cette hypothèse[6]. L'une d'entre elles a montré que, placés devant des images de visages dont l'expression émotionnelle était équivoque, les conservateurs avaient davantage tendance à voir en eux une menace[7]. D'autres ont montré que, lorsqu'on leur présentait des informations perceptuelles positives et négatives, l'intérêt des conservateurs s'attachait plus fortement aux secondes[8].

Cependant, des équipes ayant essayé de répliquer l'étude de 2008[9] n'ont pas constaté de sensibilité particulière des conservateurs à la menace, ni de lien entre la sensibilité à la menace et le conservatisme. Beaucoup d'autres hésitent à abandonner l'hypothèse du biais de négativité. D'autres encore contestent la focale de ces expériences et se demandent pour quelles raisons ces travaux cherchent à expliquer pourquoi un individu serait conservateur et non pas pourquoi un individu serait libéral. Ils vont jusqu'à accuser l'Université de laisser des biais de gauche envahir les études empiriques. Une interprétation plus charitable voit dans l'hypothèse du biais de négativité une sorte d'exercice d'empathie : les penseurs libéraux essaieraient de déchiffrer les peurs et les sensibilités qui amènent les individus au conservatisme.

D'autres enfin suggèrent que ce n'est peut-être pas la sensibilité à la *menace* ou à la *négativité* qui différencie les conservateurs des libéraux, mais que l'on serait tenté par les idéologies conservatrices à cause d'une sensibilité particulière au *dégoût*. Cette sensibilité au dégoût inciterait les individus à adopter une morale traditionnelle orientée vers la pureté et à éprouver de l'hostilité à l'encontre de toute question semblant évoquer la transgression ou l'impureté sexuelle, comme l'avortement, l'homosexualité et l'immigration. *Qui est dégoûté par le corps le serait également par la politique.* Cela rejoint l'idée de la philosophe du droit Martha Nussbaum, selon laquelle « le dégoût a été utilisé tout au long de l'histoire pour exclure et marginaliser des individus ou des groupes qui incarnaient la peur et le rejet du groupe dominant de sa propre animalité et de sa propre amoralité[10] ».

Des paradigmes expérimentaux sont apparus qui mesurent les réactions naturelles des individus à des stimuli potentiellement dégoûtants. Certaines expériences utilisent des questionnaires d'auto-évaluation sur la sensibilité au dégoût, d'autres se servent de critères physiologiques pour quantifier la conductance cutanée d'individus placés devant des images dégoûtantes. Elles montrent qu'il y a une corrélation robuste entre les préférences politiques conservatrices et les réactions de dégoût face à des images de maladie et de symptômes d'infection[11]. Dans une étude portant sur des milliers d'Américains et de Danois, les individus qui avaient une sensibilité au dégoût élevée avaient davantage tendance à soutenir les politiques anti-immigration[12]. Le degré de sensibilité au dégoût d'un individu était lié à sa désapprobation de tout contact proche avec des immigrés : aller dans des piscines publiques fréquentées par des immigrés, avoir des voisins immigrés, etc. *Vous avez peur de la contamination physique ? Vous devriez surtout craindre l'illusion de la contamination politique et raciale.* La relation entre sensibilité au dégoût et hostilité à l'immigration était présente aussi bien chez les conservateurs que chez les libéraux. C'est même chez les libéraux autoproclamés qu'elle était le plus prononcée. Les individus qui sont à la fois de gauche et très sensibles à la contamination ont tendance à être hostiles à toute proximité avec des immigrés, ce qui peut les conduire à être en désaccord avec les politiques des partis de gauche.

Dans toutes ces études, il est supposé que les traits relatifs à la réactivité d'un individu à des informations négatives, menaçantes ou dégoûtantes dans la sphère non politique façonnent la vision idéologique du monde qu'il en vient à adopter. Si vous vous sentez facilement menacé, vous risquez de graviter vers une idéologie conservatrice qui prétend lutter contre ce sentiment de peur, ou du moins l'expliquer. Si vous êtes plus enclin à la confiance qu'au dégoût, vous aurez davantage tendance à accepter les minorités qui s'écartent des normes traditionnelles locales.

Ces théories et ces expériences sont intéressantes et troublantes. Il est important de ne pas oublier que leurs découvertes sont des corrélations et des patterns généraux, pas des résultats définitifs. Toute personne sensible au dégoût ne sera pas prédisposée à élire des politiques qui fulminent contre les minorités racisées ou genrées. D'autres traits psychologiques – la flexibilité cognitive ou la régulation émotionnelle – peuvent intervenir ou tempérer ces tendances. Après tout, chaque individu est un amalgame de dispositions et de sensibilités.

Les idéologies structurent nos sensibilités

Mais de quoi parlons-nous quand nous parlons de *sensibilité* ? L'objet de notre sensibilité est ce qui nous distrait et nous déstabilise de quelque façon. La sensibilité n'est pas la fragilité. Être sensible à quelque chose, c'est lutter pour l'ignorer, la regarder plus que l'occulter, la sentir intensément. Le français « sens » rend bien toutes les nuances du phénomène : tout à la fois sensation, signification, attitude et direction[13]. Si nous sommes sensibles au temps qu'il fait, nous sentirons fortement son effet desséchant sur notre peau ou la façon dont il modifie la densité de l'air que nous inhalons. Si nous sommes sensibles aux menaces d'intrusion imminente dans notre espace privé, nous les verrons poindre à tout bout de champ et sentirons dans nos corps une sorte d'afflux d'énergie. Notre perception du monde sera dotée d'une disposition à être ému ou flegmatique. La sensibilité est une sorte de vigilance – au sens de conscience perceptive et d'état d'alerte face à un danger potentiel.

La sensibilité est une orientation intuitive, automatique et rapide vers quelque chose, similaire à ce que les phénoménologues appellent la conscience de quelque chose. Voici ce qu'écrivait Edmund Husserl, le fondateur de la phénoménologie, à propos de notre expérience du monde :

> Ce monde n'est pas là pour moi comme un simple *monde de choses* mais, dans la même immédiateté, comme *monde de valeurs*, comme *monde de biens*, comme *monde pratique*. D'emblée je trouve les choses devant moi pourvues non seulement de propriétés matérielles, mais aussi de valeurs caractéristiques : belles et laides, plaisantes et déplaisantes, agréables et désagréables[14].

Quand nous mesurons la sensibilité d'un individu, nous recueillons ses réactions et associations instinctuelles : ce qu'il trouve laid ou fascinant, ce qui suscite sa sympathie, ce qui le laisse froid. Ce à quoi il accorde de la valeur dans le monde.

La leçon de la psychophysiologie *n'est pas* que les conservateurs sont physiologiquement sensibles et que les libéraux sont physiologiquement indifférents *partout, pour tout et tout le temps*. La sensibilité n'est pas unique ; nous avons de multiples sensibilités. Comme elle est toujours orientée *vers* quelque chose, la sensibilité est toujours un stimulus *particulier*. Ce qui nous importe compte. Certains sujets excitent le corps libéral plus que le corps conservateur, et vice versa. D'autres questions vont davantage mettre en branle le système nerveux de l'idéologue extrémiste que le système nerveux du croyant modéré. La question est donc de savoir *qui* est le plus sensible à *quoi*. Et pourquoi cette sensibilité – ces sensibilités – importe(nt).

Des expériences récentes ont commencé à chercher les rapports entre l'idéologie et la sensibilité à la douleur[15]. Êtes-vous plus ou moins sensible à la douleur ? Quel niveau de douleur tolérez-vous ? Votre sensibilité à la douleur pourrait-elle façonner votre empathie vis-à-vis d'autrui ? Certains chercheurs envisagent des liens entre l'idéologie et la sensibilité au goût[16]. Votre sensibilité à l'amertume est-elle l'indicateur d'une aigreur morale ? L'idéologie est-elle une affaire de goût ? Montrez-moi votre langue, et je vais vous dire ça ! D'autres ont commencé à étudier la sensibilité intéroceptive : il s'agit de voir à quel point un individu est à l'écoute des états intérieurs de son corps[17]. La sensibilité intéroceptive se mesure par exemple au degré de précision avec lequel un individu, assis et attentif, évalue son rythme cardiaque. Dans ces expériences, on surveille les battements du cœur des participants pendant que passe une bande-son qui est tantôt synchronisée sur ces battements – en réalité, ce sont eux que l'on fait écouter aux participants – et tantôt désynchronisée. Votre sensibilité aux signaux internes de votre corps pourrait-elle être liée à votre disposition à étouffer les désagréments que vous éprouvez et à être dominé par une cause idéologique ?

Par ces moyens curieux et merveilleux, les scientifiques se servent de la musique intérieure du corps pour déchiffrer les sensibilités de l'individu et voir si elles permettent de prédire ses sympathies idéologiques. L'hypothèse est que les idéologies sont des phénomènes réellement incarnés : nos sens physiques, nos réactions physiologiques et nos expériences biologiques sculptent – et sont sculptés par – nos idéologies.

Certains chercheurs ont abordé la question des différences idéologiques dans les sensibilités physiologiques sous un angle tout à fait différent. Au lieu de présenter des stimuli non idéologiques – araignées géantes, images de maladies et d'infections –, des psychologues politiques ont étudié la réaction physiologique des individus face à des informations explicitement politiques, par exemple des vidéos sur l'immigration, la redistribution des richesses ou le changement climatique. Les expériences utilisant cette approche montrent que les individus qui ont les attitudes les plus extrêmes – de droite ou de gauche – auront tendance à avoir des réactions physiologiques plus fortes devant des vidéos politiques, cette intensité étant mesurée par leur conductance cutanée[18]. Devant un film sur des réfugiés traversant la mer pour aller dans son pays, le corps de l'idéologue réagit fortement. Celui de l'individu modéré est conforme à son attitude généralement modérée et tempérée. Sa réaction physiologique à des informations polarisantes est plus feutrée.

Dans une autre étude, réalisée par des psychologues politiques en 2023 à Amsterdam[19], on montra aux participants les expressions émotionnelles neutres, joyeuses ou coléreuses de divers membres du Parlement néerlandais. Les participants étaient eux-mêmes soumis à une électromyographie faciale, qui enregistrait l'activité du muscle corrugateur du sourcil (situé au-dessus de celui-ci), responsable du froncement, et celle du grand zygomatique, responsable du sourire. Les participants fronçaient beaucoup plus les sourcils quand ils voyaient des parlementaires qu'ils n'appréciaient pas : *qui ne fait pas la grimace devant l'opposition abhorrée ?* Mais, quand ces mêmes parlementaires étaient en colère, le muscle du sourire entrait lui aussi en activité : *c'est toujours un plaisir de voir l'opposition enrager !*

« Nos vies émotionnelles sont grandement façonnées par l'idéologie, admettait l'activiste et philosophe politique Angela Davis. Nous-mêmes, dans et tout au long de notre vie intérieure, faisons souvent le travail de l'État[20]. » Les idéologies peuvent structurer notre vie émotionnelle intérieure d'une façon qui se fait entendre à tous les niveaux du corps : de nos émotions conscientes à nos sentiments inconscients, en passant par leurs marqueurs physiologiques. Davis est une géante du mouvement des droits civiques, une observatrice éclairée de l'injustice, une défenseuse fière et courageuse de l'idée que la violence peut être une forme légitime de résistance. Ses écrits montrent que l'État et les idéologies oppressives nous apprennent à tolérer des inégalités que nous devrions avoir en abomination ; que les « mauvaises » idéologies justifient l'inégalité, et que les « bonnes » idéologies aspirent à détruire ce type de hiérarchie. Si nous voulons comprendre la politisation de nos corps, il faut étudier comment les idéologies modulent notre sensibilité à l'inégalité.

Des recherches nouvelles s'attaquent à cette question. Elles visent à comprendre comment nos réactions attentionnelles et physiologiques à la vue de l'inégalité sont liées à notre idéologie dans ce domaine[21]. Des expériences montrent que les individus ayant des croyances plus égalitaires sont plus attentifs aux signes d'inégalité concernant des groupes marginalisés (femmes, minorités racisées, personnes sans abri) dans des images de scènes urbaines ou sur des graphiques numériques. La sensibilité n'est pas un biais qui fait voir des inégalités partout. Les égalitaristes ne constatent l'inégalité que lorsqu'elle est présente. La sensibilité à l'inégalité se traduit par le fait que, quand il y a de véritables disparités, les égalitaristes vont les détecter. Les gens qui justifient les hiérarchies, eux, ne remarquent même pas les inégalités, y compris quand les chercheurs leur proposent des incitations financières pour répondre de façon correcte aux questions qui leur sont posées.

Pour revenir à la physiologie, des chercheurs ont observé les différences dans la manière dont les individus sont dérangés par les inégalités d'ordre économique. Ils mesurèrent pour cela le niveau de justification du système des participants : considéraient-ils le capitalisme économique comme juste et légitime, ou bien y voyaient-ils une source d'inégalité et d'injustice extrêmes ? Les participants furent ensuite exposés à des vidéos d'interview avec des sans-abri, dans lesquelles ceux-ci parlaient de leur quotidien et de la difficulté de vivre dans la pauvreté. On leur fit voir après cela des vidéos « de contrôle » de gens parlant de pêche ou de leur manière de faire le café. On compara enfin leurs réactions physiologiques aux deux séries de vidéos.

Les réactions physiologiques négatives des individus qui refusaient les inégalités économiques étaient bien plus fortes quand ils regardaient les vidéos sur les sans-abri que lorsqu'ils regardaient les vidéos « neutres ». Leurs corps trahissaient leur désarroi. À l'inverse, pour les justificateurs du système, les marqueurs physiologiques ne réagissaient pas particulièrement aux vidéos sur les sans-abri. Leurs réactions physiologiques aux difficultés de ces derniers ne se différenciaient pas de leurs réactions physiologiques aux vidéos sur le café ou sur la pêche. Leurs corps exprimaient peu d'angoisse, de tristesse, de colère ou de désarroi à la vue de la souffrance d'autrui. L'idéologue qui croit dans les hiérarchies est viscéralement engourdi.

Nos réactions physiologiques les plus privées trahissent notre idéologie.

Si l'on peut détecter des échos idéologiques dans le système nerveux périphérique – l'extension du système nerveux placé en dehors du cerveau et de la moelle épinière, et qui fait circuler les signaux dans tout le reste du corps, y compris notre cœur, le bout de nos doigts et nos paupières –, que voyons-nous quand nous regardons à l'intérieur de notre tête, dans le système nerveux central ? Que se passe-t-il dans notre cerveau quand nous intériorisons des systèmes de croyance dogmatiques ?

Chapitre 16

Quand l'idéologie passe au scanner

L'idée de passer un cerveau au scanner est inspirée en premier lieu par la curiosité, par un questionnement de nature scientifique. Mais c'est aussi un acte d'évaluation médicale : il s'agit de faire enfin la lumière sur une entité fermée. D'exposer de la matière à la lumière, de déconstruire une structure étroitement imbriquée, de prendre la plus intime des photographies. Peut-être y a-t-il là un soupçon de voyeurisme.

Grâce à la magie translucide de l'imagerie par résonance magnétique (IRM), il est possible d'examiner les niveaux de gris des rayons X de tout ce qui remplit notre crâne et se cache derrière notre visage : couloirs de matière blanche, taches informes, sacs gonflés d'air, globules grumeleux. De transmuer les os épais qui encagent notre tête en cloisons luxurieusement diaphanes.

Le neuroscientifique politique pourra ensuite partir à la recherche de patterns cohérents entre toutes sortes d'idéologues. À quoi ressemblent les contours et les entrailles du cerveau idéologique ? Les cerveaux d'adeptes de dogmes divers ont-ils des structures et des fonctions également diverses ? Les plis et replis cérébraux qui forment la surface onduleuse du cerveau varient-ils selon que l'on est modéré au fondamentaliste ? Les arêtes des circonvolutions et les échancrures des sillons possèdent-elles des indentations différentes selon qu'on vote à droite ou à gauche ? Et si c'est le cas, que signifient ces variations neurologiques ?

L'étude des liens entre pattern neural et pensée idéologique

Le défi de la neuroscience politique n'est pas la rareté des études ou le manque de pertinence des résultats, au contraire. De nouvelles études sont publiées chaque mois, chacune plus fascinante l'une que l'autre. La difficulté est d'interpréter froidement leurs résultats et d'éviter tout sensationnalisme. Il est facile de dire qu'une certaine région du cerveau est activée chaque fois que nous voyons l'image d'un dirigeant politique abhorré ou que nous parlons de nos convictions religieuses. *Bien sûr* que le cerveau est activé. Chaque pensée est une marque biologique, et la simple présence d'une activation neurale ne veut pas dire grand-chose, sinon que nous sommes un organisme vivant et conscient (ce qui est une grande nouvelle en soi, mais d'intérêt limité pour le neuroscientifique politique).

Plusieurs études récentes ont montré que, lorsqu'on fait regarder des vidéos politiques incendiaires à un groupe de participants, les cerveaux des participants de gauche sont tous « synchronisés » entre eux, et qu'il en va de même des cerveaux des participants de droite.

« Polarisation neurale », clament les gros titres[1]. Cela signifie probablement que les gens qui pensent de façon similaire réagissent de façon similaire aux mêmes choses. Mais le fait qu'une région du cerveau soit activée lorsque notre regard se pose sur l'image d'un politicien abhorré ne révèle en réalité presque rien. D'autres études utilisant des techniques d'apprentissage automatique ont montré qu'il était possible de déduire le conservatisme politique des participants de leur activité cérébrale pendant qu'ils regardaient l'image d'une blessure physique inspirant le dégoût ; ou qu'ils entendaient des sons menaçants et excitants[2]. Mais qu'est-ce que cela signifie ? Peut-être que les conservateurs et les libéraux n'ont pas les mêmes peurs et les mêmes gênes, ainsi que l'insinue l'hypothèse du biais de négativité, ou que les algorithmes de l'apprentissage automatique sont capables d'extraire beaucoup d'un minimum de données ?

Alors, à quel moment un pattern neural nous dit-il quelque chose de convaincant sur la nature de la pensée idéologique ? À quelles conditions la neuroscience de l'idéologie peut-elle constituer un champ d'études prometteur ou demeure-t-elle un exercice futile ?

Admonitions et avis de prudence sont rarement captivants (ce qui limite l'imagination l'est rarement), mais sont en général la marque d'une certaine honnêteté intellectuelle. Pour apprendre de la neuroscience politique, mieux vaut adopter une approche critique et attentive, plutôt que procéder par grands sauts persuasifs. À chaque expérience, demandons-nous d'abord quel *domaine idéologique* est étudié : l'identité politique, la foi religieuse, la radicalisation ? Demandons-nous ensuite quelles sont les *régions du cerveau* qui sont impliquées, et ce que cela peut nous dire des théories de l'idéologie qui pourront être développées. S'agit-il des régions du cerveau responsables de la prise de décision analytique ou du traitement des émotions ? Ou de zones associées à des fonctions entièrement différentes ? Faut-il privilégier la *structure* du cerveau ou sa *fonction* ? Ce que l'on sait des *participants* importe également : taille de l'échantillon, citoyenneté, affiliation politique, origine géographique. Forment-ils un groupe diversifié ou un groupe homogène et privilégié – des étudiants, par exemple ? Sont-ils en train d'accomplir une *tâche expérimentale* pendant que leur cerveau est passé au scanner, ou sont-ils au repos, les yeux clos, l'esprit libre ? Enfin, à quel point les *effets rapportés* sont-ils substantiels et significatifs ? L'*interprétation théorique* des résultats paraît-elle valide, incertaine ou exagérée ? L'expérience s'intéresse-t-elle à un *mécanisme* ou cherche-t-elle seulement à produire un effet ?

Ce sont là des questions que les neuroscientifiques politiques et leurs étudiants ne cessent de se poser, et je vous invite à imaginer que vous deviez y répondre. Vous pourrez mesurer combien il peut être difficile de comprendre un domaine nouveau qui est encore en plein développement. Vous verrez que certaines expériences sont faites avec soin et que d'autres sont un peu fouillis. Les meilleures études neuroscientifiques exigent de la lenteur, de la réflexion, de l'itération. Pour les comprendre, il convient d'adopter une approche tout aussi critique que précautionneuse.

Une des premières études qui ait utilisé le scanner pour voir s'il y avait dans le cerveau des différences structurelles correspondant aux différentes opinions politiques des participants a été réalisée en 2011 à Londres[3]. (Colin Firth faisait curieusement partie de l'équipe de recherche : sachez qu'il avait participé avant cela à une émission de *BBC Radio 4* sur le cerveau des politiciens.) La taille et les proportions du cerveau libéral différaient-elles du cerveau conservateur ? L'étude montra que les participants les plus conservateurs avaient tendance à avoir une amygdale droite plus grande que celle des participants libéraux.

L'amygdale est une structure en forme d'amande qui régit le traitement des émotions, en particulier des émotions négatives comme la peur, la colère, le dégoût, le danger et la menace. Comme nous entendons souvent parler de l'amygdale, nous pensons généralement qu'il n'y en a qu'une. Or il y en a deux, une dans chaque hémisphère cérébral. Les chercheurs constatèrent que l'amygdale droite (mais pas la gauche) était plus grande chez les participants plus conservateurs. Ce pattern fut confirmé auprès d'un autre échantillon à l'époque, et a depuis été répliqué avec un échantillon bien plus important de neuf cents personnes à Amsterdam[4].

Dans une autre étude réalisée à New York, les chercheurs constatèrent que la taille de l'amygdale permettait de prédire le niveau de justification du système des individus, c'est-à-dire la mesure dans laquelle un individu soutient un système social inégal et préfère conserver le statu quo[5]. La justification du système est fortement corrélée au conservatisme : l'une et l'autre renvoient à l'adhésion aux traditions et à l'aversion au changement. Ce sont pourtant, aussi, deux constructions dissociables. Les individus chez qui la justification du système est d'un niveau élevé jugent le système social existant légitime et désirable, même s'il accroît les inégalités existantes. En plus de les accepter, ils peuvent aussi les promouvoir, parce qu'ils les estiment nécessaires. Ce n'est pas toujours une question d'intérêt personnel : les justificateurs du système défendent parfois des inégalités qui nuisent à leur propre bien-être. Dans deux expériences indépendantes utilisant l'imagerie cérébrale, l'équipe de New York observa que les justificateurs du système tendaient à avoir une amygdale droite et une amygdale gauche plus volumineuses que la moyenne[6].

Comme l'amygdale stocke les émotions qui sont associées à la menace, à la peur et au dégoût, ainsi que les informations apprises sur les relations et les hiérarchies sociales de dominance, les neuroscientifiques politiques ont interprété ces résultats en disant qu'ils témoignaient d'une affinité naturelle entre la fonction de l'amygdale et la fonction des idéologies conservatrices[7]. Les deux fonctions gravitent autour des réactions de vigilance à la menace et de peur d'être dominé.

Mais *pourquoi* l'amygdale est-elle plus grande chez les conservateurs ? Est-ce parce qu'ils surréagissent aux informations négatives et que cela se traduit par une amygdale plus grosse ? En général, la taille d'une région du cerveau est liée à sa capacité de traitement, mais le niveau de dépendance et de réaction de la structure anatomique à l'activité fonctionnelle est toujours un sujet de débat pour les scientifiques.

L'ambiguïté qui entoure ces résultats reflète parfaitement la persistance de la question de l'œuf et de la poule.

Les individus ayant une amygdale plus grosse penchent-ils vers les idéologies conservatrices parce que la structure de leur amygdale est *a priori* plus réceptive aux émotions négatives que suscite le conservatisme ? Ou le fait d'être immergé dans des idéologies conservatrices qui tendent à justifier le système modifie-t-il la biochimie émotionnelle au point de produire un changement de la structure cérébrale ?

La question de la causalité persiste. Savoir de quel côté pointe la flèche est un travail de Sisyphe.

Le cortex cingulaire intérieur

À partir de l'amygdale, empruntons les sentiers du système limbique, le système neural ainsi nommé parce qu'il est à la bordure[8] (*limbus* signifie « bord » ou « bordure » en latin). Le système limbique est un ensemble de zones cérébrales qui communiquent entre elles par les voies anatomiques qui facilitent les connexions fonctionnelles le long de la bordure séparant le cortex frontal du cerveau moyen. Grâce au système limbique, les humains traitent l'émotion, l'incertitude et la valeur de la récompense et de la punition. Si l'on suit les projections biologiques de l'amygdale vers le haut et vers l'extérieur, on voit qu'elles font un premier arrêt dans le système limbique au niveau du cortex cingulaire antérieur. Le cortex cingulaire antérieur est une région en forme de collier où vient s'emboîter le corps calleux – la commissure qui fait le pont entre les deux hémisphères cérébraux –, et qui est confortablement assise entre les couches externes du cortex frontal et le reste du système limbique. C'est une structure multifonctionnelle qui se caractérise par un gradient de subdivisions impliquées dans le contrôle cognitif et dans le traitement émotionnel[9]. Éloquemment, il n'y a pas de frontière nette entre la zone où prend fin le « traitement émotionnel » et celle où commence le « contrôle cognitif », mais un changement fonctionnel *graduel* à l'intérieur du cortex cingulaire antérieur. Dans nos concepts comme dans notre anatomie, la division traditionnelle entre une intelligence froide et une émotion bouillante est un mirage qui doit être jeté aux oubliettes. Les mécanismes neuraux des processus affectifs et des processus rationnels se superposent et partagent les mêmes espaces anatomiques.

En plus d'être un organe remarquablement multidisciplinaire, le cortex cingulaire antérieur est aussi un hub doué d'une exceptionnelle connectivité avec les autres parties du cerveau, et notamment le reste du cortex frontal[10]. Il est donc le principal coordinateur de la cognition complexe.

Peut-être n'est-il pas étonnant que, lorsque des neuroscientifiques étudient les processus qui sous-tendent les croyances politiques et religieuses – ces mélanges de dogme et de passion –, le cortex cingulaire antérieur passe souvent pour le principal responsable. Quand les chercheurs londoniens ont envisagé des liens entre l'idéologie politique et l'anatomie du cerveau, ils ont observé que les participants plus libéraux possédaient un cortex cingulaire antérieur plus gros. Ce résultat fut confirmé pour deux échantillons différents de participants. Mais les équipes d'Amsterdam et de New York eurent du mal à répliquer cet effet, ce qui ne fut pas sans décevoir le cortex cingulaire antérieur, fort désireux d'attirer l'attention du neuroscientifique politique.

Les incohérences qui sont apparues lorsqu'on a voulu reproduire le rôle du cortex cingulaire antérieur dans la pensée idéologique pourraient être dues à l'importance excessive donnée à la taille des régions cérébrales, et il pourrait être plus intéressant d'observer directement leur fonction. Or, quand il s'agit de trouver un lien entre la fonction du cerveau et la pensée idéologique, le cortex cingulaire antérieur brille d'un rouge lumineux : cette partie du cerveau est fièrement au fait de sa propre importance[11].

Le cortex cingulaire antérieur détecte les erreurs et les conflits qui surviennent quand un individu traite des informations. Il génère un signal qui retentit chaque fois qu'une erreur est commise. Chez certains individus, ce signal d'alarme est bruyant ; chez d'autres, il est plus sourd : l'erreur est à peine enregistrée. Le cortex cingulaire antérieur joue donc un rôle crucial dans l'adaptabilité comportementale et dans la reconnaissance du fait qu'une action habituelle n'est plus appropriée et doit être remplacée par une autre.

Les neuroscientifiques étudient la fonction de détection des erreurs du cortex cingulaire antérieur en donnant à des individus des tâches d'inhibition mentale dites « Go-No-Go ». Dans une tâche d'inhibition, l'individu apprend une action habituelle (Go), comme appuyer sur un bouton chaque fois qu'un rond vert apparaît sur l'écran. De temps en temps, un stimulus No-Go lui est envoyé, par exemple une croix rouge, qui lui signale qu'au prochain signal Go, il ne devra pas répéter l'acte habituel.

L'individu qui inhibe bien fera peu d'actions Go quand il aura vu le signal No-Go. *Il fera attention aux feux rouges.* Celui qui a du mal à inhiber continuera impulsivement l'action Go même après avoir vu le signal No-Go. *Tant pis pour les feux rouges, on verra bien.*

Quand on demande à des individus sur le crâne desquels ont été placées les électrodes d'un électroencéphalographe de faire cet exercice d'inhibition, le cortex cingulaire antérieur produit des signaux fiables, des fluctuations électriques appelées des potentiels liés à l'événement (PLE). Les potentiels liés à l'événement sont des changements de voltage qui traduisent le fait que tous les neurones réagissent de concert à un événement psychologique. Lorsqu'un individu commet une erreur, on peut capter un signal appelé négativité liée à l'erreur (réduit communément à ERN pour *error-related negativity*) : c'est l'onde cérébrale qui se produit entre 50 et 100 millisecondes après que l'erreur a été faite. On peut mesurer la négativité liée à l'erreur pour savoir à quel point le cerveau perçoit un conflit entre l'habitude qu'il a apprise et la nécessité de l'inhiber.

De multiples études faites auprès de personnes qui se disaient égalitaires et libérales ont montré que leur négativité liée à l'erreur avait une amplitude plus grande, ce qui signifie que leur cerveau était plus sensible aux erreurs et aux conflits dans les tâches d'inhibition. À l'inverse, le cortex cingulaire antérieur d'individus se disant conservateurs émettait un signal de négativité liée à l'erreur plus faible, témoignant d'une moindre réaction à leurs propres erreurs. Une plus grande négativité liée à l'erreur est associée à une meilleure inhibition : plus on est conscient de ses erreurs et de la nécessité de dominer ses réactions habituelles, plus on est à même de suspendre des habitudes préétablies quand celles-ci se révèlent mauvaises ou inadaptées[12].

On trouve aussi des convergences entre l'idéologie et la négativité liée à l'erreur dans l'étude de la religion. Les individus peu religieux et qui croient peu en Dieu tendent à montrer une plus grande négativité liée à l'erreur dans les tâches d'inhibition cognitive neurale, comme les individus politiquement libéraux[13]. Un attachement plus fort au dogme religieux est lié à une sensibilité diminuée aux signaux qui inhibent un comportement inhabituel. Une expérience faite dans l'Utah avec des étudiants mormons a montré que, lorsqu'on amenait des croyants à penser à l'amour et au pardon de Dieu, leur négativité liée à l'erreur diminuait encore davantage[14]. Cela indique que songer à l'amour inconditionnel de Dieu réduit la sensibilité du croyant aux erreurs et aux conflits. Imaginer le pardon d'un protecteur divin peut nous rendre moins attentifs à nos erreurs. Le réconfort de la rédemption creuse profond.

Ces recherches en neuroscience politique montrent toute l'ambition de la discipline : chercher à exhumer des processus neuraux qui sont invisibles à l'observateur, mais qui permettent d'expliquer les immenses implications de l'idéologie sur le fonctionnement du cerveau.

Le cortex préfontal

À mesure que nous nous éloignons de l'amygdale et du cortex cingulaire antérieur pour aller vers les lobes frontaux et traverser le système limbique, nous passons par le cortex frontal pour entrer dans la région la plus connue et la plus célébrée du cerveau : le cortex préfrontal. C'est la couronne qui se trouve derrière notre front, le siège de nos décisions les plus complexes, un ensemble de hubs interconnectés qui régissent les computations mentales de haut niveau et les transforment en décisions conscientes. Chaque fois que nous inventons un récit ou formulons une critique élaborée sur le livre que nous lisons, par exemple, c'est le cortex préfrontal qui est mobilisé. Et quand des psychologues évolutionnistes vantent (non sans arrogance) la rationalité supérieure de l'être humain, c'est du cortex préfrontal qu'ils se réclament.

Toute la question est de savoir comment le cortex préfrontal façonne nos convictions idéologiques. L'examen des lésions cérébrales naturelles, une des plus anciennes méthodes de la psychologie, en fournit un premier indice.

Des chercheurs ont ainsi exploité les données de patients victimes de lésions cérébrales (à la suite d'une blessure, d'une intervention chirurgicale ou d'une atrophie du cortex préfrontal) pour étudier leurs penchants idéologiques et les comparer à des patients sains et à des patients souffrant de lésions du lobe temporal antérieur, siège de l'amygdale. Les patients souffrant de lésions frontales étaient politiquement plus conservateurs que les patients sains ou que les patients souffrant de lésions du lobe temporal antérieur. Et plus les dégâts faits au cortex préfrontal dorsolatéral – situé au-dessus des yeux, à la limite des cheveux – étaient grands, plus ces patients étaient conservateurs[15].

Cela n'était pas vrai quand c'est l'amygdale qui était touchée : la part des dégâts n'était alors pas liée au conservatisme ou au libéralisme des patients. Si vous espériez inverser le conservatisme en réduisant la taille de l'amygdale ou montrer qu'il suffit d'abîmer le noyau émotionnel du cerveau pour bouleverser les identités idéologiques, vous ne pourrez que ravaler votre déception.

Le cortex préfrontal dorsolatéral est lié au niveau de conservatisme, mais aussi de façon générale au radicalisme. Des études faites aux États-Unis auprès d'anciens combattants de la guerre du Vietnam victimes de traumatismes cérébraux profonds permettent d'éclairer ces processus. Elles montrent que le cortex préfrontal dorsolatéral et le cortex préfrontal ventromédian – la région qui se cache derrière l'espace localisé entre les sourcils – sont associés au radicalisme politique et au fondamentalisme religieux. Les cerveaux souffrant de lésions du cortex préfrontal ventromédian jugeaient des propos radicaux modérés, alors que les cerveaux sains ou souffrant d'autres lésions repéraient le radicalisme et le condamnaient[16]. Cela signifie que les dégâts faits au cortex préfrontal ventromédian ont un lien avec le fait de considérer des actes et des politiques extrêmes comme moralement permis. Les anciens combattants qui souffraient de lésions à la fois du cortex préfrontal ventromédian et du cortex préfrontal dorsolatéral avaient aussi une vision beaucoup plus fondamentaliste de leur foi chrétienne[17]. Notablement, les dégâts faits au cortex préfrontal dorsolatéral étaient liés à une flexibilité cognitive réduite (mesurée avec une tâche similaire au test d'assortiment de cartes du Wisconsin). Cette flexibilité réduite était elle-même indicatrice d'un fondamentalisme exacerbé. En rendant les gens cognitivement plus rigides, les lésions du cortex préfrontal conduisaient à plus de radicalisme et plus de fondamentalisme religieux.

Il pourrait être tentant de conclure que, puisque l'intégrité du cortex préfrontal est essentielle à la présence d'opinions ou de croyances libérales, alors être antidogmatique, non religieux et progressiste suppose un cortex préfrontal intact et de bonne taille. (Tous les gens de gauche qui demandent à la neuroscience de valider la rationalité de leurs systèmes de croyance claquent ici des mains et se réjouissent !) *Pas si vite*. Le cortex préfrontal est une région vaste, dense et convolutée, dont beaucoup de subdivisions sont mobilisées dans différents circuits, boucles, réseaux et projections neuraux, eux-mêmes gouvernés par différents enzymes, hormones et neurotransmetteurs.

Loin d'être limité à une seule tâche, le cortex préfrontal est un réseau de connexions : on peut le comparer à un hub de transport international. Il dispose d'un aéroport avec de multiples terminaux, ainsi que de gares routières et ferroviaires pour transporter les marchandises d'un endroit à un autre. Les terminaux du cortex préfrontal convoient des signaux dans les deux sens entre l'amygdale, le cortex cingulaire antérieur et leurs voisins : l'hippocampe, qui stocke la mémoire, et l'hypothalamus hormonal. Le cortex préfrontal est en communication permanente avec le cervelet, qui coordonne les mouvements, et avec le système striatal, riche en dopamine, qui gère l'apprentissage. Les parties dorsolatérale et ventromédiane du cortex préfrontal communiquent avec le cortex insulaire, qui surveille les sentiments subjectifs et les états intéroceptifs par lesquels se crée le sens singulier de notre « moi ». Il y a des connexions réciproques entre le cortex préfrontal et d'autres régions, des signaux qui vont dans les deux sens en boucle fermée et des connexions non réciproques, que les organes émettent dans une seule direction. Par ce réseau de connexions et boucles entretissées, le cortex préfrontal unit les impressions sensorielles, les souvenirs et les prédictions en comportement conscient. Il est plus éclairant de parler du cortex préfrontal en termes de flux, de transfert, de manipulation d'informations que de voir en lui un seigneur cognitif isolé, dictant seul notre conduite. Le mapping cérébral n'est pas une tâche à laquelle se livre isolément chaque partie du cortex. Il relève, si vous me permettez l'expression, de la connectomie.

C'est pourquoi un neuroscientifique politique qui veut savoir comment les myriades d'opérations du cortex préfrontal facilitent la pensée idéologique devrait se pencher sur les processus dynamiques vivants plutôt que privilégier les différences statiques entre groupes d'individus. Étudions les phénomènes intrapersonnels plutôt que les différences interpersonnelles. Voyons quelle activité neurale se produit quand un cerveau pense de façon dogmatique et rigide, et comparons cela avec ce qui se passe quand le même cerveau pense de façon plus flexible et mesurée. En étudiant les activations neurales qui se produisent instant après instant quand nous évaluons des valeurs, des narratifs et des mesures politiques idéologiques, nous pourrons avoir une idée de la manière dont les différentes régions et les différents réseaux préfrontaux échafaudent le raisonnement idéologique.

Les valeurs sacrées sont au sommet de la pensée idéologique. Ce sont les valeurs existentielles auxquelles nous nous sentons liés par devoir, et pour lesquelles nous sommes prêts à nous battre et à mourir. Des chercheurs de Barcelone ont examiné l'activité cérébrale d'individus dogmatiques pendant qu'ils pensaient à des valeurs qui étaient pour eux inviolables et sacro-saintes : croyance en Dieu, refus du mariage homosexuel, disposition au conflit armé. Elle fut comparée ensuite à leur activité neurale pour des valeurs n'ayant pas de caractère sacré : des valeurs moins dogmatiques, au caractère négociable et pour lesquelles ils étaient prêts à faire des compromis. *Accepteriez-vous de l'argent pour renoncer à votre cause ? Seriez-vous prêts à faire des concessions ?* Les valeurs qui ne sont pas jugées sacrées inspirent moins d'ardeur pour la violence et le sacrifice de soi. Elles peuvent être dispensables. Les valeurs sacrées, en revanche, sont considérées comme irremplaçables. Il n'est pas d'amélioration matérielle ou de concession sociale qui puisse diminuer la puissance des valeurs sacrées, et moins encore s'y substituer. Elles sont absolues, elles sont divines.

Les chercheurs de Barcelone étudièrent la signature neurale des valeurs sacrées de citoyens espagnols d'extrême droite et d'immigrés musulmans djihadistes[18]. Ils observèrent que deux sous-régions du cortex préfrontal – le cortex préfrontal ventromédian et le gyrus frontal inférieur – étaient impliquées dans le traitement des valeurs sacrées, mais pas dans celui des valeurs non sacrées. S'agissant des djihadistes, par ailleurs, plus le sentiment de fusion identitaire avec l'islam et l'oumma était fort, moins le cortex préfrontal dorsolatéral était mobilisé. Nos engagements les plus profonds ne modulent que les processus neuraux qui ont lieu dans le cortex préfrontal.

Mais celui-ci n'est pas seul impliqué. La connectivité fonctionnelle entre les zones frontales et les zones attenantes est plus visible quand un individu pense à des valeurs sacrées. Quand des idéologues pensent à des valeurs pour lesquelles ils sont prêts à mourir, l'activité du cortex cingulaire antérieur et du cortex insulaire (responsable de notre sens du moi) augmente fortement. Les réseaux cérébraux impliqués dans l'empathie, comme le carrefour temporo-pariétal, sont eux aussi activés quand des individus songent à commettre des violences au nom de leurs valeurs idéologiques. Ce n'est pas une seule zone qui s'allume : tout le cerveau est activé, du cœur à la périphérie du cortex préfrontal. Penser idéologiquement, penser au sacré, penser à ceux à qui nous voulons du mal, penser à ceux que nous voulons protéger, affecte de façon spécifique nos processus neuraux.

Plus nous observons le cortex préfrontal et les croyances extrémistes, plus il est nécessaire d'observer plus largement le reste du cerveau. Et plus nous explorons en profondeur les sillons de ce maître organe, plus nous sommes amenés à nous demander comment les causes et les conséquences s'alimentent les unes les autres, et comment il faut interpréter la tension entre la biologie et le changement. Les explications biologiques de l'idéologie ne signifient pas que les opinions des individus soient arrêtées et immuables. Au contraire, décoder les représentations neurales de nos dogmes peut nous aider à comprendre à quel point notre cerveau et nos valeurs sont malléables et prêts à se transformer.

V

Liberté

Chapitre 17

La spirale sans fin

L'idéologie est une histoire d'inévitabilité. Interdits, commandements, lois logiques, dangers dystopiques et rêves utopiques : tout est mis au service d'un récit causal, d'où transpire un climat de pesante nécessité. De ces récits de prédestination, religieux ou romantiques, nationalistes ou pseudo-scientifiques, il se dégage l'idée que quelque chose « *doit* arriver », qu'il « *ne peut pas* en aller autrement ».

Le déterminisme est au cœur de l'idéologie. Dans un cadre déterministe, le libre arbitre est une attitude dangereuse – ou tout au moins une illusion naïve. Le futur de l'individu est principalement régi par le grand récit de son passé. Choisir un avenir est inutile, car il a déjà été choisi pour vous. Le seul pouvoir que nous ayons est de suivre les prescriptions d'une idéologie et de réaliser sa vision du paradis. Essayer de s'opposer à l'idéologie, c'est risquer la colère des dieux, appeler une catastrophe inéluctable.

L'histoire du cerveau idéologique n'a rien à voir avec l'inévitabilité. C'est une histoire de potentialités exprimées ou inexprimées. Nous sommes tous placés sur un spectre de suggestibilité. Ce spectre reflète l'interaction de tous les traits qui font que nous sommes susceptibles d'adhérer à une idéologie : nos dispositions biologiques et cognitives, notre personnalité, notre expérience sociale, nos traumatismes, nos ressources perçues – leur réalité, leur abondance, leur rareté.

Un spectre n'a jamais la clarté de la binarité. Il est tentant d'imaginer qu'il y aurait deux catégories d'individus : les faibles et les forts, les vulnérables et les résilients. La minorité radicale, qui peut être manipulée et entraînée dans la monstruosité, et la majorité raisonnable, qui est immunisée contre le danger des idéologies extrémistes. (Ou l'inverse : la minorité raisonnable et la majorité radicale, selon que votre vision de l'humanité penche vers l'optimisme ou vers le pessimisme et la misanthropie.)

Or il y a en réalité des gradations dans la vulnérabilité, et il est important de reconnaître cette continuité. Cela permet de détecter entre les individus des différences subtiles qui seraient sans cela occultées. La distribution de la susceptibilité suit une courbe de Gauss : une masse de gens au milieu, le reste par moitié aux deux extrémités. Certains sont extrêmement dogmatiques et certains extrêmement non dogmatiques. Admettre qu'il y ait là un continuum nous rappelle qu'il y a peu de gens qui échappent entièrement au pouvoir d'un raisonnement ou d'un environnement idéologique. Si nous nous trouvons sur un spectre, nous devons regarder en face notre propre vulnérabilité.

Notre place sur le spectre n'est pas fixée. Nous pouvons tous changer de position. Et en réalité, nous le faisons tous : nous glissons vers la susceptibilité idéologique dans les moments de stress, et nous en éloignons dans les périodes de confort, d'exploration, d'aventure et de découverte.

Le vortex idéologique

Pour visualiser cette dérive vers un dogmatisme idéologique croissant, j'imagine souvent prendre le spectre dans mes mains – la ligne continue qui représente le différentiel de susceptibilité, de zéro à l'infini – et le tordre et retordre jusqu'à ce que l'extrémité droite s'incurve vers l'intérieur et forme une sombre spirale.

Pourquoi une spirale ? La spirale est une forme naturelle magnifique que l'on retrouve dans la coquille de l'escargot, la graine du tournesol, les feuilles de l'artichaut, la queue du caméléon, les écailles du cône de pin et l'ouragan tropical. La spirale retrace le développement et le mouvement dans le temps.

Pour représenter le déplacement d'un individu sur le spectre de la pensée idéologique, la spirale présente plus d'un avantage. Elle peut avoir besoin au début d'apports conséquents sur sa surface externe (de grands actes de foi), pour former une boucle de plus en plus serrée qui s'enroule de plus en plus rapidement sur elle-même. Nous retrouvons ici l'accélération du processus d'adhésion : une fois franchi le seuil de l'admission, les demandes cultuelles de sacrifice se font de plus en plus dures et sévères. Le converti veut à tout prix se lancer dans des actes qu'il jugeait avant cela détestables. À mesure que l'idéologie rend le cerveau de l'adepte de plus en plus dogmatique, il se produit un effet d'autorenforcement : chaque déplacement vers l'extrémisme devient plus facile, chaque enfoncement dans les profondeurs plus aisé.

La spirale traduit l'interaction entre les dispositions d'un individu et son environnement idéologique. Dans un milieu donné, personne ne part du même endroit, mais l'environnement que l'individu choisit (ou dans lequel il est forcé d'évoluer) aura un effet sur la rapidité avec laquelle il adoptera les dogmes les plus extrêmes.

Un individu très flexible, et émotionnellement réglé, peut se trouver sur le bord extérieur de la spirale. Détendu, satisfait de l'ambiguïté, passant avec aisance d'un mode de pensée à un autre, il est peu probable qu'il adhère à des dogmes rigides. Mais provoqué par une situation, ou exposé à une idéologie séduisante, il pourra être poussé plus loin, se déplacer vers plus d'intolérance, de fixité, d'hostilité. Surtout, l'effet d'un élément déclencheur – stress, conflit, perte, précarité, bref, un de ces événements, une de ces situations qui font la vie plus difficile et moins sûre – sera plus fort pour l'individu positionné plus près du centre de la spirale, et qui est déjà très vulnérable. Quant à l'individu le plus impressionnable au départ, une situation, un événement déclencheur le poussera encore plus rapidement et plus fortement vers le cœur de la spirale. La pensée idéologique va s'attaquer à ses propensions préexistantes. L'idéologie rigide attirera et satisfera l'esprit rigide, émotionnellement volatil, bien plus que l'esprit flexible émotionnellement stable.

Il suffit d'ajouter le temps pour obtenir une spirale à deux dimensions. Nous pensons ici à la manière dont un individu et une société tout entière peuvent évoluer et réagir aux circonstances. Nous constatons que la pensée idéologique est le produit dynamique de traits psychologiques et d'expériences idéologiques.

En mathématique, on connaît plusieurs types de spirale. Il y a la spirale d'Archimède, où la distance entre les courbes est la même à chaque rotation. Il y a la spirale formée par la corde lovée, pliée de manière égale et linéaire en cercles quasi concentriques. Il y a la spirale invisiblement tracée par le saphir sur le disque pendant qu'il tourne sur lui-même, chaque sillon nous révélant l'acoustique d'une chanson. L'espace entre les courbes est toujours le même ; le déplacement vers le centre, infime ; l'efficacité spatiale, maximale.

Il y a une autre sorte de spirale : la spirale logarithmique, où la distance entre les courbes décroît à mesure qu'on s'approche du centre. C'est celle que dessine la coquille de l'escargot, ou l'écoulement de l'eau dans un lavabo. C'est aussi la forme des grandes rotations que nous verrions si nous étions dans un satellite en orbite autour de la Terre et que nous observions le tournoiement rapide des cyclones nuageux dans les cieux. Et si, tournés de l'autre côté, nous portions le regard au-delà de l'atmosphère terrestre, pour admirer les disques des galaxies, nous verrions les longs bras de ces spirales logarithmiques. Leur élégance géométrique enchantait déjà Descartes et amena le mathématicien suisse Jacques Bernoulli, né quatre ans après la mort du philosophe français, à leur donner le nom de « spirale miraculeuse » : *spira mirabilis*. Dans la spirale logarithmique, le rétrécissement se fait de plus en plus prononcé à mesure que l'on suit l'arc vers l'intérieur.

J'imagine la spirale de l'extrémisme idéologique assez voisine de la spirale algorithmique : elle accélère une fois qu'on y est aspiré. Une fois pris dans la logique idéologique et dans un milieu idéologique, il devient de plus en plus facile d'être entraîné vers le fond, et plus difficile de s'en échapper.

Notre position sur la spirale de la susceptibilité à la pensée idéologique est une interaction permanente entre idéologie et vulnérabilité. Des traits de base prédisposent à un certain niveau de vulnérabilité, mais une rencontre persuasive peut nous emporter sur le spectre jusque dans l'œil du cyclone. C'est ainsi que procèdent la logique et les émotions tyranniques. Elles ne sont jamais en repos.

L'immersion dans l'idéologie change l'adepte : elle change ses croyances explicites et implicites, mais aussi ses réactions cognitives et instinctuelles, sa physiologie, son cerveau. Les prédispositions et les communautés idéologiques se renforcent mutuellement, ce qui conduit à l'expression et à l'accentuation de certains traits, et à l'inhibition des autres. Plongé dans une idéologie qui se nourrit de la peur du désordre et qui veut tout renverser, un individu flexible et volatil émotionnellement peut devenir particulièrement dogmatique par rapport au même individu immergé dans un milieu plus modéré. Les facteurs de risque se font plus prononcés quand l'environnement idéologique les excite et les renforce. C'est ainsi, entre autres, que l'idéologie engendre la réalité dont elle s'est prétendue prophète ; les doctrines inflexibles et catastrophistes font leurs adeptes à leur image : des esprits rigides tournés vers le pire.

C'est aussi pourquoi il est si difficile de sortir de la spirale. Même quand le groupe idéologique se brise et se dissout, ou que les contradictions et les conflits internes y deviennent intolérables à l'adepte, celui-ci est déjà changé. Il s'est habitué à des rites et à des routines, à une certaine révérence, une certaine surveillance, une certaine indifférence à ses doutes. Pour le fidèle qui a perdu la foi mais pas sa dépendance logique et émotionnelle à la pensée idéologique, il est donc difficile de ne pas plonger dans la spirale d'un autre dogme. Ainsi que l'écrit Eric Hoffer dans *The Passionate State of Mind* (« L'Esprit passionné »), « le bouleversement nécessité par le passage d'une passion à une autre – même si la seconde est l'opposé de la première – est moins net qu'on pourrait le penser. Il y a une similarité fondamentale dans la constitution de tout esprit passionné. Le pécheur qui se mue en saint ne subit pas de transformation plus drastique que le prodigue devenu avare[1] ».

La spirale de l'extrémisme nous aide à comprendre les différents types d'instabilité qui sont à l'œuvre dans la pensée idéologique. L'instabilité qui pousse le croyant vers un dogmatisme croissant, et qui permet à une religion ou une idéologie d'excuser des actes de plus en plus violents au sein du groupe ou à l'encontre de détracteurs. L'instabilité qui amène le relaps qui a quitté le groupe auquel il s'était dévoué à chercher un autre système de pensée auquel il pourra adhérer avec une ferveur identique. Et l'instabilité du partisan modéré : un déclic, une crise, un facteur déclenchant, et la séquence des pressions cognitives et idéologiques se met en marche dans son corps et son cerveau.

Ai-je substitué une métaphore à une autre ? Substitué l'image du croyant passif et irréfléchi à celle du corps emporté par un tourbillon, se sculptant lui-même, se transformant lui-même, façonné par l'idéologie qu'il absorbe et dans laquelle il s'engloutit ? Peut-être. Mais, comme l'écrit George Eliot, « il est étonnant de voir quel résultat différent l'on obtient en changeant simplement de métaphore[2] » ! Celle que j'emploie ici a moins de profondeur explicative, mais nous présente une perspective plus mécaniste. Elle ne recule pas devant les strates, les processus, les interactions, les qualifications. Elle nous offre des possibilités plus riches de recherche et de falsification scientifiques. Elle nous oblige à faire face aux origines et aux conséquences de la pensée idéologique, et à les associer dans le temps pour modéliser l'évolution et le changement du cerveau idéologique. La spirale de l'extrémisme montre pourquoi la pensée idéologique n'est ni immuable, ni inévitable, ni constante, ni stable. Elle suggère qu'un cerveau peut devenir idéologique, mais qu'il peut aussi, avec quelques efforts, sortir du vortex idéologique dans lequel il a été entraîné.

Qu'est-ce qui accélère et décélère (ou inverse) la trajectoire d'un individu vers l'extrémisme et le dogmatisme idéologiques ? Quelles sont les situations qui vont l'y enfoncer ? Quelles sont celles qui lui permettront de s'en échapper et de rester durablement à l'écart ? Qu'arrive-t-il à l'esprit vulnérable dans un environnement vulnérable ?

Stress et vulnérabilité

Le corps est plus vulnérable sous le poids du stress. Un individu stressé se raidit naturellement, son attention s'amenuise, sa tolérance à l'incertitude se réduit. Les expériences qui placent le corps humain en situation de stress aigu et momentané ont souvent montré que la flexibilité cognitive des participants en pâtissait. Une des méthodes couramment utilisées pour produire ce genre de situation est le test du stress social de Trèves, dans lequel on donne trois minutes aux participants pour se préparer à faire une présentation orale devant un groupe d'examinateurs austères, qui leur feront faire ensuite un QCM en arithmétique[3]. La séquence est un véritable cauchemar – calcul mental, prise de parole improvisée en public, jugement social par des inconnus –, si bien que les réactions de stress du corps sont toujours très fortes. Il a été observé que les individus soumis à ce test avaient de mauvais résultats dans les tâches cognitives qui nécessitent de s'adapter, d'être inventif, de rompre l'habitude ou de changer de mode de pensée[4].

Dans d'autres expériences, l'induction du stress n'est pas psychologique ou sociale, mais directement physique. Comment provoquer du stress physique de manière éthique ? En plongeant les bras des gens dans de l'eau froide ! Les participants en situation de stress – qui doivent laisser leurs bras dans de l'eau glacée pour ce qui leur paraît une éternité (et ne dure que trois minutes) avant d'accomplir une série de tâches cognitives – font montre d'une flexibilité moindre que les participants dont les bras ont trempé dans une bonne eau chaude avant le test de flexibilité[5].

Il est à noter que des chercheurs ont observé que le stress aigu réduisait la flexibilité cognitive chez les hommes et pas chez les femmes. Cela pourrait être lié aux différences de fonctionnement des mécanismes de stress entre les deux sexes, mais cela n'est pas établi. Comme la plupart des études portant sur les effets du stress sur la neurocognition ont été faites sur des échantillons masculins, la manière dont les neuroscientifiques comprennent les réactions du corps féminin n'est pas dénuée de biais et de lacunes.

Les enfants aussi sont sensibles au stress. Une petite étude, faite auprès de bébés âgés de quinze mois, a montré que le stress réduisait leur flexibilité cognitive[6]. Tandis qu'une moitié des enfants était exposée à des situations stressantes – séparation avec les personnes qui s'occupaient habituellement d'eux, interactions avec des objets bizarres et des inconnus –, l'autre moitié jouait avec leurs nounous dans un environnement tranquille et rassurant. Les chercheurs ont vérifié que les situations étaient physiologiquement stressantes en mesurant le niveau de cortisol des bébés, qui augmentait après l'exposition au stress. On leur apprenait ensuite une tâche, appuyer sur des boutons rouges et bleus dans un certain ordre, qui produisait une vive lumière et de la musique. Pour les bébés, c'était Noël ! Au bout d'un certain temps, l'action qu'ils avaient pris l'habitude de faire ne produisait plus rien. Quels seraient les bébés qui continueraient d'appuyer sur les boutons dans l'ordre qu'ils avaient appris même quand ils n'en étaient plus récompensés ? Une fois l'habitude devenue ineffective, ceux qui n'avaient pas été placés en situation de stress arrêtaient assez vite de manier les boutons habituels et essayaient autre chose. Ces petits de quinze mois exploraient librement de nouvelles possibilités. Les bébés stressés, eux, s'accrochaient aux habitudes apprises et en restaient là. Étrangement, le stress n'altérait pas l'apprentissage général ou l'intérêt des bambins pour le jeu, mais la flexibilité leur permettant de se libérer de la règle et d'essayer du nouveau.

De nouveaux types de recherche montrent que l'effet du stress sur la prise de décision n'est pas le même pour tous les individus. Chez ceux qui ont une plus grande capacité de mémoire de travail – qui représente la capacité générale cognitive et l'intelligence fluide –, la décision aura moins tendance à souffrir d'un facteur de stress aigu[7]. À l'inverse, quand un individu ayant une capacité cognitive moindre est exposé à un facteur de stress physiologique (les bras plongés dans une eau glacée), et que son niveau de cortisol augmente fortement, alors la flexibilité de sa décision sera plus gravement compromise. Le stress fausse différemment la prise de décision selon les individus.

La prochaine étape pour les scientifiques sera de rassembler toutes les pièces du puzzle pour construire un pont entre la neurophysiologie du stress et l'idéologie. Comment un environnement stressant altère-t-il les processus neurocognitifs et impacte-t-il ainsi la pensée idéologique ? Jusqu'à présent, la recherche montre qu'il y a une interaction entre les traits cognitifs de base de l'individu et la façon dont il réagit à des facteurs de stress. En situation de stress, les esprits sujets à la rigidité cognitive prennent les pires décisions. Plus un individu est proche des extrémités du spectre de la suggestibilité, plus le stress le fera plonger dans la spirale du dogmatisme, de façon plus rapide et plus prononcée que l'individu plus résilient.

Il est important de noter qu'il y a une différence entre les effets d'un stress aigu, mais bref, et ceux d'un stress prolongé. Un corps qui a été stressé pendant des semaines, des mois ou des années sera plus gravement et plus durablement affecté qu'un corps qui n'a été stressé qu'un moment et qui retrouve ensuite sa tranquillité privilégiée. Mais surtout, plus un individu est exposé au stress, plus il devient difficile de mesurer ce stress avec précision ou de le susciter dans des expériences psychologiques respectueuses de l'éthique. Dans une expérience naturelle, des étudiants en médecine soumis six semaines durant au stress de la préparation à des examens très ardus ont été comparés à des camarades qui n'avaient aucun examen à passer[8]. Les chercheurs observèrent que la prise de décision des premiers induisait des comportements habituels moins flexibles, et que la morphologie de leur cerveau changeait concomitamment. Et quand le facteur de stress disparut – une fois les examens passés et oubliés –, les changements de la structure et de la fonction du cerveau induits par le stress disparurent eux aussi. Cela suggère que les effets du stress sur la rigidité cognitive sont plastiques : le cerveau peut retrouver son moi calme, flexible, exploratoire.

Si le stress a des effets prononcés sur la rigidité cognitive d'étudiants en médecine angoissés par leurs examens, de bébés momentanément séparés des personnes qui leur sont familières ou d'individus qui ont les bras brièvement plongés dans de l'eau glacée, on peut penser que l'immersion dans un milieu durablement et fortement stressant doit avoir des conséquences graves.

Chapitre 18

De l'importance du nid

Suivre la spirale de l'extrémisme idéologique, c'est interpréter, une fois de plus, le problème de la poule et de l'œuf. Au lieu d'identifier ce qui est premier et ce qui est second, il s'agit de se demander de quelle façon les causes et les conséquences s'affectent mutuellement et dynamiquement dans le temps ; et plutôt que s'enferrer dans une énigme circulaire insoluble, de reconnaître que certaines prédispositions neurocognitives poussent certains individus dans les bras d'une idéologie rigide et que, concomitamment, l'ardente adhésion à celle-ci peut perfuser le style cognitif et la sensibilité physiologique du fidèle. Captif de cette boucle de rétroaction infernale, le corps empreint de l'idéologie qui lui sert à sentir et à raisonner, l'individu peut devenir de plus en plus intolérant et dogmatique.

Le stress accentue ces trajectoires, rigidifie la pensée et nous rend moins adaptable, plus belliqueux, de plus en plus sujet à l'habitude. Or le stress, loin d'être toujours transitoire, peut être systémique. Certains environnements sont marqués par une pression et une contrainte constantes et soutenues, d'autres sont plus prodigues et sereins. Pour comprendre l'interaction entre les origines et les résultats de la pensée idéologique, il faut s'intéresser à l'environnement dans lequel causes et conséquences prennent forme.

Autrement dit, la solution au problème de la poule et de l'œuf passe par l'étude du *nid*. Donc par l'écologie, le contexte social qui enveloppe l'individu à mesure que se développent le répertoire de sa personnalité et ses préférences idéologiques. Le nid, c'est le foyer, le quartier, la ville, le pays, le climat, les pressions exercées sur l'individu. C'est l'environnement qui place les uns dans des situations de risque, les autres sous la protection de la résilience.

Qu'est-ce qu'un nid ?

C'est un cocon douillet et protecteur fait pour réconforter. Alors, que se passe-t-il quand des individus, loin d'être plongés dans un milieu calme et paisible, sont immergés dans un environnement stressant ?

Le nid, c'est aussi une entité collective, conçue pour être partagée. Alors, qu'arrive-t-il quand on a le malheur de naître dans un environnement social marqué par l'inégalité, l'insécurité, l'insuffisance des ressources ?

Il y a des nids qui sont des havres et des refuges : ils affaiblissent les liens entre la vulnérabilité psychologique et le résultat idéologique. D'autres ne sont pas des lieux de repos, mais de lutte et de survie : laissant les risques cognitifs se traduire en décisions radicales, ils accélèrent la spirale de l'extrémisme.

Ajouter à notre étude celle du nid, c'est examiner la manière dont le contexte modère la relation entre cognition et idéologie. « Modérer » doit être entendu ici au sens d'altérer le cours d'une trajectoire ou la force d'une relation. Certains contextes vont précipiter la trajectoire vers l'extrémisme – pousser l'esprit vulnérable vers une doctrine toxique –, et d'autres tempérer l'attrait d'un dogme idéologique, le rendant moins effectif, moins séduisant. Peut-être existe-t-il un type de nid qui permet au cerveau de sortir de la spirale de l'intolérance, et si c'est le cas, c'est celui-ci que nous devrions nous efforcer de construire.

Si le *contexte* en général est un concept plutôt amorphe et flou, il pourrait bien être, sous réserve d'une définition claire, la troisième pièce manquante du puzzle. « La vérité est rarement pure et elle n'est jamais simple », énonce un personnage d'Oscar Wilde dans *L'Importance d'être Constant*. « Sans quoi la vie moderne serait tout à fait insipide[1]. » La prise en considération du contexte nous rappelle que les vérités scientifiques sont presque toujours contingentes et provisoires – bref, rarement simples, et pures jamais.

Souligner l'importance du nid est aussi l'occasion de se demander quand un environnement protège et quand il met en danger. Qu'arrive-t-il au cerveau idéologique lorsqu'il est exposé à une menace ? Et lorsque le danger se niche dans le nid lui-même ?

L'exclusion sociale

L'idéologie offre la promesse d'un « foyer », d'un lieu où l'on est accepté et compris. Le foyer est l'endroit où les règles de conduite nous sont connues, où nous savons ce qu'il faut croire, et à qui doit aller notre confiance. Mais de quelle façon le cerveau réagit-il quand il se sent exclu ? Que fait-il quand il a la sensation de manquer de parents et d'amis, d'appartenance et de réciprocité ?

Dans une étude novatrice réalisée auprès d'hommes d'origine marocaine vivant en Espagne et partisans du djihadisme, des chercheurs ont voulu savoir à quoi ressemblait le cerveau de ces idéologues au moment où ils éprouvaient un sentiment d'exclusion sociale[2]. Pour induire ce sentiment, ils firent jouer les participants à un jeu vidéo appelé *Cyberball*. Le jeu fonctionnait de la façon suivante : un ballon était lancé entre chaque participant et trois autres joueurs virtuels qui portaient un nom espagnol, José, Javier et Dani, et dont les photos montraient qu'ils avaient un âge similaire à celui des participants. Ceux-ci ignoraient toutefois qu'il s'agissait d'agents programmés pour ne pas leur envoyer le ballon. Dans la situation de contrôle, les participants recevaient le ballon une fois sur quatre, comme chacun des trois autres joueurs. Dans la situation d'exclusion sociale, ils le recevaient deux fois au début, puis plus du tout, ce qui les condamnait à regarder le jeu se dérouler sans y participer.

Témoins contraints de leur ostracisme, les participants exclus regardaient le ballon traverser l'écran sans jamais arriver dans leurs mains. À chaque lancer, ils espéraient participer, mais se voyaient tour après tour exclus et rejetés.

Les scientifiques étudièrent alors les réactions neurales des participants à des valeurs sacrées pour lesquelles ils étaient prêts à mourir – chasser les forces américaines des pays musulmans, par exemple – et à des valeurs non sacrées, des valeurs négociables – militer pour un enseignement islamique à l'école, par exemple. L'expérience de l'exclusion sociale, remarquablement, amenait les valeurs non sacrées à susciter la même signature neurale que les valeurs sacrées. Exclu, le cerveau imprègne toutes les valeurs d'importance et de sainteté. Quand l'individu se sent rejeté, même les valeurs périphériques deviennent des valeurs pour lesquelles il est prêt à se battre et à mourir.

Indépendamment du contenu de l'idéologie, l'exclusion sociale est un des facteurs les plus puissants de justification du terrorisme et d'actes politiques extrêmes, pour les causes de droite comme de gauche[3]. Les individus exclus ont ainsi davantage tendance à soutenir des organisations terroristes qui se battent pour des causes démocratiques, et sont plus disposés à provoquer des dégâts matériels au nom de groupes terroristes qui se battent pour les droits des animaux ou la protection de l'environnement. De même, les étudiants qui se sentent socialement exclus sont plus réceptifs à l'adhésion à des gangs et à des organisations activistes. Les individus exclus qui se caractérisent par une sensibilité accrue au rejet et à l'exclusion font ainsi montre d'une volonté plus grande de s'engager dans des groupes extrémistes, qu'il s'agisse de groupes politiques établis ou d'organisations nouvelles ou fictives dont les participants entendent parler pour la première fois au cours de l'expérience. Les situations d'exclusion peuvent amener certains individus à infléchir leurs croyances idéologiques pour s'adapter à des groupes plus radicaux et recouvrer un sentiment d'appartenance ; elles peuvent renforcer la conviction que les idées et croyances de leurs groupes sont morales. Les individus exclus deviennent plus disposés à se battre et à mourir pour leur groupe, en particulier s'ils possèdent déjà un fort besoin psychologique d'appartenance à un collectif. Le sentiment de rejet peut alimenter une disposition à l'action radicale, même pour des valeurs nouvelles et des valeurs qui n'étaient pas considérées avant cela comme sacrées, au nom d'organisations terroristes totalement nouvelles.

Les situations de pénurie

La solitude pousse le cerveau à trouver un groupe qui comble le vide. Les allégeances existantes sont plus prononcées dans les situations de stress et de pénurie. Grâce à un ensemble d'expériences assez élaborées, des chercheurs américains ont observé que, dans des situations de pénurie – où l'individu a le sentiment d'avoir des ressources financières limitées –, les participants blancs avaient un comportement discriminatoire à l'encontre des personnes noires[4]. Dans une étude utilisant l'imagerie neuronale, les chercheurs voulurent savoir si des conditions de pénurie modifieraient le processus neural expliquant ce comportement. On fit voir aux participants des visages – blancs et noirs –, et on leur demanda de dire auxquels ils étaient prêts à donner 10 dollars. Dans la situation de contrôle, on disait aux participants que le pot était de 10 dollars, et que c'est un modèle informatique aléatoire qui déciderait combien d'argent chacun aurait à distribuer. En réalité, l'allocation était truquée : chacun d'eux recevait 10 dollars, si bien qu'ils avaient tous l'impression, ayant le maximum, d'avoir eu de la chance et d'être pleins aux as. Dans la situation de rareté, on donnait au contraire l'impression aux participants que, sur un pot annoncé de 100 dollars, ils n'avaient que 10 dollars à distribuer. La quantité de ressources donnée aux participants en situation de contrôle était la même que celle donnée aux participants en situation de rareté, mais la façon dont la somme était allouée faisait que les premiers avaient l'impression que c'était beaucoup et que les seconds avaient l'impression que c'était peu. Quand ils avaient le sentiment que leurs ressources étaient rares (qu'ils croyaient n'avoir reçu que 10 sur un total possible de 100), les décisions d'allocation des participants suivaient clairement un biais pro-Blanc et anti-Noir. Ce biais n'existait pas quand ils avaient un sentiment d'abondance.

La rareté produisait aussi des changements neurobiologiques prononcés. Les chercheurs observèrent ainsi, et cela fait froid dans le dos, que la rareté affectait les mécanismes neuraux de la perception faciale, si bien qu'il fallait plus de temps aux participants blancs pour reconnaître un visage humain dans le faciès d'individus noirs. Les signaux de l'électroencéphalogramme faisaient apparaître une réaction retardée de l'onde N 170, qui correspond à la détection du visage. L'imagerie par résonance magnétique fonctionnelle (IRMf) révélait en outre que, dans des conditions de rareté, les visages des personnes noires suscitaient moins d'activité dans le gyrus fusiforme, la zone du cerveau généralement activée par la perception du visage humain. Ainsi, la rareté mettait à mal l'encodage neural du visage des individus noirs, mais sans affecter celui du visage des Blancs. Ces préjugés neuraux et comportementaux disparaissaient quand les participants avaient l'impression de disposer de ressources financières abondantes.

« Les déficiences du traitement facial observées dans cette recherche, qui étaient spécifiques à des visages noirs vus dans des conditions de rareté, représentent une forme assez littérale de déshumanisation », rapportaient les scientifiques. Les idéologies relatives à la race, à l'inégalité et aux hiérarchies sociales ne sont pas que des phénomènes politiques : elles peuvent pénétrer les mécanismes biologiques les plus fondamentaux du cerveau, comme ce qui fait que l'on perçoit un visage comme un visage humain. La discrimination et la déshumanisation sont des processus *du corps*. « L'autre, par gestes, attitudes, regards, me fixe, dans le sens où l'on fixe une préparation par un colorant », écrivait Frantz Fanon à propos de la façon dont le Noir se sent regardé par le Blanc. « Avec moi tout prend un visage *nouveau*. Aucune chance ne m'est permise. Je suis surdéterminé de l'extérieur. Je ne suis pas l'esclave de "l'idée" que les autres ont de moi, mais de mon apparaître. [...] Déjà les regards blancs, les seuls vrais, me dissèquent. Je suis *fixé*[5]. »

La déshumanisation est un processus cyclique, littéral. Dans les situations de pénurie ou de rareté, les minorités souffrent disproportionnellement, et le cerveau de ceux qui les jugent contient en lui ce process de déshumanisation. La neuroscience politique qui prend en considération le rôle du contexte peut donc identifier des processus que les études purement comportementales ne peuvent pas détecter. Elle nous donne aussi une idée de la terrible efficacité du discours idéologique quand il exploite la rareté des ressources économiques et sociales. La rareté peut faire surgir en nous le dogmatique, le fondamentaliste, le raciste, le monstre.

Le stress peut venir d'une expérience personnelle directe de la précarité, de l'exclusion, de la violence ou de la menace de la violence. Mais il peut aussi envahir le corps humain à partir d'expériences macrocosmiques : la guerre, la pandémie, la catastrophe naturelle, l'insécurité physique et existentielle. Les menaces sur notre existence poussent la spirale vers l'extrémisme. Et la peur de la mort peut pousser le corps vers des convictions idéologiques encore plus ferventes.

L'angoisse existentielle

L'anthropologue de la culture Ernest Becker considérait la question avec le plus grand sérieux. « De toutes les choses qui animent l'homme, écrit-il, une des principales est sa terreur de la mort[6]. » La peur de la mort amène les humains à la nier par des « formules d'immortalité ». Des croyances dans une vie après la mort qui étend indéfiniment notre existence, par exemple. Ou des « mythes héroïques de transcendance de soi », dans lesquels notre mortalité se fond dans une gloire intemporelle, et qui donnent le courage d'affronter la fin. *Le brave soldat. Le poète intrépide.* Les formules d'immortalité sont développées par les idéologies pour attirer et fidéliser des adeptes. Pour justifier le sacrifice de soi, les actions idéologiques s'imprègnent d'une aura de grandeur. *Ô sauveur des forêts !*

Ô combattant martyr de la liberté ! Ces clichés éternels servent les ambitions des idéologies et permettent à leurs adeptes de masquer la petitesse de leurs vies. L'existence temporelle est transformée, comme par alchimie, en essence éternelle. La charité est une formule d'immortalité au meilleur sens du mot : elle donne le sentiment d'être grand, de triompher de l'étroitesse de la vie. La violence et le suicide au nom d'une idéologie en sont une autre, au pire sens du mot cette fois.

La théorie de Becker déboucha sur ce que l'on appelle aujourd'hui la « théorie du management par la peur » (*terror management*) : c'est l'idée que notre vision du monde a pour fonction de contrôler notre peur de la mort. Le désir de nier la mort nous pousse à adopter une *Weltanschauung* qui soulage cette peur et nous propose un chemin vers l'immortalité. Grâce à l'idéologie, dit la théorie du management par la peur, nous gérons notre peur, l'angoisse que suscite en nous la fin de la vie. En tant que théorie, c'est à la fois puissant et assez absurde. Le mot « management » évoque la gestion d'une organisation, avec son organigramme, son logo, son bilan, ses objectifs. Comme s'il ne s'agissait que de contrôler et de piloter notre peur ! Comme s'il était facile de calmer la main qui tremble ou d'apaiser le cœur palpitant.

La théorie du management par la peur a suscité une recherche de preuves empiriques qui sont venues confirmer les prédictions de Becker. Des centaines d'expériences ont été conçues pour étudier l'hypothèse que, dans une situation de stress existentiel, quand nous sont rappelées la fragilité de notre vie et la présence toujours imminente de la mort, nous chercherions un soutien dans un dogme ou une idéologie. Cette hypothèse première a donné lieu à deux sous-hypothèses concurrentes. La première, dite de la *défense d'une conception du monde*, postule que, face à notre finitude, nous défendrons plus fortement les convictions qui nous sont chères. Tout ce qui rappelle la mort rend plus extrémiste, quelle que soit la nature de la cause idéologique, que l'on penche à droite ou à gauche. La seconde suggère que la peur de la mort provoque un déplacement vers le conservatisme. N'est-il pas compréhensible qu'un danger nous incite à conserver, préserver et défendre ce que nous connaissons plutôt qu'à nous risquer dans l'inconnu ? C'est l'hypothèse du *déplacement conservateur*.

Pour provoquer un sentiment de peur existentielle, les scientifiques ont conçu astucieusement des manipulations macabres qui invitaient un groupe de participants à réfléchir sur leur mort en écrivant, en détail, ce qu'ils pensaient qu'il leur arriverait quand ils mourraient physiquement. En décrivant par le menu les émotions que suscitait la peur de la mort. *En y pensant vraiment !* Ils étudièrent en particulier des moments où la mort se rappelle naturellement à nous : guerres et pandémies, catastrophes naturelles, attentats terroristes. Certains réalisèrent ces expériences dans ou près d'un cimetière. D'autres concoctèrent des expériences de réalité virtuelle dans lesquelles les participants marchaient imaginairement entre des tombes[7].

Tout cela donne le frisson. Mieux vaut ne pas trop y songer ! Mais chez ceux qui ont effectivement pensé à leur mort, ce que les scientifiques appellent la « saillance de la mortalité » a augmenté, suscitant un plus grand attachement à leur idéologie de prédilection. Comparés à des participants à qui l'on avait seulement demandé d'écrire sur des sujets neutres ou d'imaginer des types de douleur qui n'avaient pas de rapport avec la mort (une rage de dents, par exemple – mais qui n'a pas songé un instant mourir sous la roulette du dentiste ?), les participants qui avaient dû écrire sur leur mort étaient encore plus idéologiques après la manipulation.

Par ces divers méthodes et procédés, des méta-analyses combinant les résultats de centaines d'études ont montré que la saillance de la mortalité incitait les participants à défendre farouchement leur conception du monde. Des étudiants iraniens que l'on avait placés dans une situation qui leur rappelait leur humble condition de mortels jugeaient ainsi positivement un étudiant qui justifiait le martyre, tandis que ceux à qui l'on avait seulement demandé de décrire leur mal de dents préféraient les réactions de tolérance et d'aversion à la violence d'un opposant au martyre[8]. Exposés de façon aléatoire à la saillance de la mortalité, des étudiants conservateurs états-uniens se montraient quant à eux favorables à des interventions militaires brutales, à des attaques préemptives contre des pays étrangers, ainsi qu'à l'abolition des libertés individuelles au nom de la sécurité nationale[9]. Chez les écologistes, la saillance de la mortalité accentuait l'inquiétude pour l'environnement[10], et le fait de souligner la menace climatique conduisait des écologistes allemands à être plus autoritaires et plus conformistes avec les membres de leur groupe[11]. La pensée de la mort peut conduire des individus à adhérer à des solutions idéologiques plus extrêmes et plus violentes qui réaffirment leurs croyances antérieures.

Mais les méta-analyses montrent aussi que la saillance de la mortalité induit un déplacement conservateur vers la droite, si bien que dirigeants et mesures autoritaires ont la faveur tant des conservateurs que des libéraux[12]. Comment les hypothèses de la défense de la conception du monde et du déplacement conservateur peuvent-elles toutes deux être vraies ?

De même que nous pouvons observer que les effets de la rigidité aux extrêmes et de la rigidité à droite coexistent dans le lien entre rigidité cognitive et pensée idéologique, on voit ici que l'angoisse existentielle a des affinités avec les orientations de droite, mais peut aussi susciter une défense soutenue de l'idéologie déjà adoptée par l'individu, quelle qu'elle soit.

Pouvoir dire quand un danger latent risque de pousser des individus vers le conservatisme ou vers l'extrémisme (ou n'avoir aucun effet sur l'allégeance idéologique) peut dépendre de la nature de la menace[13] : menace existentielle, menace ambiante, menace politisée, menace inédite… Des chercheurs ont montré que la menace terroriste provoquait souvent un déplacement vers le conservatisme et vers des solutions militaires, et accroissait l'hostilité contre les exogroupes, notamment contre les musulmans en cas d'attentats terroristes islamistes[14]. La réaction peut aussi dépendre du charisme des dirigeants concernés : après manipulation de la saillance de la mortalité, les participants gravitaient vers des dirigeants qui affichaient un optimisme résolu plutôt que modestie et humilité[15]. Après une menace, les gens adorent les visionnaires et croient aux miracles.

Certains critiques du concept de saillance de la mortalité se demandent s'il fonctionne systématiquement et pour tout le monde. Il est vrai que plusieurs tentatives de réplication des effets de cette manipulation ont échoué, et il est possible qu'ils ne soient ni homogènes ni universels, et nécessitent une analyse plus détaillée et plus personnalisée[16]. Il a par exemple été montré que les manipulations de la saillance de la mortalité marchaient particulièrement bien avec les individus qui tolèrent peu l'ambiguïté et qui ont dans leur vie un fort besoin de sens et de structure[17]. Les esprits vulnérables sont plus affectés que les autres par les contextes de rigidité.

Il y a aussi des cas où la pensée de la mort ne produit pas d'angoisse existentielle, mais plutôt une sorte de fascination. Dans les expériences de mort imminente, ou quand une maladie mortelle a été diagnostiquée, l'individu peut être gagné par un sentiment non de terreur, mais de transcendance. Face à une mort imminente ou imaginée, il pourra, en plus d'éprouver de l'appréhension, choisir de reprioriser ses valeurs, de prendre ses distances avec l'accumulation de richesses, par exemple, pour aller vers la générosité, l'altruisme, le rapport aux autres[18]. Certaines cultures s'entendent mieux que d'autres à canaliser les peurs existentielles vers une conception du monde harmonieuse et apaisée[19]. Et c'est bien le défi que devra relever demain la politique : comment faire de la menace un instrument de créativité, et non plus de peur ou de conformité.

The Denial of Death (« Le déni de la mort »), d'Ernest Becker, fait la part belle à la rhétorique de la quête, de l'héroïsme, du triomphe contre la peur de la mort. Or l'attrait de l'idéologie ne vient pas uniquement d'une triste quête d'un au-delà : il peut aussi trouver sa source dans une quête positive d'un sens pour sa vie personnelle ici-bas. Un programme de recherche a montré que la susceptibilité d'adhérer à une idéologie extrémiste pouvait être inspirée par une soif de sens et d'importance. Étaient étudiés ici des contextes hostiles et des foyers de radicalisation. Chez des militants philippins du groupe djihadiste Abou Sayyaf, la perte de sens et d'importance était liée à un fondamentalisme plus grand[20]. Chez des militants du Sri Lanka et des Philippines, le sentiment d'échec personnel contribuait à des convictions plus extrémistes et plus violentes[21]. Ces patterns ont été répliqués aux États-Unis. Chez des individus condamnés pour un crime aux motivations idéologiques, ceux qui avaient le plus tendance à recourir à la violence pour le compte de l'extrême droite, de l'extrême gauche ou de l'idéologie islamiste avaient généralement souffert d'un rejet ou d'un échec au travail, en amitié ou dans une relation amoureuse[22]. Une expérience fut réalisée auprès d'étudiants que l'on pria de réfléchir à des moments d'humiliation personnelle[23]. Le sentiment de perte de sens et d'importance ainsi provoqué les conduisait à défendre plus fermement leur vision du monde : les étudiants républicains réaffirmaient avec une vigueur accrue leur adhésion aux valeurs du Parti républicain, et les étudiants démocrates s'identifiaient encore plus ardemment à celles du Parti démocrate. En étudiant le processus contraire de *gain* de sens et d'importance[24], des chercheurs observèrent que l'implication dans des actions politiques plus radicales suscitait un sentiment d'importance personnelle plus profond qu'une participation à des formes plus modérées d'engagement. Cela était vrai pour des militants écologistes, des activistes féministes et des syndicalistes. La quête de sens et d'importance pousse les gens à adhérer à des comportements plus radicaux, plus exigeants et quelquefois violents.

Comme le décrit bien la spirale de l'extrémisme, le lien entre vulnérabilité psychologique et radicalisme idéologique s'exacerbe dans certains contextes et s'affaiblit dans d'autres. Des différences entre des villes et même des quartiers se traduisent par des différences de risque très substantielles. Dans une étude portant sur plus de quatre mille élèves d'Andalousie, le niveau de perception d'un manque d'importance personnelle, l'intensité du sentiment de solitude et de dévalorisation permettaient de prédire le soutien d'adolescents à des narratifs violents[25]. L'adoption d'un comportement agressif et l'adhésion à l'idée que la violence est nécessaire pour changer la société s'expliquaient également par l'appartenance des élèves à un réseau de pairs déviants qui glorifiaient la violence. Au-delà des facteurs psychologiques et sociaux, l'environnement économique et culturel plus large avait son importance. Les élèves les plus vulnérables vivaient dans des villes ou des quartiers marqués par des revenus du ménage plus faibles, une éducation parentale moins solide, un moindre nombre de livres à la maison, un manque de ressources et d'opportunités. Ces enfants étaient ceux qui étaient le plus sensibles à la toxicité de pairs déviants. Dans les quartiers bénéficiant de ressources économiques et culturelles plus grandes, le rapport entre le fait d'avoir des amis violents et celui d'avoir des convictions violentes était plus lâche.

L'environnement physique et numérique

Un environnement riche en ressources protège contre les groupes d'amis et les états psychologiques à risque. Cette tendance est soutenue par d'autres travaux de recherche qui montrent que les lycéens musulmans vivant dans des environnements vulnérables en Espagne, dans des villes connues pour être des centres de recrutement terroriste, avaient davantage tendance que leurs pairs de villes moins vulnérables à se sentir socialement exclus, à percevoir des conflits dans les relations entre élèves musulmans et chrétiens, et à légitimer le terrorisme[26]. Des études similaires réalisées auprès d'adolescents en Suède, et d'adultes en Indonésie, au Sri Lanka et au Maroc, ont montré que vivre dans un contexte social vulnérable renforçait le lien entre quête d'importance et de sens, et soutien à la violence[27].

Un environnement vulnérable n'ajoute donc pas seulement du risque : il entraîne aussi l'accentuation et l'amplification de tous les risques. Quand on pense à la spirale de l'extrémisme, on peut considérer que la dynamique entre vulnérabilité neurocognitive et idéologie dogmatique peut devenir plus forte et plus rapide dans des contextes de stress et de précarité prononcés. Ni la poule ni l'œuf ne peuvent donc être compris sans le nid.

L'environnement numérique peut lui aussi être un lieu de vulnérabilité exacerbée. Si les informations circulant sur ces médias et ces réseaux sont rares, sélectives ou faussées – y seront présentés principalement des éléments confirmateurs, et les informations dérangeantes que les gens préfèrent ignorer y seront exclues –, même le citoyen rationnel et non dogmatique aura, sous leur influence, des opinions biaisées. Le cerveau actualise les croyances et les opinions en fonction des informations circulant dans l'environnement. Quand des informations sont non fiables ou contrefaites, cela peut conduire à des distorsions en aval qui peuvent être psychologiquement rationnelles alors même qu'elles divergent de la réalité. À mesure que les outils psychologiques se font de plus en plus sophistiqués et permettent de créer de fausses images de la réalité, il va devenir plus facile pour des agents malveillants de distordre l'appareil émotionnel et rationnel même des penseurs les plus intelligents.

S'il est vrai que de nouveaux types de distorsion cognitive apparaissent sur les plateformes numériques, le phénomène, historiquement, n'est en réalité pas nouveau. En 1953, dans *La Pensée captive*, le dissident et poète polonais Czeslaw Milosz parlait déjà de l'individu immergé dans les chambres d'écho de la propagande soviétique :

> [L'homme] n'a pas besoin d'être stalinien pour raisonner ainsi. [...] La propagande à laquelle il est soumis essaie par tous les moyens de le maintenir dans la conviction que le nazisme et l'américanisme sont des phénomènes semblables, issus des mêmes bases économiques. À cette propagande il accorde à peu près la même confiance qu'un Américain moyen accorde aux journalistes l'assurant que stalinisme et hitlérisme ne diffèrent guère.

> Même si notre homme est assez haut placé pour être bien renseigné, il n'a qu'une idée confuse de ce qui fait la force et la faiblesse de l'Occident. Ses lunettes sont ainsi disposées qu'il n'embrasse que des horizons limités, toujours les mêmes, et trouve toujours dans ce qu'il voit la confirmation de ce qu'il devrait voir[28].

Les principes des États propagandistes ne sont pas différents de ceux qui président à la vie numérique. Entre le monde virtuel et le monde réel, y a-t-il une différence de nature ou de degré ? Les environnements virtuels ont bien sûr des propriétés uniques. Beaucoup d'algorithmes des plateformes sont aujourd'hui conçus pour diffuser les informations émotionnellement les plus déstabilisantes ; ils sont aussi personnalisés de manière à confirmer les peurs et les croyances. Prenez un esprit vulnérable – impulsif, cognitivement rigide, et sensible aux menaces et aux informations négatives – et placez-le dans un environnement qui va exploiter sélectivement ces biais, et vous pourrez comprendre pourquoi ces espaces, s'ils sont toxiques pour tout le monde, le sont particulièrement pour les personnes déjà psychologiquement vulnérables au départ. Plus la technologie obscurcit la source, la vérité et la fiabilité des textes et des images, plus il est probable que ces environnements numériques soient des espaces de radicalisation.

L'adolescence, un âge vulnérable

Si la vulnérabilité peut être accentuée dans certains lieux, elle peut l'être aussi à certains moments ou dans certaines périodes. L'adolescence est un âge particulièrement vulnérable : c'est l'âge où l'on « quitte le nid » (ou du moins l'on essaie). C'est une période sensible pour le développement du cerveau et l'évaluation des risques, pour la conformité, la flexibilité et la cristallisation de l'identité. L'idéologie passe souvent par les jeunes. Tous les mouvements et partis nationalistes ont un groupement de jeunesse. Tout endoctrinement religieux commence dans l'enfance (et force les adultes à passer par les étapes rituelles de l'enfance, faisant de la conversion une renaissance). Presque tous les mouvements politiques qui appellent à un renversement, à une révolution qui fasse table rase, recrutent leurs premiers membres chez les adolescents ou chez des adultes qui sont sujets à des crises impulsives. L'attrait des narratifs et des futurs alternatifs est souvent plus fort pour ceux qui négocient le sens – dont le cerveau compare différents modèles prédictifs pour comprendre et anticiper le monde, et se comprendre eux-mêmes.

Que devons-nous faire avec les adolescents qui adhèrent à une doctrine ou une identité rigide, qui répètent à l'envi des clichés, qui sont guidés par des obsessions irraisonnées, qui cultivent des visions du monde dogmatiques en dépit de la réalité, qui cherchent le frisson et l'euphorie de l'adhésion à un groupe aux dépens de la liberté, et qui ont un besoin pressant de se sentir importants et aimés ? (À bien des égards, cette description du radicalisme est difficile à distinguer d'une description de la jeunesse en général.)

Nous pouvons tous avoir un frère, un enfant, une amie qui s'éprenne d'un individu dévoué à une cause hostile, intolérante et même violente. Que nous approuvions ou non la cause pour laquelle il se bat maintenant, nous pouvons avoir la conviction qu'il a fait sien un rôle qui ne représente pas son moi authentique. Il est difficile de tracer la frontière entre le souci de l'autre et le respect de sa liberté de choix. De savoir ce qui est permanent et ce qui ne fait que passer. De faire la part de ce que nous devons à ceux que nous aimons et de ce que nous devons à la société.

Nous pouvons être attentifs à tous les facteurs qui mènent un individu au radicalisme, et compatissants. Mais la compassion ne doit pas tourner à la complaisance, et encore moins à la connivence et la complicité. S'il est vrai que le cerveau adolescent est le plus sensible aux dogmes idéologiques, cela s'explique en partie parce qu'il cherche activement à comprendre le monde et à être compris. Le cerveau adolescent est en quête d'un modèle de la réalité qu'il pourra prédire et auquel il pourra participer.

L'exigence d'un cadre explicatif est présente chez tout adolescent. Une partie du problème réside dans ce que proposent les gens qui l'entourent et qu'il fréquente pour satisfaire cette exigence.

La tâche qui échoit à la politique est de concevoir une société dans laquelle les solutions idéologiques ne soient pas les seules satisfactions apportées aux besoins du cerveau – ou du moins pas les plus importantes. Est-il possible de cultiver des formes d'engagement et d'activisme politique qui ne sombrent pas inévitablement dans une idéologie manichéenne ? Est-il possible de proposer au citoyen des outils qui lui permettront de savoir quand une idéologie mérite d'être critiquée et quand une philosophie peut être une source de créativité et de résistance à l'injustice ?

Chapitre 19

Autrement

La flexibilité est quelque chose de fragile. Même dans les nations et les contrées les plus libres, la pensée idéologique est terriblement attirante. Notre cerveau prédictif se cherche constamment des règles, des logiques, des habitudes permettant d'organiser ce que nous sommes et d'organiser le monde autour de nous. Congédier la pensée en noir et blanc pour discerner toutes les nuances de gris est un combat permanent. Rester dans les espaces liminaires de l'ambiguïté est une tâche sisyphéenne : elle exige une attention de tous les instants et n'octroie que de rares moments de répit.

Dans des conditions d'oppression, de tyrannie ou de précarité, ces exigences peuvent même s'avérer implacables. Quand les restrictions idéologiques sont fortes et puissantes, il peut être exceptionnellement difficile de résister, mentalement ou publiquement.

Idéologie et démocratie

Mais la liberté à l'extérieur ne garantit pas la flexibilité à l'intérieur. « Il y a une grande part de totalitarisme même dans les sociétés les plus libres, écrit Eric Hoffer. Mais dans une société libre, le totalitarisme n'est pas imposé de l'extérieur : il est implanté dans l'individu. Un régime totalitaire sommeille en chacun de nous [1]. »

Il est donc erroné de penser que les droits démocratiques ou les sociétés laïcisées puissent nous protéger à eux seuls contre les dangers du dogmatisme. Si l'émancipation et la pluralité politiques sont fondamentales pour la pensée flexible, elles ne sont pas suffisantes.

À bien des égards, plus une société est libre, plus les traits et les choix individuels prennent de l'importance. Dans un environnement où plusieurs offres idéologiques sont disponibles, et plusieurs manières de vivre possibles, les tendances psychologiques des individus deviennent des indicateurs puissants de leur comportement idéologique. Les traits de personnalité, les dispositions cognitives et la réactivité physiologique des individus ont alors beaucoup d'importance et vont avoir une grande influence sur le fait qu'ils adopteront une philosophie qui encourage la souplesse de la pensée ou une idéologie qui décourage la pensée critique.

Une étude des individus dans les sociétés libres montre que des traits psychologiques et biologiques spécifiques rendent certains plus susceptibles que d'autres d'adhérer à des systèmes idéologiques. En développant une image du corps idéologique, plusieurs couches de tissus et niveaux d'analyse ont été traversés pour montrer comment le système nerveux du croyant affecte les habitudes idéologiques qu'il adopte et comment son corps peut être façonné par elles. Tantôt les réactions perceptuelles et physiologiques de l'idéologue sont avivées ou inhibées ; tantôt sa passion des règles s'étend au domaine de la politique et de la morale, déborde sur sa perception privée et se traduit par une rigidité d'interprétation. Le cerveau idéologique est un cerveau cognitivement rigide, émotionnellement déréglé, physiologiquement moins sensible à la souffrance et à l'injustice, neurobiologiquement réceptif aux catégories binaires et aux rites addictifs.

Mais tous les cerveaux idéologiques ne sont pas identiques. Chaque individu est un cocktail de combinaisons particulières d'attributs biologiques et personnels. Certains sujets possèdent des traits à risques et pas d'autres. Un cerveau disposé à adhérer à une doctrine rigide et à une identité rigide peut, *in fine*, ne pas exprimer ces vulnérabilités ni les traduire en actes.

Des éléments protecteurs, comme la flexibilité cognitive, la régulation émotionnelle ou un entourage familial résilient, peuvent affaiblir ou éliminer les effets des facteurs de risque. Else Frenkel-Brunswik avait observé ce type d'interaction en soumettant des enfants à des tests de rigidité psychologique. Elle avait noté « des cas exceptionnels d'enfants situés très haut sur l'échelle des préjugés mais qui ne manifest[ai]ent qu'une rigidité mentale moyenne ». Chez les enfants qui ne sont pas particulièrement rigides, il est possible que les préjugés soient dus à d'autres traits, d'autres expériences ou d'autres facteurs environnementaux : vivre dans une famille intolérante, souffrir d'exclusion et manquer d'estime de soi, par exemple.

Il y avait aussi des cas contraires, où la rigidité psychologique d'un enfant était plus élevée que ne permettait de le prévoir son absence presque totale de préjugés. Frenkel-Brunswik parle par exemple d'une « fillette qui affirmait de façon très articulée une idéologie libérale, et qui montrait en même temps plus de rigidité mentale qu'il n'y en a en général chez les enfants sans préjugés ». Après s'être entretenue avec ses parents, Frenkel-Brunswik comprit que la fillette était d'« une famille qui, tout en adhérant à une idéologie libérale, le faisait avec une forte dose de militantisme, de dogmatisme et d'inexorabilité », et manifestait « peu de disposition à accepter ceux qui pensaient autrement, ou à négocier avec eux[2] ».

Notre *manière de penser* peut importer bien plus que *ce que* nous pensons, et, en séparant la substance et la structure de la pensée idéologique, il est possible de montrer quand le contenu des croyances importe également.

S'il semble qu'il existe des traits cognitifs et des traits de personnalité qui rendent un individu susceptible de *n'importe quel* extrémisme, il y en a aussi qui peuvent le pousser vers un certain type d'idéologie. Des esprits peuvent être particulièrement attirés par les idéologies qui défendent les hiérarchies, et d'autres par celles qui préfèrent les structures égalitaires. Des cerveaux ont des affinités avec des idéologies qui prônent la révolution, et d'autres ont de l'aversion pour tout ce qui s'apparente à un changement. Il se peut qu'un cerveau aux tendances impulsives gravite vers les idéologies qui résistent aux opinions majoritaires, et jamais vers celles qui réaffirment le *statu quo*. Le cerveau idéologique qui adhère à une vision religieuse et spirituelle du monde possède une architecture neurologique particulière, fort différente de celle du cerveau idéologique qui conteste toute explication surnaturelle. Il existe des facteurs particuliers qui permettent de prédire le penchant d'un individu pour certaines doctrines idéologiques, et des facteurs universels qui permettent de prédire ses penchants pour n'importe quel système dogmatique de croyances.

La science du cerveau idéologique pose plusieurs questions sur la nature du cerveau et la nature de l'idéologie. S'il y a des parallèles entre l'appareil perceptuel et physiologique d'un individu et sa tendance à avoir des préjugés, quelles en sont les causes ? Pourquoi ces échos de rigidité existent-ils dans des domaines et sur des échelles de temps aussi divers ? Qu'est-ce que cela nous dit de l'unité de la perception et de la personnalité ? Comment les rigidités pénètrent-elles plusieurs niveaux de conscience : les décisions perceptuelles rapides, l'imagination linguistique et l'évaluation politique ? Si la conscience se forme à partir de processus d'apprentissage et de traitement de l'information fortement hiérarchisés, la recherche future devra s'intéresser à la manière dont le style cognitif se traduit dans ces hiérarchies. Nous avons besoin de modèles biologiques de la conscience qui nous permettent d'expliquer ces résonances structurelles entre des patterns inconscients d'une fraction de seconde et des convictions conscientes.

Pas d'idéologie chez les créatifs ?

Ces liens entre flexibilité perceptuelle et politique, entre créativité et humilité intellectuelle peuvent aussi vouloir dire qu'en exerçant un certain type de flexibilité, nous en alimentons en même temps un ou plusieurs autres. Apprendre à un enfant à penser de façon malléable dans un scénario donné peut l'aider à penser de façon malléable dans d'autres. C'est ce que nous dit la romancière Zadie Smith quand elle écrit : « La souplesse de la voix conduit à la souplesse en toutes choses[3]. »

On croit parfois que pratiquer une activité créative classique – les beaux-arts, la performance, la musique, la littérature – signifie nécessairement le faire de façon créative. Mais la créativité qui compte du point de vue psychologique est celle qui change les formes et qui déstabilise, qui casse ou qui élargit les cadres et les conventions, qui inverse et renverse. C'est la capacité de penser autrement – « *autrement*, comme étreindre l'inconnaissable », poétise l'écrivaine et activiste noire britannique Lola Olufemi[4]. L'incarnation de cette flexibilité ne se limite pas nécessairement aux arts traditionnels : il est possible d'avoir une créativité adaptive, aux perspectives multiples, et dans tous les domaines. Il s'agit pour ce faire de changer de mode de pensée et d'expression, de cesser de ressasser sempiternellement les mêmes formules. Même l'individu contraint et réprimé peut en finir avec la routine et se donner une direction nouvelle et libératrice.

Beaucoup d'idéologies prétendent promouvoir la créativité en leur sein. Les groupes militarisés défilent et marchent sur une musique parfaitement exécutée. Les mouvements sociaux demandent à leurs militants de trouver des slogans inventifs et des décors attrayants. Le patriarcat convainc les femmes de servir de jolis bibelots, quitte à les rendre infirmes. L'idéologie joue souvent avec l'art et avec l'esthétique, mais impose toujours des limites à l'imagination des fidèles. Comme l'observait l'écrivain et activiste des droits civiques James Baldwin, « l'artiste ne peut et ne doit rien tenir pour acquis ; il faut aller au fond de chaque réponse et déceler la question qu'elle cache[5] ». C'est pourquoi les systèmes idéologiques ont peur des artistes transgressifs et des penseurs critiques (et vont jusqu'à les incarcérer), qui remettent en question les réponses utopiques de l'idéologie et érodent le monopole de la doctrine sur la vérité.

De bonnes idéologies ?

Pour certains, la rigidité n'est pas un défaut, mais une vertu. Persistance et persévérance sont jugées essentielles pour atteindre leurs objectifs. S'imposer des habitudes et des routines est considéré comme la condition du bien-être et de la réussite. Après tout, comment un individu ou une société pourraient-ils accomplir quelque chose s'ils ne campent pas sur leurs positions ? Mais ceux qui révèrent la rigidité ignorent les nuances de l'entêtement. Dans les tests de rigidité cognitive, le comportement inflexible n'est pas un avantage, mais un inconvénient. L'inflexibilité signale un manque d'adaptabilité et d'inventivité, une insensibilité à la réalité des faits. Elle se traduit par un dogmatisme qui abîme le corps et l'esprit.

Mais il y a des idéologies de la liberté, dit le sceptique, *des idéologies de la libération et de l'amour. Elles n'ont rien à voir avec les idéologies de la tradition, de la fermeture, de la haine et de l'exploitation.*

Je pense qu'une idéologie de la liberté est un oxymore, une contradiction dans les termes. Il peut y avoir une *philosophie* de la liberté – une conception de l'autonomie ; mais du moment qu'elle devient une doctrine systématique, dans une logique essentialiste et pseudo-scientifique irréfutable, elle cesse de parler de liberté.

La nouvelle science du cerveau idéologique doit insuffler de la vie aux philosophies qui se prétendent malléables et antidogmatiques. En observant la facilité avec laquelle une philosophie (et même une science) peut se muer en idéologie, il sera possible de montrer comment une philosophie de la liberté peut éviter de dériver vers un système idéologique.

La pensée idéologique est allergique à la science quand celle-ci se fait questionnement incessant, procède par affirmations provisoires, verse dans le dialogue et la réfutation. Être libre, rompre avec une idéologie, c'est parler à plusieurs voix, c'est rejeter le sérieux exagéré, c'est se livrer au jeu. C'est oser sortir des chemins tout tracés.

* * *

Je voudrais vous inviter à participer à une dernière expérience : l'ultime jeu, l'épreuve finale.

Imaginez que vous soyez assis devant un écran. Des instructions vont bientôt y apparaître. Conformément aux règles et aux protocoles d'éthique, elles vous rediront que vous êtes libre d'arrêter l'expérience à tout moment. De contester ou de questionner les instructions. De renoncer au rôle qui vous a été proposé.

Et c'est peut-être ce que vous devriez faire. Ce ne serait pas avantageux pour la scientifique que je suis si vous arrêtiez maintenant, car je suis là pour vous évaluer, vous quantifier, vous donner des règles arbitraires et vous observer pendant que vous essayez de les suivre.

Mais peut-être vaudrait-il mieux que vous vous leviez. Que vous sortiez de la pièce et partiez librement. Sachez que vous pouvez toujours vous en aller. Rappelez-vous que vous êtes en droit de résister aux règles irrationnelles qui vous sont assignées.

J'espère, si vous sortez, que vous le ferez sans rigidité, en prenant votre temps, sans sentir sur vos épaules aucune pression ni prédestination, sans être sous l'influence d'ancêtres ou de rites auxquels vous vous sentez tenu d'obéir, sans que des attentes ne pèsent sur vous ou ne contraignent vos mouvements.

J'espère que vous allez vous interroger sur toutes les obligations, toutes les compulsions, tous les « je dois » qui vous sont imposés de l'extérieur, toutes les prescriptions comportementales qui vous mettent mal à l'aise.

J'espère que, si vous vous soumettez un moment, ce sera pour mieux vous retrouver et prendre librement votre envol.

J'espère que vous rejetterez les règles, que vous refuserez les instructions, que vous résisterez à toute autorité illégitime, que vous trouverez une liberté authentique qui n'appartienne qu'à vous, et que vous irez loin en suivant votre chemin.

Le choix vous appartient.

Épilogue

Sortir des chemins tracés

Je pose mon papier et je lève les yeux. Les lumières de la salle s'allument peu à peu, comme le ciel au matin, et des visages dans le public apparaissent. Des mains se lèvent hardiment ou timidement. Le micro est tendu à quelqu'un tapi tout au fond.

La science de l'idéologie peut-elle nous aider à apprendre ce que sont une vie bonne et une vie mauvaise ? demande une voix.

Oui – je parle en direction de la silhouette de l'interlocuteur. Je crois que la science peut nous inciter à réévaluer nos préférences, nos habitudes, et les critères qui permettent de dire si une conception du monde est oppressive ou libératrice. Si l'idéologie est interconnectée à la réalité biologique, alors cela signifie que les enjeux de nos choix et de nos engagements idéologiques sont bien plus grands que nous ne le pensons. L'idée selon laquelle « le personnel est politique » prend alors un tout autre sens. En étudiant l'interaction entre le cerveau humain et l'idéologie, nous pouvons inaugurer une nouvelle méthode critique.

Si je puis continuer, reprend la voix, *que voulez-vous dire par critique ? S'agit-il seulement d'une capacité de juger et de contester ?*

La critique est un jugement, oui, je l'admets. Mais c'est aussi la synthèse de deux voix. La voix critique négative que nous attribuons au rabat-joie, à celui qui voit partout des défauts. Et la voix critique positive, celle du penseur qui raisonne indépendamment de l'autorité, qui dépasse l'unidimensionnalité, interroge les apparences, questionne le point de vue dominant. La critique unit le soupçon de la première et la créativité de la seconde pour construire une analyse à part entière de l'idéologie. L'émancipation est sa finalité. En mettant bas les masques, en proposant d'autres interprétations, la critique espère nous libérer.

Mais la critique de l'idéologie n'est pas l'objet de la science, objecte non sans scepticisme et sur un ton accusateur un étudiant en sciences humaines. *C'est la tâche de la philosophie, de l'histoire, de l'économie, de la sociologie, de l'étude de la culture.*

Et pourquoi pas ? rétorqué-je, me rappelant que toute agression est un acte de défense.

Parce que, s'élève une voix de baryton, au dernier rang, surgie de la grande silhouette de Darwin, *ce n'est pas le rôle des scientifiques de critiquer l'idéologie. Science et politique doivent rester séparées. Les scientifiques doivent garder pour eux leurs idées controversées, sans quoi ils risquent de nuire à l'impact de leurs découvertes !*

Il y a du vrai dans ce que vous dites – je m'adresse au profil barbu de Darwin –, mais si nous gardons le silence sur certains sujets, notre science ne risque-t-elle pas d'être utilisée pour légitimer des buts racistes, religieux et conservateurs, que personnellement, vous l'avez sans doute deviné, j'abhorre ? Il y a une différence entre une science qui a des implications politiques et existentielles et une science conçue pour apaiser des convictions politiques particulières. La science peut critiquer des pratiques dogmatiques sans rien perdre de sa rigueur, de son objectivité et de sa réfutabilité.

Oui, elle a raison, clame une voix encore plus âgée, à l'accent français, dont le détenteur est curieusement vêtu d'un costume du XVIIIe siècle. *L'idéologie*, dit avec esprit Destutt de Tracy, *était destinée à être une science des idées sensorielles et rationnelles. Mais elle a toujours été aussi un projet éducatif, conçu pour canaliser la science de la raison et de la sensation vers les Lumières. J'en ai rêvé comme d'un moyen de libérer le peuple français d'orthodoxies qui devaient être depuis longtemps abolies.*

Du coin de l'œil, je vois Napoléon quitter la salle en claquant des talons. Et je l'entends crier, avant que la porte ne se referme : *Vous êtes l'ennemie du peuple, vous volez aux gens leur bonheur. C'est plus que je n'en puis supporter !*

La diva colérique partie, une autre main se lève, ou plutôt un poing fermé. Est-ce une question, une exclamation, un symbole de solidarité ou de contestation ? Avant même qu'on n'ait pu lui faire parvenir le micro, l'homme qui a levé le poing se met à déclamer :

J'ai parlé des fantasmagories de l'idéologie dans le cerveau humain bien avant que ces étranges technologies de l'imagerie cérébrale aient été inventées, commence Karl Marx. *Ce n'est pas une surprise, bien sûr, mais je suis heureux de voir que ces fantômes sont bien réels.*

Est-ce moi qui ai prêté ma voix, comme une ventriloque, à ce Marx approbateur ? Très certainement.

Mais je pense qu'il y a quelque chose que vous n'avez pas vu, soupire-t-il avec bruit. *N'avez-vous pas oublié la position d'où vous parlez ? Qui êtes-vous pour décréter qu'une idéologie est bonne ou qu'elle est problématique ?*

C'est la raison pour laquelle nous avons besoin d'approches scientifiques pour faire la critique de l'idéologie. Jusqu'à présent, les méthodes utilisées pour dire d'une idéologie qu'elle était morale ou immorale puisaient en gros à cinq grandes sources. 1. des analyses historiques des souffrances passées ; 2. des définitions philosophiques ou théologiques de catégories morales abstraites universelles ; 3. des comparaisons culturelles entre les idéologies existantes ; 4. des rapports économiques et sociaux agrégés qui étudient les populations, évaluent leurs niveaux relatifs de bien-être et de prospérité, et expliquent les différences observées ; 5. des témoignages personnels de victimes d'idéologies injustes qui permettent de dire quelles sont les opportunités qu'une idéologie dominante se contente de limiter ou choisit de complètement empêcher.

Ce sont là d'excellentes méthodes critiques ! approuve Marx.

Oui, en effet. Mais cette science nouvelle peut leur en ajouter une sixième, unique en son genre. Elle est conçue non pas pour éclipser les premières, mais pour les compléter en prenant un autre angle, un autre niveau d'analyse : l'individu idéologisé, le corps et le cerveau qui reflètent les idéologies qui les ont pénétrés.

Et que montre vraiment votre « méthode nouvelle ? » ironise Marx.

Que l'on peut se passer des récits personnels d'oppression idéologique, et qu'au lieu de compter seulement sur les outils de l'histoire, de l'économie, de la démographie et de l'ethnographie, il est possible d'étudier les processus inconscients qui échappent à l'œil de l'observateur ou à la langue du croyant. Après tout, *vous* devriez savoir que l'oppression idéologique n'est pas toujours vécue comme telle. Les idéologies les plus efficaces amènent leurs adeptes à désirer leur servitude. Grâce aux outils de la science, nous avons un moyen nouveau de distinguer les idéologies qui distordent nos capacités cognitives des conceptions du monde qui nous rapprochent de la sensation que nous avons de la réalité. Nous sommes capables de quantifier de façon inédite le mal que font les idéologies rigides. Cela permet d'être à l'écoute des courants changeants et des nouveaux mouvements idéologiques. En montrant que le nationalisme invite à un type de rigidité mentale qui s'étend à une grande partie de l'appareil cognitif, nous pouvons ainsi nous demander quels sont les types de groupements nationaux et patriotiques qui sont sains pour le cerveau. Peut-on imaginer des frontières collectives qui suscitent l'amour, l'altruisme et l'investissement culturel, sans ériger de barrières psychologiques inflexibles et créer des comportements pétris de préjugés ? La solidarité sans idéologie est-elle possible ?

Je crains de devoir protester, s'élève alors une voix puissante dans un allemand plus moderne.

Oui, Dr. Arendt ? Je cherche des yeux, mise en relief par les projecteurs poussiéreux de la salle, l'ombre qui s'est levée. Puis je l'aperçois, bien plus proche que je ne le pensais, à l'extrémité du premier rang, non pas debout mais assise, des volutes de fumée s'élevant de la cigarette fichée au coin de sa bouche.

Cette hypothèse paraît très plausible, et je crois qu'elle est tout à fait fausse[6] *!* grince Hannah Arendt en caressant ses dents du bout de sa cigarette. Elle reprend une bouffée avant de continuer. *Je ne pense pas que la biologie ait quelque chose à voir avec les questions politiques du mal et du totalitarisme. Le mal ne possède ni profondeur ni dimension démoniaque*[7].

Sa bouche en s'étirant légèrement dessine comme un D allongé. Je crois d'abord y voir un sourire, puis je comprends qu'il s'agit plutôt d'une demande impatiente d'attention.

La question que j'ai envie de vous poser, continue-t-elle, *c'est de savoir comment une perspective cognitive et biologique peut nous aider à juger le mal extrême ou radical.*

La question du mal est mal posée, la coupé-je aussitôt. Pour moi, la question la plus urgente n'est pas de savoir s'il existe un mal abstrait, ou si le cœur humain est malveillant, bienveillant ou bêtement égoïste. Ce qui est en jeu est une question de processus, donc de profondeur et de conséquence. Plus nous pénétrons en profondeur dans le corps de l'idéologue, plus nous voyons de choses. Nous voyons par exemple que la pensée idéologique n'est pas superficielle, ne reste pas au niveau de la surface. Au contraire. L'idéologie modifie nos patterns de façon systématique, à plusieurs niveaux de conscience, dans le noyau émotionnel du cerveau comme dans les organes de la réflexion. Il est simpliste d'attribuer le mal à un mode binaire de pensée ou de non-pensée, comme vous me semblez le croire. Il est facile de dire que ce qui caractérise l'individu dont on a lavé le cerveau est un vide, une absence de pensée. Mais l'idéologie qui nous incite bienveillamment à agir, qui nous pousse à aimer et à haïr, ne produit pas des esprits creux et mystérieux. Des esprits qu'on ne peut ni décrire ni sonder. Des esprits caractérisés par l'ignorance ou un manque de volonté. Tout au contraire. Le cerveau du fidèle fervent est un cerveau sachant – actif, conscient, rationnel. Le cerveau idéologique n'est pas une boîte noire obscure et impénétrable, mais un organe connaissable. Cette nouvelle science dévoile les processus neuraux qui produisent des individus dogmatiques, enclins à la discipline et à la binarité.

Mais que cela veut-il dire pour le jugement moral et pour l'action ? insiste Arendt, passant de l'allemand à l'anglais. *Vous ne nous avez pas dit comment nous pouvions développer une conscience morale, découvrir des catégories morales et suivre une boussole morale. Cette science nous dit-elle quelque chose de ce qui doit être condamné, et comment ? Et permettez-moi de vous poser une question de terminologie,* ajoute-t-elle. *Un cerveau susceptible de penser idéologiquement est-il responsable de ses actes extrêmes et haïssables ?*

La responsabilité, selon moi, ne disparaît pas, ai-je répondu, parce que certains individus sont plus vulnérables à la pensée dogmatique que d'autres. Les facteurs de risque ne sont pas des certitudes, mais des probabilités et des possibilités, qui contraignent l'action. Dans tout échantillon d'individus ayant des vulnérabilités, les expériences montrent qu'une part importante d'entre eux contredit le destin qu'un déterministe pourrait leur assigner. Si le cerveau peut choisir d'apprendre activement une idéologie, ce sont aussi les principes de l'apprentissage et du choix qui le régissent quand il décide activement de se rebeller et de se révolter. Le cerveau est malléable et plastique, dans certaines limites, et la société a la responsabilité, à mes yeux, de nourrir cette plasticité et de traiter les citoyens comme des agents libres.

Un bras s'agite calmement dans le centre de la salle, et je quitte Arendt, dont l'expression froncée est un mélange impénétrable de mécontentement et de réflexion. La personne se lève, et je reconnais immédiatement le regard que j'avais vu sur des photographies sépia, un regard rempli de sagesse, mais aussi de malice.

Dans les entretiens et les expériences que j'ai moi-même réalisés dans les années 1940, commence Else Frenkel-Brunswik, *un des indicateurs d'une personnalité autoritaire chez l'enfant était l'approbation de propos apocalyptiques, par exemple l'idée qu'un jour un séisme ou un déluge détruira la Terre. Les enfants enclins à la rigidité étaient fascinés par le chaos, le cataclysme, la catastrophe. Il y avait dans leur désir d'ordre une fétichisation du désordre. Ces sentiments me semblent aujourd'hui présents dans des idéologies apparemment opposées : cultes religieux et autoritarisme de droite, mais aussi mouvements écologiques et anticapitalistes de gauche. Je me demande si vous pensez que la personnalité autoritaire – peut-être diriez-vous le cerveau autoritaire – est plus prévalente à votre époque qu'elle l'était à la mienne. Et que pensez-vous qu'il faille faire ?*

Alors que je m'apprêtais à répondre, j'entends la voix nerveuse et essoufflée d'un enfant sortir des haut-parleurs. Une jeune personne que je ne reconnais pas se lève au fond de la salle, s'empare du micro avec un geste désespéré, peut-être pour se rassurer, ou sous l'effet du trac. Sa voix tremble d'abord, puis prend peu à peu de l'assurance.

On dirait que vous voulez abolir toutes les idéologies, dit-elle, *et avec elle l'activisme, la solidarité, la construction de coalitions, l'expression d'intérêts identitaires et la résistance collective. Sans convictions idéologiques, comment lutter pour le changement ou pour le progrès ? Comment cultiver la clarté morale ? Comment imaginer un futur meilleur ?*

La bouche de la jeune personne se durcit. Ses yeux se fendent. *Est-il juste de conclure que vous appelez de vos vœux la complaisance et la modération ?*

Pas du tout, répliqué-je. Je ne crois pas que pour combattre la rigidité il faille glisser vers le centre et promouvoir une modération étroite et diluée. Le centre se déplace toujours. Le centre n'est jamais immuable.

Je pense que nous devons développer des modes de vivre et de penser – seuls et ensemble – qui ne soient pas idéologiques. Des manières d'exister qui résistent partout aux doctrines et aux identités rigides. Des vies qui rejettent activement les tentations du dogme, et de façon inventive. Je crois que, pour s'opposer à la rigidité mentale, il faut envisager ce à quoi pourrait ressembler un *cerveau anti-idéologique*. Un esprit libre et libéré de tout dogme et de toute idéologie.

Remerciements

La liberté de penser et de créer est le plus grand des privilèges, et j'ai une profonde reconnaissance pour tous ceux qui ont encouragé et facilité cette liberté.

Merci à mon exceptionnelle agente littéraire, Rebecca Carter, pour son intelligence, sa vivacité, son attention et sa flexibilité en toutes choses.

Merci à l'incroyable Margaret Halton et à la fantastique équipe de la PEW Library : Patrick Walsh, Alex Chernova, Terry Wong, Cora MacGregor et Rebecca Sandell, qui a permis à ce livre d'avoir une audience internationale.

Merci à mes merveilleux éditeurs, Connor Brown et Tim Duggan, de m'avoir fait confiance et d'avoir promu ce travail. Les équipes de Viking et de Henry Holt and Company ont montré un intérêt précieux pour ce livre. Merci à Zoë Affron et Olivia Mead pour leur soutien et leur énergie. Merci à Emma Brown, Richard Bravery, Christopher Sergio, Nicolette Seeback Ruggiero, ainsi qu'à mon diligent relecteur Trevor Horwood, et à tous ceux qui ont œuvré en coulisse pour que ce livre fasse son entrée dans le monde.

Merci à tous les instituts de recherche, organismes de financement et autres organisations qui m'ont donné la latitude de m'engager dans cette science radicale. Je suis très reconnaissante à l'université de Cambridge et à son département de psychologie, ainsi qu'au Downing College, au Churchill College et au Gates Cambridge Scholarship, qui m'ont aidée à devenir la penseuse et chercheuse que je suis. L'Institut d'études avancées de Paris, situé dans un des plus beaux endroits de cette merveilleuse Terre, a été un véritable havre, où j'ai pu penser de façon innovante sur la manière dont le cerveau traite et absorbe les normes sociales. Je suis reconnaissante pour son soutien à mes recherches. Les Archives pour l'histoire de la sociologie de l'université de Graz, en Autriche, ont été une aide immense pour accéder aux archives sur Else Frenkel-Brunswik. Merci au David Herzog Fund d'avoir soutenu ce projet. J'aimerais aussi remercier l'Institut d'études avancées de Berlin de m'avoir donné le temps, l'espace et la liberté de commencer l'écriture de ce livre. Le soutien du Wissenschatfskolleg à la pensée créative interdisciplinaire est exceptionnel, et Berlin était le lieu idéal pour commencer.

Je remercie mes directeurs, mentors, collègues et pairs de l'université, qui ont soutenu ces recherches directement et indirectement. Merci à mon directeur de thèse, Trevor Robbins, et à mon conseiller, Jason Rentfrow, pour leur soutien chaleureux au moment où ces idées étaient encore en train de germer dans mon esprit. Merci à Russell Poldrack pour son aide à Stanford : j'ai pu produire grâce à lui une analyse extrêmement intéressante et rigoureuse. Merci à Mina Cikara, Fiery Cushman et Joshua Greene pour leurs conversations enrichissantes à Harvard. Merci à Corinna Habach, Patrick Haggard, Manos Tsakiris, Ryan McKay, Jon Simons, Amit Goldenberg, Nigel Warburton et Barry Everitt. Merci à Steven Pinker pour son soutien précoce à ce livre.

Le Cerveau idéologique est une sorte de lettre d'amour au champ de la psychologie et de la neuroscience politique, un champ nouveau, excitant et en évolution constante. J'aimerais remercier tous ceux dont les théories et les expériences sont explorées dans ce livre, mais aussi tous ceux de la prochaine génération, qui souhaiteront poser de nouvelles questions sur les liens entre l'esprit, le corps et la politique.

Merci à mes amis et à ma famille, qui ont montré un enthousiasme, une curiosité et un amour contagieux tout au long de l'écriture de ce livre.

La liberté n'aurait guère de sens sans l'amour (et vice versa), et j'ai la chance inestimable de jouir aujourd'hui de ces deux grands bienfaits. À mon frère et à ma sœur, merci d'avoir apporté tant de joie, de rire et d'éclat à ma vie. À mon père, merci d'être la personne la plus flexible que je connaisse. À ma mère, ma compagne intellectuelle chérie en toutes choses, chaque bonne idée de ce livre ne pouvait que t'être dédiée. Merci à toi de créer une vie si riche en possibilités de bonheur et d'expérimentation. Et à mon incroyable partenaire, merci de créer et de partager cette vie merveilleuse avec moi.

Notes

1. Wisława Szymborska, « Children of Our Age », in *Map : Collected and Last Poems*, traduction Clare Cavanagh et Stanisław Barańczak, Boston, Houghton Mifflin Publishing Company, 2015. All Works by Wisława Szymborska © The Wisława Szymborska Foundation, www.szymborska.org.pl.

La possession idéologique

1. George Orwell, « Langage et politique », *Croquis et essais*, in *Œuvres*, édition publiée sous la direction de Philippe Jaworski, avec la collaboration de Véronique Béghain, Marc Chénetier et Patrice Repusseau, Paris, Gallimard/Pléiade, 2010, p. 1321.

2. Eric Hoffer, *Le Vrai Croyant. Pensées sur la nature des mouvements de masse*, traduction Pierre Francart, Paris, Les Belles Lettres, 2022 [1966], p. 13.

Une petite expérience

1. Pour un compte rendu des expériences et de leurs résultats, voir : Leor Zmigrod, « The Role of Cognitive Rigidity in Political Ideologies : Theory, Evidence, and Future Directions », *Current Opinion in Behavorial Sciences*, 34, Political Ideologies (1er août 2020), p. 34-39, https://doi.org/10.106/J.cobeha.2019.10.016.

Pour les expériences, voir : Leor Zmigrod *et al.*, « Cognitive Flexibility and Religious Disbelief », *Psychological Research*, 83, n° 8 (1er novembre 2019), p. 1749, https://doi.org/10.1007/s00426-018-1034-3 ; Leor Zmigrod, Peter J. Rentfrow et Trevor W. Robbins, « Cognitive Underpinnings of Nationalistic Ideology in the Context of Brexit », *Proceedings of the National Academy of Sciences*, 115, n° 19 (8 mai 2018), p. E4532-4540, https://doi.org/10.1073/pnas.1708960115 ; Leor Zmigrod, Peter Jason Rentfrow et Trevor W. Robbins, « Cognitive Inflexibility Predicts Extremist Attitudes », *Frontiers in Psychology*, 10 (7 mai 2019), https://doi.org/10.3389/fpsyg.2019.00989 ; Leor Zmigrod, Peter Jason Rentfrow et Trevor W. Robbins, « The Partisan Mind : Is Extreme Political Partisanship Related to Cognitive Inflexibility ? », *Journal of Experimental Psychology : General*, 149, n° 3 (2020), p. 407-418, https://doi.org/10.1037/xge0000661 ; Leor Zmigrod *et al.*, « The Psychological Roots of Intellectual Humility : The Role of Intelligence and Cognitive Flexibility », *Personality and Individual Difference*, 141 (15 avril 2019), p. 200-208, https://10.1016/j.paid.2019.01.016.

2. Le Wisconsin Card Sorting Test a été inventé en 1948 par deux scientifiques de l'Université de Wisconsin-Madison, la doctorante Esta A. Berg (plus tard Thomas) et son directeur David Grant. Il est considéré comme la référence en matière de mesure de la flexibilité cognitive, et a souvent été utilisé chez des patients cliniques et chez des primates.

Esta A. Berg, « A Simple Objective Technique for Measuring Flexibility in Thinking », *Journal of General Psychology*, 1er juillet 1948, https://www.tandfonline.com/doi/abs/10.1080/00221309.1948.9918159 ; David A. Grant et Esta Berg, « A Behavioral Analysis of Degree of Reinforcement and Ease of Shifting to New Responses in a Weigl-Type Card-Sorting Problem », *Journal of Experimental Psychology*, 38, n° 4 (1948), p. 404-411, https://doi.ORG/10.1037/h0059831.

LES MÉTAPHORES DE LA CROYANCE

1. Terrance Hayes, « The Art of Poetry N0. 111 », *Paris Review*, 2022, https://www.theparisreview.org/interviews/7930/the-art-of-poetry-no-111-terrance-hayes. Dans un entretien avec Hilton Als, Terrance Hayes parle de l'influence du poète Wallace Stevens sur sa propre écriture. Hayes avait écrit un poème, « Snow for Wallace Stevens », dans lequel figurait : « Qui n'est pas plus que ses limites/ qui n'est pas le sang dans un tonneau de vin/et le vin lui-même ? »

2. George Lakoff et Mark Johnson, *Les Métaphores dans la vie quotidienne*, traduction Michel de Fornel, en coll. avec Jean-Jacques Lecercle, Paris, Éditions de Minuit, 1985, p. 166.

3. *Eichmann à Jérusalem. Rapport sur la banalité du mal*, traduction Anne Guérin, présentation Michelle-Irène Brudny-de Launay, Paris, Gallimard/Folio, 1991[1963], p. 86, 460 (les italiques sont dans l'original).

4. Hannah Arendt, *Considérations morales*, traduction de l'anglais Marc Ducassou, Paris, Rivages, 2009 [1966], succ. p. 25, 27, 26, 55.

5. Pour des détails sur l'étude originelle : Stanley Milgram, « Behavorial Study of Obedience », *Journal of Abnormal and Social Psychology*, 67 (1963), p. 371-378, https://faculty.ashington.edu/jdb/345/345 %20Articles/Milgram.pdf. Pour les études qui ont suivi et leur interprétation : S. Alexander Haslam et Stephen D. Reichter, « 50 Years of "Obedience to Authority" : From Blind Conformity to Engaged Followership », *Annual Review of Law and Social Science*, 13 (13 octobre 2017), p. 59-78, https://doi.org/10.1146/annurev-lawsocsi-110316-113710.

6. Solomon Asch, « Effects of Group Pressure Upon the Modification and Distorsion of Judgments », in Harold Guetzkow (dir.), *Groups Leadership and Men : Research in Human Relations*, Pittsburgh, Carnegie Press, 1951, p. 177-190.

À propos des différences de performance des divers participants à cette tâche, Ash écrit : « Un sujet sur quatre se montra totalement indépendant ; à l'autre extrémité, un tiers du groupe déplaça les estimations vers la majorité dans la moitié ou plus des expériences » (p. 181-182).

7. Sur l'expérience originelle, voir : Philip Zimbardo *et al.*, « The Stanford Prison Experiment : A Simulation Study of the Psychology of Imprisonment », Stanford University Press, 1971.

Pour un exemple et une perspective critique, voir : Thibault Le Texier, « Debunking the Stanford Prison Experiment », *American Psychologist*, 74, n° 7 (2019), p. 823-839, https://doi.org/10.1037/amp0000401. On trouvera une analyse des différentes réactions des participants aux expériences dans Philip Zimbardo, *The Lucifer Effect : How Good People Turn Evil*, New York, Random House, 2011.

8. « Lettre de Descartes à M. Clerselier, servant de réponse à un recueil des principales instances faites par M. Gassendi contre les précédentes réponses » (12 janvier 1646), in *Œuvres*, 13 vol., édition Charles Adam et Paul Tannery, Paris, Léopold Cerf, 1897-1913, t. II, p. 563. Voici la citation dans son intégralité : « Mais je vous dirai à vous que toute la difficulté [de la question] ne procède que d'une supposition qui est fausse, et qui ne peut aucunement être prouvée, à savoir que si l'âme et le corps sont deux substances de diverse nature, cela les empêche de pouvoir agir l'une contre l'autre ; car au contraire ceux qui admettent des accidents réels, comme la chaleur, la pesanteur, et semblables, ne doutent point que ces accidents ne puissent agir contre le corps, et toutefois il y a plus de différence entre eux et lui, c'est-à-dire entre des accidents et une substance, qu'il n'y a entre deux substances. »

9. Lettre d'Élisabeth de Bohême à René Descartes, 16 mai 1643, https://fr.wikisource.org/wiki/Correspondance_avec_%C3 %89lisabeth/%C3 %89lisabeth_%C3 %A0_Descartes_-_La_Haye,_16_mai_1643.

10. Sur les justifications données par Descartes pour attribuer à la glande pinéale la fonction de siège de l'âme, voir Lisa Shapiro, « Descartes's Pineal Gland Reconsidered I : Descartes's Pineal Gland Reconsidered », *Midwest Studies in Philosophy*, 35, n° 1

(décembre 2011), p. 259-286, https://doi.org/10.1111.J.1475-4975.2011.00219.x.

Naissance de l'idéologie

1. Sur Antoine Destutt de Tracy et son implication dans l'invention du mot « idéologie », voir : Terry Eagleton, *Ideology* (Londres, Routledge, 2014) ; Michael Freeden, « The "Beginning of Ideology" Thesis », *Journal of Political Ideologies,* 4, n° 1 (février 1999), p. 5-11, https://doi.org/10.1080/135693199 08420786 ; Brian William Head, « Scientific Method and Ideology », in Brian William Head, *Ideology and Social Science* (Dordrecht, Springer Netherlands, 1985), p. 25-44, https://doi.org/10.1007/978-94-009-5159-4_2 ; Emmet Kennedy, « "Ideology" from Destutt de Tracy to Marx », *Journal of the History of Ideas,* 40, n° 3 (juillet 1979), p. 353-368, https://doi.org/10.2307/2709242 ; George Lichtheim, « The Concept of Ideology », *History and Theory,* 4, n° 2 (1961), p. 164-195, https://doi.org/10.2307/2504150 ; Manfred B. Steger, *The Rise of the Global Imaginary : Political Ideologies from the French Revolution to the Global War on Terror* (Oxford University Press, 2009), https://doi.org/10.1093/acprof: oso/9780199286942.001.0001 ; Bo Stråth, « Ideology and Conceptual History », in Michael Freeden, Lyman Tower Sargent et Marc Stears (dir.), *The Oxford Handbook of Political Ideologies* (Oxford University Press, 2001), p. 3-19.

2. Boèce, *Consolation de la Philosophie,* traduction Colette Lazam, préface Marc Fumaroli, Paris, Rivages, 1989, livre I, chants 4 et 5.

3. Richard Lovelace, « To Althea, from Prison » (1642), in Lucasta (1649), https://www.poetryfoundation.org/poems/44657/to-althea-from-prison.

4. Destutt de Tracy, *Eléments d'idéologie,* t. V, « Logique » (Paris, 1805), p. 52-54.

5. *Ibid.*

6. *Ibid.*, p. 62.

7. Cité in François Picavet, *Les Idéologues. Essai sur l'histoire des idées et des théories scientifiques, philosophiques, religieuses, etc. en France depuis 1789* (Jean-Marie du Tremblay, 1891), p. 62, https://classiques.uqac.ca/classiques/picavet_francois/les_ideologues/ideologues.html. Le passage concerné est le suivant : « Le 5 thermidor, pendant qu'on faisait l'appel des quarante-cinq condamnés qui devaient être traduits devant le tribunal révolutionnaire, il résumait la théorie à laquelle il était arrivé en formules concises : "Le produit de la faculté de penser ou percevoir = connaissance = vérité. [...] Dans un deuxième ouvrage auquel je travaille, je fais voir qu'on doit ajouter à cette équation ces trois autres membres = vertu = bonheur = sentiment d'aimer ; et dans un troisième, je prouverai qu'on doit ajouter ceux-ci : = liberté = égalité = philanthropie. C'est faute d'une analyse assez exacte qu'on n'est pas encore parvenu à trouver les déductions ou propositions moyennes propres à rendre palpable l'identité de ces idées." »

8. Le pari de Pascal est une expérience de pensée philosophique bien connue dans laquelle Blaise Pascal considérait si l'on devait croire en Dieu parce que le coût de ne pas le faire était beaucoup plus élevé, et peut-être éternel, que celui de le faire. La rencontre entre Destutt de Tracy et Voltaire eut lieu en 1770 à Ferney, quand Destutt avait seize ans. C'était un rite de passage ordinaire pour les jeunes gens ayant quelque ambition intellectuelle à l'époque. Elle fit forte impression à l'adolescent.

9. Voltaire, « Remarques (premières) sur les Pensées de Pascal » (1728), https://web.archive.org/web/20120418162422/htpp://www.voltaire-integral.com/html/22/07_Pascal.html. « D'ailleurs, cet article paraît un peu indécent et puéril ; cette idée de jeu, de perte et de gain, ne convient point à la gravité du sujet ; de plus, l'intérêt que j'ai à croire une chose n'est pas une preuve de l'existence de cette chose. »

10. Maine de Biran, lettre à l'abbé de Feletz, 30 juillet 1802, in *Œuvres de Maine de Biran* (Paris, Pierre Tisserand, 1922-1949), t. VI, p. 140. Accessible aussi sur : « A. L. C. Destutt de Tracy et

l'idéologie », *Corpus Revue de philosophie*, n° 26/27, https://revue-corpus.com/pdf/CORPUS%20N%C2 %B026 : 27 ;pdf.

L'ÂGE DES ILLUSIONS

1. Cité in Manfred B. Steger, « Ideology and Revolution : From Superscience to False Consciousness », in *The Rise of the Global Imaginary : Political Ideologies from the French Revolution to the Global War on Terror* (Oxford University Press, 2009), p. 19, https://doi.org/10.1093/acprof: oso/9780199286942.001.0001. En français, le propos de Napoléon Bonaparte est cité in Janine Bouissounouse, *L'Opposition à Bonaparte* (Paris, Flammarion, 1969), p. 201.

2. Bo Stråth, « Ideology and Conceptual History », in Michael Freeden, Lyman Tower Sargent et Marc Stears (dir.), *The Oxford Handbook of Political Ideologies* (Oxford University Press, 2013), p. 3-19 ; Terry Eagleton, *Ideology* (Londres, Routledge, 2014), p. 5.

3. Cité in Emmet Kennedy, « "Ideology" from Destutt de Tracy to Marx », art. cit., p. 353-368. Le propos est cité in Charles-Maurice de Talleyrand-Périgord, *Mémoires*, édition Albert de Broglie (Paris, Calmann-Lévy, 1891), t. I, p. 452, http://archive.org/details/memoiresduprince03broggoog. La citation complète est : « Ce sont des rêveurs et des rêveurs dangereux ; ce sont tous des matérialistes déguisés et pas trop déguisés. »

4. Cité in Terry Eagleton, *Ideology*, *op. cit.*, p. 177, qui renvoie à A. Naess, *Democracy, Ideology, and Objectivity* (Oslo University Press), p. 151. La citation complète est : « C'est à l'idéologie, à cette ténébreuse métaphysique, qui, en recherchant avec subtilité les causes premières, veut, sur ces bases, fonder la législation des peuples, au lieu d'approprier les lois à la connaissance du cœur humain et aux leçons de l'histoire, qu'il faut attribuer tous les malheurs qu'a éprouvés notre belle France. »

5. Germaine de Staël a beaucoup écrit sur Napoléon Bonaparte, notamment dans la quatrième partie du tome II de ses

Considérations sur les principaux événements de la Révolution française, depuis son origine jusques et compris le 8 juillet 1815, ouvrage posthume publié par MM. le duc de Broglie et le baron de Staël (1818). Le mot « idéophobe », qui n'apparaît pas dans ces pages, est évoqué en anglais in Andrew Vincent, *Modern Political Ideologies* (Hoboken, John Wiley & Sons, 2009), p. 3. [On peut trouver dans la littérature des traces de cet usage du « idéophobe » : Joseph Bonaparte l'attribue à Pierre-Louis Roederer, in Janine Bouissounouse, *L'Opposition à Bonaparte*, *op. cit.*, p. 201, N.d.É.]

6. Napoléon Bonaparte, cité in Charles-Maurice de Talleyrand, *op. cit.*, p. 452.

7. John Adams (deuxième président des États-Unis), lettre à Thomas Jefferson, 16 décembre 1816. Voir Lester J. Cappon (dir.), *The Adams-Jefferson Letters* (University of North Carolina Press, 1959), https://uncpress/org/book/9780807842300/the-adams-jefferson-letters. Cité in Emmet Kennedy, « Ideology from Destutt de Tracy to Marx », art. cit., p. 361.

8. Karl Marx, *Contribution à la critique de la philosophie hégélienne* (Paris, Éditions Sociales, 1975), p. 197-198. Sur les origines de la métaphore de l'opium, voir E. O. Pedersen, « Religion is the Opium of the People: An Investigation Into the Intellectual Context of Marx's Critique of Religion », *History of Political Thought*, 36, n° 2 (1er janvier 2015), p. 354-387.

9. Voir Karl Marx, *Le Capital*, traduction Joseph Roy, entièrement révisée par l'auteur (Paris, Éditions sociales, 1950), t. III, Livre I, ch. XXV, section IV, p. 90. La formule employée par Marx est : « fischblütige Bourgeoisdoktrinär », un « doctrinaire bourgeois à sang de navet », pourrait-on dire.

10. Claude Adrien Helvétius, *De l'Esprit*, Discours II, ch. 10 (Librairie Durand, 1758), https://classiques.uqac.ca/classiques/helvetius-claude-adrien/de_l_esprit/de_l_esprit.html. La phrase complète est : « Il [l'homme de mérite] sait que nos idées sont, si je l'ose dire, des conséquences si nécessaires des sociétés où l'on vit, des lectures qu'on fait et des objets qui s'offrent à nos yeux, qu'une intelligence supérieure pourrait également, et par les objets qui se

sont présentés à nous, deviner nos pensées, et par nos pensées, deviner le nombre et l'espèce des objets que le hasard nous a offerts. »

11. Karl Marx et Friedrich Engels, *L'Idéologie allemande*, traduction Henri Augier, Gilbert Badia, Jean Baudrillard et Renée Cartelle (Paris, Éditions sociales, 1975), p. 75. La phrase complète dans la traduction française est : « Les pensées de la classe dominante sont aussi, à toutes les époques, les pensées dominantes, autrement dit la classe qui est la puissance *matérielle* dominante de la société est aussi la puissance *spirituelle* dominante. »

12. *Ibid.*, p. 51. La phrase complète dans la traduction française est : « Et si, dans toute idéologie, les hommes et leurs rapports nous apparaissent placés la tête en bas comme dans une *camera obscura*, ce phénomène découle de leur processus de vie historique, absolument comme le renversement des objets sur la rétine découle de son processus de vie directement physique. »

13. Friedrich Engels, « Lettre à Franz Mehring », 14 juillet 1893. La phrase complète est : « L'idéologie est un processus que le soi-disant penseur accomplit sans doute avec conscience, mais avec une conscience fausse. » Voir : https://www.marxists.org/francais/engels/works/1893/07/kmfe18710124.htm.

14. Marx et Engels, *L'Idéologie allemande*, *ibid.*, p. 51.

15. Marx et Engels, *ibid.* La même idée est reformulée différemment ailleurs : « Ce n'est pas la conscience des hommes qui détermine leur être, mais à l'inverse leur être social qui détermine leur conscience. » Voir : Karl Marx, *Contribution à la critique de l'économie politique* (1859), traduction Maurice Husson et Gilbert Badia (Paris, Éditions sociales, 1972), p. 18, https://classiques.uqam.ca/classiques/Marx_karl/contribution_critique_eco_pol/contribution_critique.html. La citation originale est : « Es ist nich das Bewußtsein der Menschen, das ihr Sein bestimmt, sondern umgekehrt ihr gesellschaftliches Sein, das ihr Bewußtsein bestimmt. »

16. William James, *The Principles of Psychology* (1890). James discute du « flux de pensée » dans le chapitre IX. Il évoque aussi le « flux de conscience », mais moins fréquemment, et dans ses derniers travaux – son article de 1904 « Does "Consciousness"

Exist ? », par exemple – il définit clairement le « flux de pensée (que je tiens à reconnaître comme un phénomène) » (p. 491), tout en affirmant que la « conscience » est « le nom d'une non-entité et n'a pas droit à une place dans les principes premiers » (p. 477).

17. William James, « Does "Consciousness" Exist ? », *Journal of Philosophy, Psychology and Scientific Methods*, 1, n° 18 (1er septembre 1904), p. 477-491, p. 477.

18. W. E. B. Du Bois, « Strivings of the Negro People », *The Atlantic*, août 1897, http://WWW.theatlantic.com/margazine/archive/1897/08/strivings-of-the-negro-people/305446.

Être un cerveau

1. David Hume, *Enquête sur l'entendement humain*, traduction André Leroy, revue par Michelle Beyssade, Flammarion, 1983, section IV, Partie II, p. 71-72.

2. Bob B. M. Wong *et al.*, « Do Temperature and Social Environment Interact to Affect Call Rate in Frogs (*Crinia signifera*)? », *Austral Ecology*, 29, n° 2 (2004), p. 209-214, http://dx.doi.org/10.1111/j.1442-9993.2004.tb00312.x ; Guangzhan Fang *et al.*, « Male Vocal Competition is Dynamic and Strongly Affected by Social Contexts in Music Frogs », *Animal Cognition*, 17, n° 2 (1er mars 2014), p. 483-494, https://doi.org/10.1007/s10071-013-0680-5.

3. Martin Buber, *Je et Tu*, traduction G. Blanqui, avant-propos Gabriel Marcel, préface Gaston Bachelard, Paris, Aubier Montaigne, 1969, p. 30,

4. Voir Émile Durkheim, *Les Formes élémentaires de la vie religieuse*, Paris, PUF, 1960, Livre II, ch. VII, section III, p. 307-319.

5. Platon, *Apologie de Socrate*, 38a, traduction Victor Cousin, https://remacle.org/bloodwolf/philosophes/platon/cousin/apologie.htm.

6. Albert Camus, *Le Mythe de Sisyphe. Essai sur l'absurde*, Paris, Gallimard/Folio, 1985 (1942), p. 17.

PENSER, IDÉOLOGIQUEMENT

1. *Hannah Arendt, Le Système totalitaire*, traduction Jean-Loup Bourget, Robert Davreu et Patrick Lévy, troisième partie de *Les Origines du totalitarisme* (Éditions du Seuil, 1972) p. 200.

2. *Ibid.*, p. 221.

3. Terry Eagleton, *Ideology*, Londres, Routledge, 2014, p. 10.

4. Amia Srinivasan, « VII – Genealogy, Epistemology and Worldmaking », *Proceedings of the Aristotelian Society*, 119, nº 2 (1er juillet 2019), p. 125-126, https://doi.org/10.1093/arisoc/a0z009.

5. Pour une discussion plus académique, voir Leor Zmigrod, « A Psychology of Ideology : Unpacking the Psychological Structure of Ideological Thinking », *Perspectives on Psychological Science*, 17, nº 4 (1er juillet 2022), p. 1072-1092, https://doi.org/10.1177/17456916211044140.

6. Steven Pinker, *Le Triomphe des Lumières. Pourquoi il faut défendre la raison, la science et l'humanisme*, traduction Daniel Mirsky, Paris, Les Arènes, 2018, p. 405.

7. Gordon W. Allport, *The Nature of Prejudice* (Cambridge, Addison-Wesley, 1954), p. 175, http://archive.org/details/in.ernet.dli.2015.188638.

L'ŒUF ET LA POULE

1. Les propos des enfants sont directement empruntés aux entretiens cités par Else Frenkel-Brunswik dans les revues universitaires et les documents d'archive. Tantôt ils suivent le raisonnement d'un seul participant, tantôt ils intègrent les propos de plusieurs participants à qui les mêmes questions avaient été posées. Cela permet de donner une idée cohérente des entretiens et une partie des résultats rapportés par Frenkel-Brunswik. Le personnage qui interroge est une interprétation fictive qui s'efforce de restituer les écrits et les réflexions de la scientifique, mais aussi sa méthodologie. En réalité, les entretiens ont été menés par plusieurs personnes – des collègues, des assistants et des étudiants de Frenkel-

Brunswik –, qui avaient chacun plusieurs participants à interroger. Joan Havel (Grant), étudiante à Berkeley, fut particulièrement impliquée dans la méthodologie des entretiens et fut plus tard l'exécutrice testamentaire des biens et des documents d'archive de Frenkel-Brunswik. Celle-ci souligna aussi la collaboration notable de Murray Jarvik et Milton Rokeach dans la conception des tests sur les préjugés et la cognition.

2. Else Frenkel-Brunswik, « A Study of Prejudice in Children », *Human Relations*, 1 (1948), p. 295-306, https://doi.org/10/1177/001872674800100301, p. 303.

3. Les études ont été réalisées à l'Institute of Child Welfare de l'University of California. Pour plus de détails, voir Else Frenkel-Brunswik, « A Study of Prejudice in Children », art. cit. ; Else Frenkel-Brunswik et Joan Havel, « Prejudice in the Interviews of Children. I. Attitudes toward Minority Groups », *Journal of Genetic Psychology*, 82, n° 1, p. 91-136.

4. T. W. Adorno *et al.*, *Études sur la personnalité autoritaire*, traduction Hélène Frappat, Paris, Allia, 2007, p. 8. Le texte fait partie de : T.W. Adorno, Else Frenkel-Bunswik, Daniel J. Levinson et R. Nevitt Sanford, *The Authoritarian Personality*, vol. 1, extrait de *Studies in Prejudice*, édité par Max Korkheimer et Samuel H. Flowermann (Studies Series, publication n° III, New York, Harper and Brothers, 1950). Seuls apparaissent dans cet ouvrage les chapitres rédigés par Adorno, seul ou en collaboration. La citation est extraite de l'introduction de l'ouvrage, composée par les quatre coauteurs précités.

5. « Treating the Brain Like a Muscle, Not a Sponge », dernier accès le 20 mai 2014, https://www.stmaryscambridge.co.uk/news-and-blog/blog/view-treating-the-brain-like-a-muscle-not-a-sponge_8994.htm.

6. Sur les discussions méthodologiques et conceptuelles du problème de l'œuf et de la poule en neuroscience politique, voir : Leor Zmigrod, « A Neurocognitive Model of Ideological Thinking », *Politics and the Life Sciences*, 40, n° 2 (octobre 2021), p. 224-238, https://doi.org/10.1017/pls.2021.10 ; Ingrid J. Haas,

Clarisse Warren et Samantha J. Lauf, « Political Neuroscience : Understanding How the Brain Makes Political Decisions », in *Oxford Research Encyclopedia of Politics* (2020), https://doi.org/10.1093/acrefore/9780190228637.013.948 ; John T. Jost *et al.* « Political Neuroscience : The Beginning of a Beautiful Friendship », *Political Psychology*, 35, n° S1 (2014), p. 3-42, https://doi.org/10.1111/pops.12162 ; John T. Jost, *Left and Right : The Psychological Significance of a Political Distinction* (Oxford University Press, 2021) ; Hyun Hannah Nam, « Neuroscientific Approaches to the Study of System Justification », Current Opinion in Behavorial Sciences, *Political Ideologies*, 24 (1er août 2000), p. 205-210, https://doi.org/10.1016/j.cobeha.2020.04.
003 ; Peter Beattie, « The "Chicken-and-Egg" Development of Political Opinions : The Roles of Genes, Social Status, Ideology, and Information », *Politics and the Life Sciences*, 36, n° 1 (avril 2017), p. 1-13, https://doi.org/10.1017/pls.2017.1.

7. Hannah Arendt, *Le Système totalitaire*, *op. cit.*, p. 200.

Des gamins autoritaires

1. Sur la vie d'Else Frenkel-Brunswik, voir : Andreas Kranebitter et Christoph Reinprecht, « Authoritarianism, Ambivalence, Ambiguity : The Life and Work of Else Frenkel-Brunswik. Introduction to the Special Issue, *Serendipities. Journal for the Sociology and History of the Social Sciences*, 7 », n° 1-2 (10 janvier 2023), p. 1-12, https://doi.org/10.7146/serendipities.v7i1-2.135380 ; Jaan Valsiner et Emily Abbey, « Ambivalence in Focus : Remembering the Life and Work of Else Frenkel-Brunswik », *Studies in Psychology*, 27, n° 1 (1er janvier 2006), p. 9-17, https://doi.org/10.11.1174/021093906776173126.

2. Merve Emre, critique de *Making It Big*, de Matthew Dennison, New York Review of Books, 22 décembre 2022, https://www.nybooks.com/articles/2022/12/22/making-it-big-roald-dahl-teller-of-the-unexpected/.

3. Else Frenkel-Brunswik et Joan Havel, « Prejudice in the Interviews of Children. I. Attitudes toward Minority Groups », art. cit., p. 92.

4. Else Frenkel-Brunswik, « Intolerance of Ambiguity as an Emotional and Perceptual Personality Variable », *Journal of Personality*, 18, n° 1 (1949), p. 108-145, 117, https://doi.org/10.1111/j.1467-6494.1949.tb01236x.

Laver le cerveau des bébés

1. John Stuart Mill, *On Liberty*, Great Ideas 86 (Londres, Penguin Books, 2010), p. 82.

2. Simone Weil, « Réflexion sur le bon usage des études scolaires en vue de l'Amour de Dieu », in *Attente de Dieu*, Livre de Poche, 1963, p. 85.

3. Else Frenkel-Brunswik, « Intolerance of Ambiguity as an Emotional and Perceptual Variable », *Journal of Personality*, 18, n° 1 (1949), p. 108-143 (124), https://doi.org/10.1111/j.1467-6494.1040.tb01236x.

4. *Ibid.*

5. *Ibid.*, p. 126.

6. *Ibid.*, p. 128-129.

L'esprit rigide

1. Leor Zmigrod *et al.*, « The Psychological Roots of Intellectual Humility : The Role of Intelligence and Cognitive Flexibility », *Personality and Individual Differences*, 141 (15 avril 2019), p. 200-208, https://doi.org/10.1016/j.paid.2019.01.016.

2. Jean-Paul Sartre, *L'Existentialisme est un humanisme*, Paris, Nagel, 1946, p. 64.

3. Voir E. R. Jaensch, *Der Gegentypus* [« Le Contre-type »], 1938.

4. Pour plus de détails sur Jaensch, voir Roger Brown « The Authoritarian Personality and the Organization of Attitudes », in John T. Jost et Jim Sidanius (dir.), *Political Psychology : Key Readings* (New York, Psychology Press, 2004).

5. Else Frenkel-Brunswik, « Intolerance of Ambiguity as an Emotional and Perceptual Variable », art. cit., p. 111-112. Sur le croisement entre le travail de Frenkel-Brunswik et le travail de Jaensch, voir Andreas Kranebitter et Fabian Gruber, « Allowing for Ambiguity in the Social Sciences : Else Frenkel-Brunswik's Methodological Practice in The Authoritarian Personality », *Serendipities. Journal for the Sociology and History of the Social Sciences*, 7, n°s 1-2 (10 janvier 2023), p. 30-59, https://doi.org/10.7146/serendipities.v7i1-2.132541.

6. « Theresa May's Conference Speech », *The Spectator*, 5 octobre 2016, https://www.spectator.co.uk/article/full-text-theresa-mays-s-conference-speech/.

7. Ursula K. Le Guin, *La Main gauche de la nuit*, traduction Jean Bailhace, Robert Laffont, 1971, p. 213 (modifiée).

8. Leor Zmigrod, Peter J. Rentfrow et Trevor W. Robbins, « Cognitive Underpinnings of Nationalistic Ideology in the Context of Brexit », *Proceedings of the National Academy of Sciences*, 115, n° 19 (8 mai 2018), p. E4532-4540, https://doi.org/10.1073/pnas.1708960115.

9. Pour une des versions les plus remarquables de cette hypothèse, voir John T. Jost *et al.*, « Political Conservatism as Motivated Social Cognition », *Psychological Bulletin*, 129, n° 3 (2003), p. 339-375, https://doi.org/10.1037/0033-2909.129.3.339.

10. Sur le rôle de l'auto-perception, voir Bethany Lassetter et Rebecca Neel, « Malleable Liberals and Fixed Conservatives ? Political Orientation Shapes Perceived Ability to Change », *Journal of Experimental Social Psychology*, 82 (1er mai 2019), p. 141-151, https://doi.org/10.1016.j.jesp.2019.01.002.

11. Pour une comparaison des preuves de l'hypothèse de la rigidité à droite avec l'auto-évaluation de la flexibilité *versus* les mesures comportementales, voir Alain Van Hiel *et al.*, « The Relationship Between Right-Wing Attitudes and Cognitive Style : A Comparison of Sel-Report and Behavourial measures of Rigidity and Intolerance of Ambiguity », *European Journal of Personality*, 30

n° 6 (1er novembre 2016), p. 523-531, https://doi.org/10.1002/per.2082.

12. Antonio Gramsci, *Carnets de prison*, 5 vol., « Cahier 24 », t. V, traduction Claude Perrus et Pierre Laroche, Paris, Gallimard, 1991, p. 293.

13. Philip E. Converse, « The Nature of Belief Systems in Mass Publics (1964) », *Critical Review*, 18 n° 1-3 (janvier 2006), p. 1-74 (1), https://doi.org/10.1080/08913810608443650.

14. Gustavo A. Flores-Macias, « Statist vs. Pro-Market : Explaining Leftist Government's Economic Policies in Latin America », *Comparative Politics*, 4, n° 42 (1[er] juillet 2010), p. 413-433, https://doi.org/10.5129/001041510X12911363510033.

15. Margit Tavits et Natalia Letki, « When Left is Right : Party Ideology and Policy in Post-Communist Europe », *American Political Science Review*, 103, n° 4 (novembre 2009), p. 555-569, https://doi.org/10.1017/S0003055409990220.

16. Christopher M. Federico et Ariel Malka, « The Contingent, Contextual Nature of the Relationship Between Needs for Security and Certainty and Political References : Evidence and Implications », *Political Psychology*, 39, n° S1 (2018), p. 3-48, https://doi.org/10.1111/pops.12477 ; Ariel Malka *et al.*, « Do Needs for Security and Certainty Predict Cultural and Economic Conservatism ? A Cross-National Analysis », *Journal of Personality and Social Psychology*, 106, n° 6 (2014), p. 1031-1051, https://doi.org/10.1037/a0036170.

17. Voir Angel Gomez *et al.*, « Recent Advances, Misconceptions, Untested Assumptions, and Future Research Agenda for Identity Fusion Theory », *Social and Personality Psychology Compass*, 14, n° 6 (2020), p. E12531, https://doi.org/10.1111/spc3.12531 ; William B. Swann et Michael D. Buhrmester, « Identity Fusion », *Current Directions in Psychological Science*, 24, n° 1 (1er février 2015), p. 52-57, https://doi.org/10.1177/0963721414551363.

18. Juan Jimenez *et al.*, « The Dynamic Idendity Fusion : A New Continuous Measure of Identity Fusion for Web-Based

Questionnaires », *Social Science Computer Review*, 34, n° 2 (1er avril 2016), p. 215-228, https://doi.org/10.1177/0894439 3145 66178.

19. Leor Zmigrod, Peter Jason Rentfrow et Trevor W. Robbins, « The Partisan Mind : Is Extreme Political Partisanship Related to Cognitive Flexibilty », *Journal of Experimental Psychology : General*, 149, n° 3 (2020), p. 407-418, https://doi.org/10.1037/xge0000661.

20. Pour d'autres exemples de ce dilemme, en rapport avec la fusion identitaire, voir William B. Swann Jr *et al.*, « Contemplating the Ultimate Sacrifice : Identity Fusion Channels Pro-Group Affect, Cognition, and Moral Decision Making », *Journal of Personality and Social Psychology*, 106, n° 5 (2014), p. 713-727, https://doi.org/10.1037/a0035809 ; William B. Swann *et al.*, « Dying and Killing for One's Group : Identity Fusion Moderates Responses to Intergroup Versions of the Trolley Problem », *Psychological Science*, 21, n° 8 (1er août 2010), p. 1176-1183, https://doi.org/10.1177/095679610376656.

21. Leor Zmigrod, Peter Jason Rentfrow et Trevor W. Robbins, « Cognitive Flexibility Predicts Extremist Attitudes », *Frontiers in Psychology*, 10 (7 mai 2019), https://doi.org/10.3389/fpsyg.2019.00989.

LE GÈNE DOGMATIQUE

1. Leor Zmigrod et Trevor W. Robbins, « Dopamine, Cognitive Flexibility, and IQ : Epistatic Catechol-O-MethylTransferase : DRD2 Gene-Gene Interactions Modulate Mental Rigidity », *Journal of Cognitive Neuroscience*, 34, n° 1 (1er décembre 2021), p. 153-179, https://doi.org/10.1162/jocn_01784.

2. Cristina Missale *et al.*, « Dopamine Receptors : From Structure to Function », *Psychological Reviews*, 78, n° 1 (1er janvier 1998), p. 189-226 ; Jean E. Lachowicz et David R Sibley, « Molecular Characteristics of Mammalian Dopamine Receptors », *Pharmacology & Toxicology*, 81, n° 3 (1997), p. 105-113, https://doi.org/10.1111/j.1600-0773.1997.tb00039.x ; C.R. Yand et

J.K. Seamans, « Dopamine 1 Receptor Actions in Layers V-VI Rat Prefrontal Cortex Neurons in Vitro : Modulation of Dendritic-Somatic Signal Integration », *Journal of Neuroscience*, 16, n° 5 (1er mars 1996), p. 1922-1935, https://doi.org/10.1523/JNEUROSCI.16-05-01922.1996.

3. Louis-Éric Trudeau *et al.*, « Chapter 6 – The Multilingual Nature of Dopamine Neurons », in Marco Diana, Gaetano Di Chiara et Pierfranco Spano (dir.), *Progress in Brain Research*, vol. 211, Dopamine (Amsterdam, Elsevier, 2014), p. 141-164, https://doi.org/10.1016/B978-0-444-63425-2.00006-4.

4. Yaping Chu *et al.*, « Age-Related Decreases in Nurri Immunoreactivity in the Human Substantia Nigra », *Journal of Comparative Neurology*, 450, n° 3 (2002), p. 203-214, https://doi.org/10.1002/cne.10261.

5. J. Paul Bolam et Eleftheria K. Pissaldaki, « Living on the Edge with Too Many Mouths to Feed : Why Dopamine Neurons Die », *Movement Disorders*, 27, n° 12 (2012), p. 1478-1483, https://doi.org/10.1002/mds.25135.

6. Nicolas X. Tritsch et Bernardo L. Sabatini, « Dopaminergic Modulation of Synaptic Transmission in Cortex and Striatum », *Neuron*, 76, n° 1 (octobre 2012), p. 33-50, https://doi.org/10.1016/j.neuron.2012.09.023 ; Wakoto Matsuda *et al.*, « Single Nigrostriatal Dopaminergic Neurons Form Widely Spread and Highly Dense Axonal Arborizations in the Neostriatum », *Journal of Neuroscience*, 29, n° 2 (14 janvier 2009), p. 444-453, https://doi.org/10.1523/JNEUROSCI.4029-08-2009.

7. Roshan Cools, « Chemistry of the Adapative Mind : Lessons from Dopamine », *Neuron*, n° 1 (octobre 2019), p. 113-131, https://doi.org/10.1016/j.neuron.2019.09.035 ; Roshan Cools et Mark D'Esposito, « InvertedU-Shaped Dopamine Actions on Human Working Memory and Cognitive Control », *Biological Psychiatry*, Prefrontal Cortical Circuits Regulating Attention, Behavior and Emotion, 69, n° 12 (15 juin 2011), p. e113-e125, https://doi.org/10.1016/j.biopsych.2011.03.028.

8. Voir Marianne Klanker, Matthijs Feenstra et Damiaan Denys, « Dopaminergic Control of Cognitive Flexibility in Humans and Animals », *Frontiers in Neuroscience*, 7 (5 novembre 2013), https://doi.org/10.3389/fnins.2013.00201.

9. J. W. Smith *et al.*, « Dopamine D2L Receptor Knock-Out Mice Display Deficits in Positive and Negative Reinforcing Properties of Morphine and in Avoidance Learning », *Neuroscience*, 113, n° 4 (10 septembre 2002), p. 755-765, https://doi.org/10.1016/X0306-4522(02)00257-9.

10. Elie Chamoun *et al.*, « A Review of the Associations Between Single Nucleotide Polymorphisms in Taste Receptors, Eating Behaviors, and Health », *Critical! Reviews in Food Science and Nutrition*, 22 janvier 2018, https://www.tandfonline.com/doi.abs/10.1080/10408398.2016.1152229 ; Alexey A. Fushan *et al.*, « Allelic Polymorphism Within the TAS1R3 Promoter Is Associated With Human Taste Sensitivity to Sucrose », *Current Biology*, 19, n° 15 (août 2009), p. 1288-1293, https://doi.org/10.1016/j.cub.2009.06.015.

11. Gretchen L. Goldstein, Henry Daun et Beverly J. Tepper, « Adiposity in Middle-Aged Women Is Associated with Genetic Taste Blindness to 6-n-Propylthiouracil », *Obesity Research*, 13, n° 6 (2005), p. 1017-1023, https://doi.org/10.1038.oby.2005.1119.

12. Adam Drewnowski *et al.*, « Taste and Food Preferences as Predictors of Dietary Practices in Young Women », *Public Health Nutrition*, 2, n° 4 (avril 1999), p. 513-519, https://doi.org/10.1017/S1368980099000695.

13. Leonid Yavich *et al.*, « Site-Specific Role of Catechol-O-Methyltransferase in Dopamine Overflow within Prefrontal Cortex and Dorsal Striatum », *Journal of Neuroscience*, 27, n° 38 (19 septembre 2007), p. 10196-10209, https://doi.org/10.1523/JNEUROSCI.0665-07.2207.

14. Herbert M. Lachman *et al.*, « Human Catechol-O-Methyltransferase Pharmacogenetics : Description of a Functional Polymorphism and Its Potential Application to Neuropsychiatric

Disorders », *Pharmacogenetics and Genomics*, 6, n° 3 (juin 1996), p. 243-250, http://journals.lww.com/jpharmacogenetics/abstract/1996/06000/human_catechol_o_methyltransferase.7.aspx ; Jingshan Chen *et al.*, « Functional Analysis of Genetic Variation in Catechol-O-Methyltransferase (COMT) : Effects on RNA, Protein, and Enzyme Activity in Postmortem Human Brain », *American Journal of Human Genetics*, 75, n° 5 (novembre 2004), p. 807-821, https://doi.org/10.1086/425589.

15. Daniela Mier, Peter Kirsch et Andreas Meyer-Lindenberg, « Neural Substrates of Pleiotropic Action of Genetic Variation in COMT : A Meta-Analysis », *Molecular Psychiatry*, 15 (1er juin 2009), p. 918-927, https://doi.org/10.1038/mp/2009.36 ; Jonathan Flint et Marcus R. Munafo, « The Endophenotype Concept in Psychiatric Genetics », *Psychological Medicine*, 37, n° 2 (février 2007), p. 163-180, https://doi.org/10.1017/S0033291706008750 ; J.H. Barnett *et al.*, « Effects of the Catechol-O-Methyltransferase *Val*^{158}*Met* Polymorphism on Executive Function : A Meta-Analysis of the Wisconsin Card Sort Test in Schizophrenia and Healthy Controls », *Molecular Psychiatry*, 12, n° 5, p. 502-509, https://doi.org/10.1038/sj.mp.4001973.

16. Ou son homologue chez les singes et les rongeurs.

17. Mika M. Hirvonen *et al.*, « $C_{957}T$ Polymorphism of the Dopamine D_2 Receptor (DRD_2) Gene Affects Striatal DRD_2 Availability *in Vivo* », *Molecular Psychiatry*, 9, n° 12 (décembre 2004), p. 1060-1061, https://doi.org/10.1038/sj.mp.4001561 ; Mika M. Hirvonen *et al.*, « $C_{957}T$ Polymorphism of the Human Dopamine D_2 Receptor Gene Predicts Extrastriatal Dopamine Receptor Availabity *in Vivo* », *Progress in Neuro-Psychopharmacology and Biological Psychiatry*, 33, n° 4 (15 juin 2009), p. 630-636, https://doi.org/10.1016/jpnpbp.20009.02.021.

18. Les études génétiques montrent que les génotypes COMT et DRD2 sont des facteurs de risque pour les troubles obsessionnels compulsifs (TOC). Les recherches futures devront répliquer ces patterns avec des échantillons de plus grande taille, et

considérer l'implication d'autres gènes, comme les gènes transporteurs du glutamate.

Sur le lien entre la rigidité dans les symptômes obsessionnels compulsifs et les gènes COMT et DRD2, voir : Kim Schindler *et al.*, « Association Between Homozygosity at the COMT Gene Locus and Obsessive Compulsive Disorder », *American Journal of Medical Genetics*, 96, n° 6 (2000), p. 721-724, https://doi.org/10.1002/1096-8628(20001204)96 : 6<721::AID-AJMG4>3.0CO ;2-M ; David M. Pauls, « The Genetics of Obsessive-Compulsive Disorder : A Review », *Dialogues in Clinical Neuroscience*, 12, n° 2 (30 juin 2010), p. 149-163, https://doi.org/10.31887/DCNS.2010.12.2/dpauls ; Humberto Nicolini *et al.*, « DRD2, DRD3 and 5HT2A Receptor Genes Polymophisms in Obsessive-Compulsive Disorder », *Molecular Psychiatry*, 1 (1er janvier 1997) p. 461-465 ; Maria Karayiorgou *et al.*, « Genotype Determining Low Catechol-O-Methyltransferase Activity as a Risk Factor for Obsessive-Compulsive Disorder », *Proceedings of the National Academy of Sciences*, 94, n° 9 (29 avril 1997), p. E4572-E4574, https://doi.org/10.1073/pnas.94.9.45.4572 ; Maria Karayiorgou *et al.*, « Family-Based Association Studies Support a Sexually Dimorphic Effect of COMT and MAQA on Genetic Susceptibility to Obsessive-Compulsive Disorder », *Biological Psychiatry*, 45, n° 9 (1er mai 1999), p. 1178-1189, https://doi.org/10.1016/S0006-3223(98)00319-9 ; E.A. Billett *et al.*, « Investigation of Dopamine System Genes in Obsessive-Compulsive Disorder », *Psychiatric Genetics*, 8, n° 3 (automne 1998), p. 163-170, https://journals.lww.com/psychgenetics/abstract/1998/00830/Investigation_of_dopamine_system_genes_in.5.aspx.

19. Michael D. Hunter, Kevin L. McKee et Eric Turkheimer, « Simulated Nonlinear Genetic and Environmental Dynamics of Complex Traits », *Development and Psychopathology*, 35, n° 2 (mai 2003), p. 662-677, https://doi.org/10.1017/S095457 9421001796 ; David T. Lykken *et al.*, « Emergenesis : Genetic Traits that May Not Run in Families », *American Psychologist*, 47, n° 12 (1992), p. 1565-1577, https://doi.org/10.1037/003-066X.47.12.1565.

LE SECRET DE DARWIN

1. Darwin Correspondence Project, « Letter no. 441 », dernier accès le 31 juillet 2023, https://www.darwinproject.ac.uk/letter/?docId=letters/DCP-LETT-441.xml.

2. *Ibid.*, « Letter no. 471 », dernier accès le 31 juillet 2023, https://www.darwinproject.ac.uk/letter/?docId=letters/DCP-LETT-471.xml.

3. Dans leurs lettres et leurs souvenirs, les enfants de Darwin disent que leur père avait un sommeil très difficile et que c'était la position dans laquelle il s'endormait. Voir, entre autres, Francis Darwin, « Reminiscences of My Father's Everyday Life ».

4. Charles Darwin, *Autobiographie*, traduction Jean-Michel Goux, Paris, Éditions du Seuil, 2008, p. 89 (modifiée). Les notes manuscrites sont visibles à la page 73 du manuscrit original : Darwin, C.R. 4, 1876-1882, « Recollections of the development of my mind & character [Autobiography] », CUL-DAR26.1-121, édition John van Wyhe (Darwin Online, http://darwin-online.org-uk).

5. *The Autobiography of Charles Darwin*, édition Nora Barlow (1958), p. 93, https://darwin-online-Org.uk/content/frameset?pageseq=1&itemID=F149&viewtype=side.

6. Darwin Correspondence Project, « Letter no. 9105 », dernier accès le 3 août 2023, https://www.darwinproject.ac.uk/letter/?docId=letters/DCP-LETT-9105.xml.

7. Leor Zmigrod *et al.*, « Cognitive Flexibility and Religious Disbelief », *Psychological Research*, 83, n° 8 (1er novembre 2018), p. 1749-1759, https://doi.org/10.1007/500426-018-1034-3.

8. Adam Phillips, *On Wanting to Change* (Londres, Penguin Books, 2021), p. 9.

9. David Hume, *Histoire naturelle de la religion* [in *Œuvres philosophiques*, t. III, 1788], section V, voir : https://fr.wikisource.org/wiki/Histoire_naturelle_de_la_religion/2.

10. Charles Darwin, *Autobiographie*, *op. cit.*, p. 87.

ILLUSIONS POLIPTIQUES

1. Pour en savoir plus sur ce dessin, de sa publication initiale à sa récupération par Joseph Jastrow, un des premiers psychologues américains, voir John F. Kihlstrom, « Joseph Jastrow and His Duck – or Is It a Rabbit ? », 2004, https://www.ocf.berkeley.edu/~jfkihlstrom/JastrowDuck.htm.

2. Richard Wiseman *et al.*, « Creativity and Ease of Ambiguous Figural Reversal », *British Journal of Psychology*, 102, n° 3 (2011), p. 615-622, https://doi.org/10.1111/j.2044-8295.2011.02031.x. Le pattern fut aussi répliqué en relation avec l'illusion du cube de Necker par Annabel Blake et Stephen Palmisano, « Divergent Thinking Influences the Perception of Ambiguous Visual Illusions », *Perceptions*, 50, n° 5 (1er mai 2021), p. 418-437, https://doi.org/10.1177/03010066211000192.

3. Peter Brugger et Susanne Brugger, « The Easter Bunny in October : Is It Disguised as a Duck ? », *Perceptual and Motor Skills*, 76, n° 2 (1er avril 1993), p. 577-578, https://doi.org/10.2466/pms.1993.76.2.577.

4. George Orwell, « Funny, but Not Vulgar », *Leader*, 28 juillet 1945.

5. Ludwig Wittgenstein, *Recherches philosophiques*, traduction Françoise Dastur, Maurice Élie, Jean-Luc Gautero, Dominique Janicaud et Elisabeth Rigal, Paris, Gallimard, 2004, p. 277.

6. *Ibid.*, p. 274.

7. Leor Zmigrod *et al.*, « The Cognitive and Perceptual Correlates of Ideological Attitudes : A Data-Driven Approach », *Philosophical Transactions of the Royal Society B : Biological Sciences*, 376, n° 1822 (22 février 2021), 20200424, https://doi.org/10.1098/rstb.2020.0424.

8. J. Richard Simon et Alan P. Rudell, « Auditory S-R Compatibility : The Effect of an Irrelevant Cue on Information Processing », *Journal of Applied Psychology*, 51, n° 3 (1967), p. 300-304, https://doi.org/10.1037/h0020586.

9. Sharon Zmigrod, Leor Zmigrod et Bernhard Hommel, « Zooming into Creativity : Individual Differences in Attentional

Global-Local Biases are Linked to Creative Thinking», *Frontiers in Psychology*, 6 (30 octobre 2015), https://doi.org/10.3389/fpsyg.2015.01647.

10. Par exemple : Benjamin C. Ruisch, Natalie J. Shook et Russell H Fazio, « Of Unbiased Beans and Slanted Stocks : Neutral Stimuli Reveal the Fundamental Relation Between Political Ideology and Exploratory Behaviour », *British Journal of Psychology*, 112, n° 1 (2021), p. 358-361, https://doi.org/10.1111/bjop.12455 ; Natalie J. Shook et Russell H. Fazio, « Political Ideology, Exploration of Novel Stimuli, and Attitude Formation », *Journal of Experimental Social Psychology*, 45, n° 4 (juillet 2009), p. 995-998, https://doi.org/10.1016/j.jesp.2009.04.003.

11. Max Rollwage, Raymond J. Dolan et Stephen M. Fleming, « Metacognitive Failure as a Feature of Those Holding Radical Beliefs », *Current Biology*, 28, n° 24 (décembre 2018), p. 4014-4021.e8, https://doi.org/10.1016/j.cub.2018.10.053.

12. Ernst Gombrich, *L'Art et l'illusion. Psychologie de la représentation picturale*, traduction Guy Durand, Paris, Gallimard, 1996, p. 198.

13. Susan Sontag, « Contre l'interprétation », in *L'Œuvre parle*, traduction Guy Durand, Paris, Éditions du Seuil, 1968, p. 13, 14.

14. *Ibid.*, p. 21.

15. *Ibid.*, p. 21

16. *Ibid.*, p. 22.

L'émotion au bout des doigts

1. Antonio Damasio, *L'Erreur de Descartes. La raison des émotions*, traduction Marcel Blanc, Paris, Odile Jacob, 1995, p. 206. [Il faut noter que ce qui est rendu ici par « perception des émotions » est le mot « *feelings* » (émotions) dans le texte original (*N.d.T.*).]

2. Douglas R. Oxley *et al.*, « Political Attitudes Vary with Psychological Traits », *Science*, 321, n° 5896 (19 septembre 2008), p. 1667-1670, https://doi.org/10.1126/science.1157627.

3. Les questions de représentation du genre sont parfois sensibles en neuroscience politique. Une des premières enquêtes dans ce domaine fut réalisée par une équipe de recherche composée entièrement d'hommes, et ne porta que sur des participants de sexe masculin, en raison de différences générales supposées dans le traitement des émotions par l'un et l'autre sexe. Il est essentiel qu'il y ait plus de femmes en science, si l'on veut éviter ces points aveugles et ces préjugés.

Drew Westen *et al.*, « Neural Bases of Motivated Reasoning: An fMRI Study of Emotional Constraints on Partisan Political Judgment in the 2004 U.S. Presidential Election », *Journal of Cognitive Neuroscience*, 18, n° 11 (1er novembre 2006), p. 1947-1958, https://doi.org/10.1162/jocn.2006.18.11.1947.

4. En général, pour les études expérimentales comptant plus d'un ou deux auteurs, on trouvera les détails concernant les chercheurs les ayant réalisés dans les notes, et je renverrai sinon à la ville de l'université dans laquelle l'expérience a été conduite. Il s'agit de privilégier la concision et de tenir compte du fait que les équipes de recherche nombreuses sont délicates à traiter : les contributions respectives des uns et des autres ne sont pas toujours clairement définies. Citer la ville permet de donner une idée du lieu géographique, de la diversité des participants et de leur environnement politique. Cela permet aussi de contextualiser les comparaisons faites, par exemple, entre des participants néerlandais dans un système politique comptant dix partis, et des participants américains qui vivent dans un système bipartisan.

5. Voir l'article cible et les commentaires associés pour John R. Hibbing, Kevin B. Smith et John R. Alford, « Differences in Negativity Bias Underlie Variations in Political Ideology », *Behavioral and Brain Sciences*, 37, n° 3 (juin 2014), p. 297-350, https://doi.org/10.1017/S0140525X13001192.

6. Voir par exemple Michael D. Dodd *et al.*, « The Political Left Rolls with the Good and the Political Right Confronts the Bad : Connecting Psychology and Cognition to Preferences », *Philosophical Transactions of the Royal Society B : Biological Sciences*,

367, n° 1589 (5 mars 2012), p. 640-659, https://doi.org/101098/rstb.2011.0268. Voir aussi Kevin B. Smith et Clarisse Warren, « Physiology Predicts Ideology. Or Does It ? The Current State of Political Psychophysiology Research », *Current Opinion in Behavioral Sciences*, Political Ideologies, 34 (1er août 2020), p. 88-93, https://doi.org/10.1016/j.cobeha.2020.01.001.

7. Jacob M. Vigil, « Political Leanings Vary with Facial Expression Processing and Psychosocial Functioning », *Group Processes & Intergroup Relations*, 13, n° 5 (1er septembre 2010), p. 547-558, https://doi.org/10.1177/1368430209356930. Pour une autre interprétation, voir Jacob M. Vigil et Chance Strenth, « Facial Expression Judgments Support a Socio-Relational Model, Rather than a Negativity Bias Model of Political Psychology », *Behavioral and Brain Sciences*, 37, n° 3 (juin 2014), p. 331-332, https://doi.org/10.1017/S0140525X13002756.

8. Luciana Carraro, Luigi Castelli et Claudia Macchiella, « The Automatic Conservative : Ideology-Based Attentional Asymmetries in the Processing of Valenced Information », *PLOS One*, 6, n° 11 (9 novembre 2011), p. e26456, https://doi.org/10.1371/journal.pone.0026456.

9. Benjamin R. Knoll, Tyler J. O'Daniel et Brian Cusato, « Physiological Responses : Three Reproductions Using a Novel Dataset », *Research & Politics*, 2, n° 4 (1er octobre 2015), 2053168015621328, https://doi.org/10.1177/205316801561328 ; Patrick Fournier, Stuart Soroka et Lilach Nir, « Negativity Biases and Political Ideology : A Comparative Test across 17 Countries », *American Political Science Review*, 114, n° 3 (août 2020), p. 775-791, https://doi.org/10.1017/S0003055420000131 ; Bert N. Bakker *et al.*, « Conservatives and Liberals Have Similar Physiological Responses to Threats », *Nature Human Behaviour*, 4, n° 6 (juin 2020), p. 613-621, https://doi.org/10.1038/s41562-020-0823-z ; Mathias Osmundsen *et al.*, « The Psychophysiology of Political Ideology : Replications, Renalyses, and Recommendations », *Journal of Politics*, 84, n° 1 (janvier 2022), p. 50-66, https://doi.org/10.1086/714780 ; Kevin B. Smith et

Clarisse Warren, « Physiology Predicts Ideology. Or Does It ? The Current State of Political Psychophysiology Research », art. cit.

10. Martha C. Nussbaum, *Hiding from Humanity : Disgust, Shame, and the Law* (Princeton University Press, 2009), p. 14.

11. Yoel Incar, David A. Pizarro et Paul Bloom, « Conservatives Are More Easily Disgusted than Liberals », *Cognition and Emotion*, 23, n° 4 (1er juin 2009), p. 714-725, https://doi.org/10.1080/02699930802110007 ; « Disgust Sensitivity and the Neurophysiology of Left-Right Political Orientations », *PLOS One*, 6, n° 10 (19 octobre 2011), p. e25552, https://doi.org/10.1371/journal.pone.0025552.

12. Lene Aarøe, Michael Bang Petersen et Kevin Arceneaux, « The Behavorial Immune System Shapes Political Intuitions : Why and How Individual Differences in Disguts Sensitivity Underlie Opposition to Immigration », *American Political Science Review*, 111, n° 2 (mai 2017), p. 277-294, https://doi.org/10.1017/S0003055416000770.

13. Maurice Merleau-Ponty, *Phénoménologie de la perception*, Paris, Gallimard, 1945, p. 246 ; cité in Sara Ahmed, *Queer Phenomenology*, Kindle (Durham, NC, et Londres, Duke University Press, 2006), p. 133.

14. Edmund Husserl, *Idées directrices pour une phénoménologie*, traduction Paul Ricœur, Paris, Gallimard, 1985, p. 90 (les italiques sont de Husserl).

15. Spike W.S. Lee et Cecilia Ma, « Pain Sensitivity Predicts Support for Moral and Political Views across the Aisle », *Journal of Personality and Social Psychology*, 125, n° 6 (2023), p. 1239-1264, https://doi.org/10.1037/pspa0000355.

16. Benjamin C. Ruisch *et al.*, « A Matter of Taste : Gustatory Sensitivity Predicts Political Ideology », *Journal of Personality and Social Psychology*, 121, n° 2 (2021), p. 394-409, https://doi.org/10.1037/pspp0000365.

17. Benjamin C. Ruisch *et al.*, « Sensitive Liberals and Unfeeling Conservatives ? Interoceptive Sensitivity Predicts

Political Liberalism », *Politics and the Life Sciences*, 41, n° 2 (septembre 2022), p. 256-275, https://doi.org/10.1017/pls.2022.18.

18. Bert N. Bakker, Gijs Schumacher et Matthijs Rooduijn, « Hot Politics ? Affective Responses to Political Rhetoric », *American Political Science Review*, 115, n° 1 (février 2021), p. 150-164, https://doi.org/10.1017/S0003055420000519.

19. Maaike D. Homan, Gijs Schumacher et Bert N. Bakker, « Facing Emotional Politicians : Do Emotional Displays of Politicians Evoke Mimicry and Emotional Contagion ? », *Emotion*, 23, n° 6 (2023), p. 1702-1713, https://doi.org/10.1037/emo00001172.

20. Angela Y. Davis, « Transnational Solidarities », discours prononcé à l'université Bogaziçi, Turquie, le 9 janvier 2015. Voir aussi : *Freedom Is a Constant Struggle : Ferguson, Palestine, and the Foundation of a Movement*, édition Frank Barat (Chicago, Haymarket Books, 2016). Voir Angela Davis, « Solidarités transnationales », in *Une lutte sans trêve*, traduction Frédérique Popet, Paris, La Fabrique, 2016. À noter que la phrase citée ne figure pas dans cette traduction.

21. Hannah B. Waldfogel *et al.*, « Ideology Shapes Attention to Inequality », *Proceedings of the National Academy of Sciences*, 118, n° 14 (6 avril 2021), p. e2023985118, https://doi.org/10.1073/pnas.2023985118.

QUAND L'IDÉOLOGIE PASSE AU SCANNER

1. Yuan Chang Leong *et al.*, « Conservative and Liberal Attitudes Drive Polarized Neural Responses to Political Content », *Proceedings of the National Academy of Sciences*, 117, n° 44 (3 novembre 2020), p. 27731-27739, https://doi.org/10.1073/pnas.2008530117 ; Daantje de Bruin *et al.*, « Shared Neural Representations and Temporal Segmentation of Political Content Predict Ideological Similarity », *Science Advances*, 9, n° 5 (février 2023), p. eabq5920, https://doi.org/10.1126/sciadv.abq5920 ; Noa Katabi *et al.*, « Deeper Than You Think : Partisanship-Dependent Brain

Responses in Early Sensory and Motor Brain Regions », *Journal of Neuroscience*, 43, n° 6, p. 1027-1037, https://doi.org/10.1523/JNEUROSCI.0895-22.2022.

2. Woo-Young Ahn *et al.*, « Nonpolitical Images Evoke Neural Predictors of Political Ideology », *Current Biology*, 24, n° 22 (novembre 2014), p. 2693-2699, https://doi.org/10.1016/j.cub.2014.09.050.

3. Ryota Kanai *et al.*, « Political Orientations Are Correlated with Brain Structure in Young Adults », *Current Biology*, 21, n° 8 (26 avril 2011), p. 677-680, https://doi.org/10.1016/j.cub.2011.03.017.

4. G. Schumacher, D. Petropoulos Petalas et H.S. Scholte, « Are Political Orientations Correlated with Brain Structure ? A Preregistered Replication of the Kanai *et al.* (2011) Study ».

5. H. Hannah Nam *et al.*, « Amygdala Structure and the Tendency to Regard the Social System as Legitimate and Desirable », *Nature Human Behaviour*, 2, n° 2 (février 2018), p. 133-138, https://doi.org/10.1038/s41562-017-0248-5.

6. Pourquoi l'équipe de New York impliqua l'amygdale bilatérale et l'équipe de Londres uniquement l'amygdale droite ? Sans doute en raison des fonctions différentes que jouent l'amygdale gauche et l'amygdale droite dans le traitement des émotions, ou peut-être parce que les chercheurs s'intéressaient à des choses différentes : le conservatisme d'un côté, la justification du système de l'autre. Les différences peuvent aussi être dues à la petitesse de l'amygdale, qui fait qu'elle est plus difficile à analyser par l'imagerie neuronale que les structures plus grosses : cela peut entraîner de l'incertitude sur l'implication de l'amygdale. Voir Jerry E. Murphy *et al.*, « Left, Right, or Bilateral Amygdala Activation ? How Effects of Smoothing and Motion Correction on Ultra-High Field, High-Resolution Functional Magnetic Resonance Imaging (fMRI) Data Alter Inferences », *Neuroscience Research*, 150 (1er janvier 2020), p. 51-59, https://doi.org/10.1016/j.neures.2019.01.009.

7. Dharshan Kumaran, Hans Ludwig Melo et Emrah Duzel, « The Emergence and Representation of Knowledge About Social

and Nonsocial Hierarchies », *Neuron*, 76, n° 3, p. 653-666, https://doi.org/10.1016/j.neuron.2012.09.035.

8. Luis Pessoa et Patrick R. Hof, « From Paul Broca's Great Limbic Lobe to the Limbic System », *Journal of Comparative Neurology*, 523, n° 17 (1er décembre 2015), p. 2495-2500, https://doi.org/10.1002/cne.23840.

9. R. J. Morecraft *et al.*, « Cytoarchitecture and Cortical Connections of the Anterior Cingulate and Adjacent Somatomotor Fields in the Rhesus Monkey », *Brain Research Bulletin*, 87, n° 4 (10 mars 2012), p. 457-497, https://doi.org/10.1016/j.brainresbull.2011.12.005.

10. Wei Tang *et al.*, « A Connectional Hub in the Rostral Anterior Cingulate Cortex Links Areas of Emotion and Cognitive Control », éd. David Badre et Michael J. Frank, *eLife*, 8 (19 juin 2019), p. e43761, https://doi.org/10.7554/eLife.43761 ; Suzanne N. Haber *et al.*, « Prefrontal Connectomics : From Anatomy to Human Imaging », *Neuropsychopharmacology*, 47, n° 1 (janvier 2022), p. 20-40, https://doi.org/10.1038/s41386-021-01156-6.

11. Entre autres études fonctionnelles IRM impliquant le CCA dans le raisonnement politique : Drew Western *et al.*, « Neural Bases of Motivated Reasoning : An fMRI Study of Emotional Constraints on Partisan Political Judgment in the 2004 U.S. Presidential Election », *Journal of Cognitive Neuroscience*, 18, n° 11 (1er novembre 2006), p. 1947-1958, https://doi.org/10.1162/jocn.2206.18.11.1947 ; Ingrid J. Haas, Melissa N. Baker et Frank J. Gonzalez, « Political Uncertainty Moderates Neural Evaluation of Incongruent Policy Positions », *Philosophical Transactions of the Royal Society B : Biological Sciences*, 376, n° 1822 (22 février 2021), p. 20200138, https://doi.org/10.1098/rstb.2020.0138 ; Ingrid Johnsen Haas, Melissa N. Baker et Frank J. Gonzalez, « Who Can Deviate from the Party Line ? Political Ideology Moderates Evaluation of Incongruent Policy Positions in Insula and Anterior Cingulate Cortex », *Social Justice Research*, 30, n° 4 (1er décembre 2017), p. 355-380, https://doi.org/10.1007/s11211-017-0295-0.

12. Meghan Weissflog *et al.*, « The Political (and Physiological) Divide : Political Orientaion, Performance Monitoring, and the Anterior Cingulate Response », *Social Neuroscience*, 8, n° 5 (1er septembre 2013), p. 434-447, https://doi.org/10.1080/17470919.2013.833549 ; David M. Amodio *et al.*, « Neurocognitive Correlates of Liberalism and Conservatism », *Nature Neuroscience*, 10, n° 10 (octobre 2007), p. 1246-1247, https://doi.org/10.1038/nn1979.

13. Généralement, ces patterns persistent même quand on neutralise le conservatisme, l'intelligence et la personnalité. Voir : Malgorzata Kossowska *et al.*, « Anxiolytic Function of Fundamentalist Beliefs : Neurocognitive Evidence », *Personality and Individual Differences*, 101 (1er octobre 2016), p. 390-395, https://doi.org/10.1016/j.paid.2016.06.039 ; Michael Inzlicht *et al.*, « Neural Markers of Religious Conviction », *Psychological Science*, 20, n° 3 (1er mars 2009), p. 385-392, https://doi.org/10.1111/j.1467-9280.2009.02305x. Voir aussi la divergence des résultats avec le test auditif de Stroop : Magdalena Senderecka *et al.*, « Religious Fondamentalism Is Associated with Hyperactive Performance Monitoring : ERP Evidence from Correct and Erroneous Responses », *Biological Psychology*, 140 (1er janvier 2019), p. 96-107, https://doi.org/10.1016/j.biopsycho.2018.12.007.

14. Marie Good, Michael Inzlicht et Michael J. Larson, « God Will Forgive : Reflecting on God's Love Decreases Neurophysiological Responses to Errors », *Social Cognitive and Affective Neuroscience*, 10, n° 3 (1er mars 2015), p. 357-363, https://doi.org/10.1093/scan/nau096 ; Michael Inzlicht et Alexa M. Tullett, « Reflecting on God : Religious Primes Can Reduce Neurophysiological Response to Errors », *Psychological Science*, 21, n° 8 (1er août 2010), p. 1184-1190, https://doi.org/10.1177/0956797610375451.

15. H. Hannah Nam *et al.*, « Toward a Neuropsychology of Political Orientation : Exploring Ideology in Patients with Frontal and Midbrain Lesions », *Philosophical Transactions of the Royal*

Society B: Biological Sciences, 376, nº 1822 (22 février 2021), p. 20200137, https://doi.org/10.1098/rstb.2020.0137.

16. Irene Cristofori *et al.*, « The Neural Bases for Devaluing Radical Political Statements Revealed by Penetrating Traumatic Brain Injury », *Social Cognitive and Affective Neuroscience*, 10, nº 8 (1er août 2015), p. 1038-1044, https://doi.org/10.1093/scan/nsu155.

17. Wanting Zhong *et al.*, « Biological and Cognitive Underpinnings of Religious Fundamentalism », *Neuropsychologia*, 100 (1er juin 2017), p. 18-25, https://doi.org/10.1016/j.neuropsychologia.2017.04.009.

18. Clara Pretus *et al.*, « The Role of Political Devotion in Sharing Partisan Misinformation and Resistance to Fact-Checking », *Journal of Experimental Psychology : General*, 152, nº 11 (novembre 2023), p. 3116-3134, https://doi.org/10.1037/xge0001436 ; Clara Pretus *et al.*, « Neural and Behavorial Correlates of Sacred Values and Vulnerability to Violent Extremism », *Frontiers in Psychology*, 9 (21 décembre 2018), https://doi.org/10.3389/fpsyg.2018.02462 ; Clara Pretus *et al.*, « Ventromedial and Dorsolateral Prefrontal Interactions Underlie Will to Fight and Die for a Cause », *Social Cognitive and Affective Neuroscience*, 14, nº 6 (7 août 2019), p. 569-577, https://doi.org/10.1093/scan/nsz034 ; Nafees Hamid *et al.*, « Neuroimaging "Will to Fight" for Sacred Values : An Empirical Case Study with Supporters of an Al Qaeda Associate », *Royal Society Open Science*, 6, nº 6 (12 juin 2019), p. 181585, https://doi.org/10.1098/rsos.181585.

Voir aussi les résultats convergents de : Melanie Pincus *et al.*, « The Conforming Brain and Deontological Resolve », *PLOS One*, 9, nº 8 (29 août 2014), p. e106061, https://doi.org/10.1371/journal.pone.0106061 ; Gregory S. Berns *et al.*, « The Price of Your Soul : Neural Evidence for the Non-Utilitarian Representations of Sacred Values », *Philosophical Transactions of the Royal Society B : Biological Sciences*, nº 1589 (5 mars 2012), p. 754-762, https://doi.org/10.1098/rstb.2011.0262.

La spirale sans fin

1. Eric Hoffer, *The Passionate State of Mind and Other Aphorisms* (Titusville, Hopewell Publishers, 2006), p. 5.

2. George Eliot, *Le Moulin sur la Floss*, 2 vol., traduction A.-F. d'Albert-Durade, Paris, Hachette, 1898, t. I, p. 162.

3. Andrew P. Allen *et al.*, « Biological and Psychological Markers of Stress in Humans : Focus on the Trier Social Stress Test », *Neuroscience & Biobehavioral Reviews*, 38 (1er janvier 2014), p. 94-124, https://doi.org/10.1016/j.neubioreV.2013.11.005.

4. Marion Fournier, Fabienne d'Arripe-Longueville et Rémi Radel, « Effects of Psychosocial Stress on the Goal-Directed and Habit Memory Systems during Learning and Later Execution », *Psychoneuroendocrinology*, 77 (1er mars 2017), p. 275-283, https://doi.org/10.1016/j.psyneuen.2016.12.008 ; Jessica K. Alexander *et al.*, « Beta-Adrenergic Modulation of Cognitive Flexibility During Stress », *Journal of Cognitive Neuroscience*, 19, nº 3 (1er mars 2007), p. 468-478, https://doi.org/10.1162/jocn.2007.19.3.468 ; Franziska Plessow *et al.*, « Inflexibility Focused under Stress : Acute Psychosocial Stress Increases Cognitive Flexibility with Increasing Time Lag to the Stressor », *Journal of Cognitive Neuroscience*, 23, nº 11 (1er novembre 2011), p. 3218-3227, https://doi.org/10.1162/jocn_a_00024 ; Grant S. Shields, Matthew A. Sazma et Andrew P. Yonelinas, « The Effects of Acute Stress on Core Executive Functions : A Meta-Analysis and Comparison with Cortisol », *Neuroscience & Biobehavioral Review*, 68 (1er septembre 2016), p. 651-668, https://doi.org/10.1016/j.neubiorev.2016.06.038.

5. Sur les expériences d'induction de stress et les différences entre les sexes, voir : Bart Hartogsveld *et al.*, « Balancing Between Goal-Directed and Habitual Responding Following Acute Stress », *Experimental Psychology*, 67, nº 2 (mars 2020), p. 99-111, https://doi.org/10.1027/1618-3169/a000485 ; Elizabeth V. Goldfarb *et al.*, « Stress and Cognitive Flexibility : Cortisol Increases Are Associated with Enhanced Updating but Impaired Switching », *Journal of Cognitive Neuroscience*, 29, nº 1 (1er janvier 2017), p. 14-24, https://doi.org/10.1162/jocn_a_01029 ; Vrinda Kalia *et*

al., « Acute Stress Attenuates Cognitive Flexibility in Males Only : An fNIRS Examination », *Frontiers in Psychology*, 9 (1er novembre 2018), https://doi.org/10.3389/fpsyg.2018/02084 ; Sonia J. Lupien *et al.*, « Effects of tress throughout the Lifespan on the Brain, Behaviour and Cognition », *Nature Reviews Neuroscience*, 10, n° 6 (juin 2009), p. 434-445, https://doi.org/10.1038/nrn2639 ; Grant S. Shields *et al.*, « Acute Stress Impairs Cognitive Flexibility in Men, not Women », *Stress*, 19, n° 5 (2 septembre 2016), p. 542-546, https://doi.org/10.1080/10253890.2016.1192603.

6. Sabine Seehagen *et al.*, « Stress Impairs Cognitive Flexibility in Infants », Proceedings of the *National Academy of Sciences*, 112, n° 41 (13 octobre 2015), p. 12882-12886, https://doi.org/10.1073/pnas/1508345112.

7. A. Ross Otto *et al.*, « Working-Memory Capacity Protects Model-Based Learning from Stress », Proceedings of *the National Academy of Sciences*, 110, n° 52 (24 décembre 2013), p. 20941-20946, https://doi.org/10.1073/pnas.1312011110.

8. J. M. Soares *et al.*, « Stress-Induced Changes in Human Decision-Making Are Reversible », *Translational Psychiatry*, 2, n° 7 (juillet 2012), p. e131, https://doi.org/10.1038/tp.2012.59.

De l'importance du nid

1. Oscar Wilde, *L'Importance d'être Constant. Une comédie frivole pour gens sérieux* (1895), voir https://fr.wikisource.org/wiki/L%E2 %80 %99Importance_d%E2 %80 %99 %C3 %AAtre_constant.

2. Clara Pretus *et al.*, « Neural and Behavioral Correlates of Sacred Values and Vulnerability to Violent Extremism », *Frontiers in Psychology*, 9 (21 décembre 2018), https://doi.org/10.3389/fpsyg.2018.02462.

3. Pour un ensemble d'expériences explorant l'effet de l'exclusion sociale sur différentes conceptions du monde, voir : Andrew H. Hales et Kipling D. Williams, « Marginalized Individuals and Extremism : The Role of Ostracism in Openness

to Extreme Groups », *Journal of Social Issues*, 74, n° 1 (2018), p. 75-92, https://doi.org/10.1111/josi.12257 ; Michaela Pfundmair et Geoffrey Wetherell, « Ostracism Drives Group Moralization and Extreme Group Behavior », *Journal of Psychology*, 159 (1er octobre 2018), p. 1-13, https://doi.org/10.1080/00224545.2018.1512947 ; Emma A. Bäck *et al.*, « The Quest for Significance : Attitude Adaptation to a Radical Group Following Social Education », *International Journal of Developmental Science*, 12, n° 1-2 (1er janvier 2018), p. 25-36, https://doi.org/10.3233/DEV-170230 ; Holly M. Knapton, Hanna Bäck et Emma A. Bäck, « The Social Activist : Conformity to the Ingroup Following Rejection as a Predictor of Political Participation », *Social Influences*, 10, n° 2 (3 avril 2015), p. 97-108, https://doi.org/10.1080/15534510.2014.966856 ; Emma A. Renström, Hanna Bäck et Holly M. Knapton, « Exploring a Pathway to Radicalization : The Effects of Social Exclusion and Rejection Sensitivity », *Group Processes & Intergroup Relations*, 23, n° 8 (1er décembre 2020), p. 1204-1229, https://doi.org/10.1177/1368430220917215 ; Michaela Pfundmair, « Ostracism Promotes a Terroristic Mindset », *Behavioral Sciences of Terrorism and Political Aggression*, 11, n° 2 (4 mai 2019), p. 134-148, https://doi.org/10.1080/19434472.2018.1443965 ; Michaela Pfundmair et Luisa A. M. Mahr, « How Group Processes Push Excluded People into a Radical Mindset : An Experimental Investigation », *Group Processes & Intergroup Relations*, 26, n° 6 (1er septembre 2023), p. 1289-1309, https://doi.org/10.1177/13684302221107782 ; Jeffrey Treisman, « Social Exclusion and Political Violence : Multilevel Analysis of the Justification of Terrorism », *Studies in Conflict & Terrorism*, 47, n° 7 (2 juillet 2024), p. 701-724, https://doi.org/10.1080/1057610X.2021.2007244.

4. Amy R. Krosch et David M. Amodio, « Scarcity Disrupts the Neural Encoding of Black Faces : A Socioperceptual Pathway to Discrimination », *Journal of Personality and Social Psychology*, 117, n° 5 (2019), p. 859-875, https://doi.org/10.1037/pspa0000168 ; Michael M. Berkebile-Weinberg, Amy R. Krosch et David

M. Amodio, « Economic Scarcity Increases Racial Stereotyping in Beliefs and Face Representation », *Journal of Experimental Social Psychology*, 102 (1[er] septembre 2022), p. 104354, https://doi.org/10.1016/j.jesp.2022.104354 ; Amy R. Krosch et David M. Amodio, « Economic Scarcity Alters the Perception of Race », *Proceedings of the National Academy of Sciences*, 111, n° 25 (24 juin 2014), p. 9079-9084, https://doi.org/10.1073/pnas.1404448111.

5. Frantz Fanon, *Peau noire, masques blancs*, Paris, Éditions du Seuil, 1965 (1952), p. 118, 124.

6. Ernest Becker, *The Denial of Death*, Kindle (New York Free Press, 2017), p. 11.

7. Luca Chittaro *et al.*, « Mortality Salience in Virtual Reality Experiences and Its Effects on Users' Attitudes towards Risk », *International Journal of Human-Computer Studies*, 101 (1[er] mai 2017), p. 10-22, https://doi.org/10.1016/j.ijhcs.2017.01.002.

8. Tom Pyszczynski *et al.*, « Mortality Salience, Martyrdom, and Military Might : The Great Satan Versus the Axis of Evil », *Personality and Social Psychology Bulletin*, 32, n° 4 (1[er] avril 2006), p. 525-537, https://doi.org/10.1177/0146167205282157.

9. *Ibid.*

10. Matthew Vess et Jamie Arndt, « The Nature of Death and the Death of Nature : The Impact of Mortality Salience on Environmental Concern », *Journal of Research in Personality*, 42, n° 5 (1[er] octobre 2008), p. 1376-1380, https://doi.org/10.1016/j.jrp.2008.04.007.

11. Markus Barth *et al.*, « Closing Ranks : Ingroup Norm Conformity as a Subtle Response to Threatening Climate Change », *Group Processes & Intergroup Relations*, 21, n° 3 (1[er] avril 2018), p. 497-512, https://doi.org/10.1177/1368430217733119 ; Immo Fritsche *et al.*, « Existential Threat and Compliance with Pro-Environmental Norms », *Journal of Environmental Psychology*, 30, n° 1 (1er mars 2010), p. 67-79, https://doi.org/10.1016/j.jenvp.2009.08.007.

12. John T. Tost *et al.*, « The Politics of Fear : Is There an Ideological Asymmetry in Existential Motivation ? », *Social*

Cognition, 35, n° 4 (août 2017), p. 324-353, https://doi.org/10.1521/soco.2017.35.4.324 ; Armand Chatard, Gilad Hirschberger et Tom Pyszczynski, « A Word of Caution About Many Labs 4 : If You Fail to Follow Your Preregistered Plan, You May Fail to Find a Real Effect » (OSF, 7 février 2020), https://doi.org/10.31234/osf/io/ejubn ; Brian L. Burke, Andy Martens et Erik H. Faucher, « Two Decades of Terror Management Theory : A Meta-Analysis of Mortality Salience Research », *Personality and Social Psychology Review*, 14, n° 2 (1er mai 2010), p. 155-195, https://doi.org/10.1177/1088868309352321 ; Brian L. Burke, Spee Kosloff et Mark J. Landau, « Death Goes to the Polls : A Meta-Analysis of Mortality Salience Effects on Political Attitudes », *Political Psychology*, 34, n° 2 (2013), p. 183-200, https://doi.org/10.1111/pops.12005.

13. Christopher M. Federico et Ariel Malka, « The Contingent, Contextual Nature of the Relationship Between Needs for Security and Certainty and Political Preferences : Evidence and Implications », *Political Psychology*, 39, n° S1 (2018), p. 3-48, https://doi.org/10.1111/pops.12477.

14. Amélie Godefroidt, « How Terrorism Does (and Does Not) Affect Citizens' Political Attitudes : A Meta-Analysis », *American Journal of Political Science*, 67, n° 1 (2023), p. 22-38, https://doi.org/10.1111/ajps.12692.

15. Spee Kosloff *et al.*, « The Effects of Mortality Salience on Political Preferences : The Roles of Charisma and Political Orientation », *Journal of Experimental Social Psychology*, 46, n° 1 (1er janvier 2010), p. 139-145, https://doi.org/10.1016/j.jesp.2009.09.002.

16. Alan J. Lambert *et al.*, « Toward a Greater Understanding of the Emotional Dynamics of the Mortality Salience Manipulation : Revisiting the "Affect-Free" Claim of Terror Management Research », *Journal of Personality and Social Psychology*, 106, n° 5 (2014), p. 655-678, https://doi.org/10.1037/a0036353 ; Richard A. Klein *et al.*, « Many Lavs 4 : Failure to Replicate Mortality Salience Effect With and Without Original Author Involvement »,

Collabra : Psychology, 8, nº 1 (29 avril 2022), p. 35271, https://doi.org/10.1525/collabora.35271.

17. Clay Routledge et Jacob Juhl, « When Death Thoughts Lead to Death Fears : Morality Salience Increases Death Anxiety for Individuals Who Lack Meaning in Life », *Cognition and Emotion*, 24, nº 5 (1er août 2010), p. 848-854, https://doi.org/10.1080/02699930902847144 ; Matthews Vess *et al.*, « The Dynamics of Death and Meaning : The Effects of Death-Relevant Cognitions and Personal Need for Structure on Perceptions of Meaning in Life », *Journal of Personality and Social Psychology*, 97, nº 4 (2009), p. 728-744, https://doi.org/10.1037/a0016417.

18. Philip J. Cozzolino *et al.*, « Greed, Death, and Values : From Terror Management to Transcendence Management Theory », *Personality and Social Psychology Bulletin*, 30, nº 3 (1er mars 2004), p. 278-292, https://doi.org/10.1177/0146167203260716 ; Kenneth E. Vail *et al.*, « When Death is Good for Life : Considering the Positive Trajectories of Terror Management », *Personality and Social Psychology Review*, 16, nº 4 (1er novembre 2012), p. 303-329, https://doi.org/10.1177/1088868312440046.

19. Christine Ma-Kellams et Jim Blascovich, « Enjoying Life in the Face of Death : East-West Differences in Responses to Mortality Salience », *Journal of Personality and Social Psychology*, nº 5 (2012), p. 773-786, https://doi.org/10.1037/a0029366.

20. Arie W. Kruglanski *et al.*, « What a Difference Two Years Make : Patterns of Radicalization in a Philippine Jail », *Dynamics of Asymmetric Conflict*, 9, nº 1-3 (1er septembre 2016), p. 13-36, https://doi.org/10.1080/17467586.2016.1198042.

21. David Webber *et al.*, « The Road to Extremism : Field and Exprimental Evidence that Significance Loss-Induced Need for Closure Fosters Radicalization », *Journal of Personality and Social Psychology*, 114, nº 2 (2018), p. 270-285, https://doi.org/10.1037/pspi0000111.

22. Katarzyna Jasko, Gary LaFree et Arie Kruglanski, « Quest for Significance and Violent Extremism : The Case of Domestic

Radicalization », *Political Psychology*, 38, n° 5 (2017), p. 815-831, https://doi.org/10.1111/pops.12376.

23. David Webber *et al.*, « The Road to Extremism : Field and Exprimental Evidence that Significance Loss-Induced Need for Closure Fosters Radicalization », art. cit.

24. Katarzyna Jasko *et al.*, « Rebel with a Cause : Personal Significance from Political Activism Predicts Willingness to Self-Sacrifice », *Journal of Social Issues*, 75, n° 1 (2019), p. 314-349, https://doi.org/10.1111/josi.12307.

25. Roberto M. Lobato *et al.*, « Impact of Psychological and Structural Factors on Radicalization Processes : A Multilevel Analysis from 3N Model », *Psychology of Violence*, 13, n° 6 (2023), p. 479-487, https://doi.org/10.1037/vio0000484.

26. Roberto M. Lobato *et al.*, « The Role of Vulnerable Environments in Support for Homegrown Terrorism : Fieldwork Using the 3N Model », *Aggressive Behavior*, 47, n° 1 (2021), p. 50-57, https://doi.org/10.1001/ab.21933.

27. Katarzyna Jasko *et al.*, « Social Context Moderates the Effects of Quest for Significance on Violent Extremism », *Journal of Personality and Social Psychology*, 118, n° 6 (2020), p. 1165-1187, https://doi.org/10.1037/pspi0000198 ; Marta Miklikowska, Katarzyna Jasko et Ales Kudmac, « The Making of a Radical : The Role of Peer Harassment in Youth Political Radicalism », *Personality and Social Psychology Bulletin*, 49, n° 3 (1er mars 2023), p. 477-492, https://doi.org/10.1177/01461672211070420.

28. Czeslaw Milosz, *La Pensée captive. Essai sur les logocraties populaires*, traduction A. Prudhommeaux et l'auteur, préface Karl Jaspers, Paris, Gallimard, 1953, p. 56-57.

Autrement

1. Eric Hoffer, *The Passionate State of Mind and Other Aphorisms*, *op. cit.*, aphorisme 28.

2. Else Frenkel-Brunswik, « Intolerance of Ambiguity as an Emotional and Perceptual Variable », *Journal of Personality*, 18,

n° 1 (1949), p. 108-143 (132), https://doi.org/10.1111/j.1467-6494.1949.tbo1236.x.

3. Zadie Smith, « Speaking in Tongues », *New York Review of Books*, 26 février 2009, https://www.nybooks.com/articles/2009/02/26/speaking-in-tongues-2/.

4. Lola Olufemi, *Experiments in Imagining Otherwise* (Londres, Hajar Press, 2021), p. 7.

5. James Baldwin, « The Creative Process », in *Creative America* (New York Ridge Press, 1962), https://openspaceofdemocracy.wordpress.com/wp-content/uploads/2017/01/baldwin-creative-process.pdf.

Épilogue

1. Hannah Arendt, entretien avec Roger Errera, octobre 1973, https://www.les-crises.fr/une-archive-exceptionnelle-un-certain-regard-entretien-avec-hannah-arendt-1973/.

2. *Ibid.*, Lettre à Gershom Sholem, 24 juillet 1963, in *Eichmann à Jérusalem*, édition établie sous la direction de Pierre Bouretz, Paris, Gallimard, 2002, p. 1358.

Index

Table des matières

III
Les origines

IV
Les conséquences

V
Liberté

Cet ouvrage a été mis en page par IGS-CP
à L'Isle-d'Espagnac (16)

*Les Éditions Flammarion sont investies dans une démarche active
pour l'empreinte environnementale de leurs parutions.
Ainsi, le livre que vous tenez entre vos mains a été imprimé en France
sur des papiers issus de forêts gérées durablement,
par un imprimeur engagé dans la protection de l'environnement.*

CET OUVRAGE
A ÉTÉ ACHEVÉ D'IMPRIMER
SUR ROTO-PAGE
PAR L'IMPRIMERIE FLOCH
À MAYENNE EN SEPTEMBRE 2025

N° d'édition : 626358-0. N° d'impression : 107682
Dépôt légal : octobre 2025
Imprimé en France